Fensterprogramme im Privatrundfunk als Mittel zur Sicherung von Meinungsvielfalt

Studien zum deutschen und europäischen Medienrecht

herausgegeben von Dieter Dörr

mit Unterstützung der Dr. Feldbausch Stiftung

Bd. 12

PETER LANG

Frankfurt am Main · Berlin · Bern · Bruxelles · New York · Oxford · Wien

Christian Ebsen

Fensterprogramme im Privatrundfunk als Mittel zur Sicherung von Meinungsvielfalt

PETER LANG
Europäischer Verlag der Wissenschaften

Bibliografische Information Der Deutschen Bibliothek
Die Deutsche Bibliothek verzeichnet diese Publikation in der Deutschen Nationalbibliografie; detaillierte bibliografische Daten sind im Internet über <http://dnb.ddb.de> abrufbar.

D 77
ISSN 1438-4981
ISBN 3-631-39575-2

www.peterlang.de

Vorwort des Herausgebers

Die viel diskutierten Fensterprogramme wurden in der rundfunkrechtlichen Literatur bisher eher stiefmütterlich behandelt. Die vorliegende Abhandlung von Christian Ebsen schließt hier eine vorhandene Lücke. Im Zusammenhang mit den Fensterprogrammen sind grundlegende Fragen der Rundfunkfreiheit anzusprechen und einer Klärung zuzuführen. So handelt es sich nicht nur um eine praktisch bedeutsame, sondern auch um eine rechtlich anspruchsvolle Thematik.

Der Rundfunkstaatsvertrag hat in der Fassung des 3. Rundfunkänderungsstaatsvertrages sogenannte Fensterprogramme als ein weiteres Mittel vorgesehen, um die Meinungsvielfalt im privaten Fernsehen zu fördern. Von Beginn an war umstritten, ob solche Fensterprogramme tatsächlich dazu beitragen können, vorherrschende Meinungsmacht im privaten Fernsehen zu verhindern. Auf der anderen Seite wurde ebenso kontrovers diskutiert, ob solche Fensterprogramme die Programmfreiheit des privaten Hauptprogrammveranstalters in unzulässiger Weise beschränken. Dabei unterscheidet der Rundfunkstaatsvertrag zwischen unterschiedlichen Fensterprogrammen. Einmal gibt es neben den neu verankerten Fensterprogrammen einfache regionale Fenster. Zum anderen ist zwischen der Verpflichtung bestimmter Programme, bereits bei einem Zuschaueranteil von 10 Prozent Fensterprogramme aufzunehmen, und der Verpflichtung der Programmveranstalter, die mit ihren gesamten Programmen vorherrschende Meinungsmacht erlangen (vermutet ab 30 Prozent Zuschaueranteil), zu unterscheiden.

Insgesamt hat der Verfasser eine wichtige und weiterführende Abhandlung zu den rechtlich und praktisch bedeutsamen Fragen der Fensterprogramme vorgelegt. Sie enthält nicht nur eine übersichtliche Darstellung der bestehenden Regelungen, die zutreffend erläutert werden, sondern bringt auch neue Erkenntnisse für die Rechtswissenschaft mit sich.

Mainz, im November 2002 — Dieter Dörr

Inhaltsverzeichnis

Literatur:

Anschütz, Gerhard, Handbuch des Deutschen Staatsrechts, Band II, Tübingen 1932.

Badura, Peter, Verfassungsrechtliche Bindungen der Rundfunkgesetzgebung, (zitiert: „Rundfunkgesetzgebung"), Frankfurt am Main, 1980.

Barth, Christian, Die Rundfunkunternehmerfreiheit und ihre Auswirkung auf das Bayerische Medienerprobungs- und Entwicklungsgesetz, (zitiert: „Rundfunkunternehmerfreiheit"), München 1990, (zugl. Diss. München 1990).

Bethge, Herbert, Die verfassungsrechtliche Problematik der Zulassung von Rundfunkveranstaltern des Privatrechts, Rechtsgutachten aus Anlaß der konkreten Normenkontrolle über die Verfassungsmäßigkeit der §§ 38 - 46 e des Saarländischen Rundfunkgesetzes, München 1981.

Bettermann, Karl August Die allgemeinen Gesetze als Schranken der Pressefreiheit, JZ 1964, S. 604

Beucher, Klaus/*Leyendecker*, Ludwig/*v. Rosenberg*, Oliver, Mediengesetze, München, 1999.

Böckenförde, Wolfgang/*Wielandt*, Joachim, Die „Rundfunkfreiheit" - ein Grundrecht ?, (zitiert:„Rundfunkfreiheit"), AfP 1982, S. 77 ff.

Bohl, Christoph, Konzentrationskontrolle in den elektronischen Medien, Baden-Baden 2000 (zugl. Diss. Hamburg 1999).

Bork, Reinhard, „Geringfügige Unterschreitung des Zuschaueranteils" - Betrachtungen zu § 26 Abs. 2 S. 2 RStV, (zitiert: „Zuschaueranteil"), K & R 98, S. 183 ff.

Bornemann, Roland/*Lörz*, Nikolaus, Bayerisches Mediengesetz, Baden-Baden, Loseblatt, Stand der Bearbeitung: August 2000.

Braml, Claudia, Das Teleshopping und die Rundfunkfreiheit, Frankfurt am Main 2000. (zugl. Diss. Mainz 1999)

Bremer, Eckard/*Esser*, Michael/*Hoffmann*, Martin, Der Rundfunk in der Verfassungs- und Wirtschaftsordnung in Deutschland, Baden-Baden 1992.

Bullinger, Martin, Freiheit von Presse, Rundfunk und Film, § 142 in :Handbuch des Staatsrechts der Bundesrepublik Deutschland (HdBStR), Band VI, hrsg. von Josef Isensee und Paul Kirchhof, Heidelberg 1989.

Bumke, Ulrike, Die öffentliche Aufgabe der Landesmedienanstalten: verfassungs- und organisationsrechtliche Überlegungen zur Rechtstellung einer verselbständigten Verwaltungseinheit, München, 1995, (zugl. Diss. München 1994).

Burmeister, Joachim, Der Rundfunk unter der Herrschaft der technischen Entwicklung in: Duale Rundfunkordnung in Europa - Ausweg aus der (Kompetenz)Krise?, München, Berlin 1992.

Charissé, Peter, Die Rundfunkveranstaltungsfreiheit und das Zulassungsregime der Rundfunk- und Mediengesetze, Frankfurt am Main 1999. (zugl. Diss. Mainz 1999).

Clausen-Muradian, Elisabeth Konzentrationstendenzen und Wettbewerb im Bereich des privaten kommerziellen Rundfunks und die Rechtsprobleme staatlicher Rundfunkaufsicht, (zitiert: „Konzentrationstendenzen und Wettbewerb"), Frankfurt am Main, 1998, (zugl. Diss. Hannover 1997).

dieselbe, Konzentrationskontrolle im privaten Rundfunk - Der neue Rundfunkstaatsvertrag (RfStV) 1997, ZUM 1996, S. 934 ff.

Degenhart, Christoph, Bonner Kommentar zum Grundgesetz (zitiert: „Bonner Kommentar"), von Rudolf Dolzer (Gesamtherausgeber), Loseblatt, Hamburg 1950 ff. jetzt Heidelberg, Stand der Bearbeitung: 94. Lieferung, November 2000.

derselbe, Zur Novellierung des § 21 RStV - Diskussionsbeiträge, AfP 1995, S. 548 ff.

Dörr, Dieter, Maßnahmen zur Vielfaltssicherung gelungen ?, Media Perspektiven 1996, S. 621 ff.

derselbe, Das für die Medienkonzentration maßgebliche Verfahrensrecht, in DLM: Die Sicherung der Meinungsvielfalt, Berlin 1995.

derselbe, Die Einflüsse europarechtlicher Entwicklungen auf das Bund-Länder-Verhältnis im Rundfunkwesen, München, Berlin 1992.

derselbe, Die KEK - ein taugliches Instrument zur Bekämpfung der Medienkonzentration?, Media Perspektiven 1998, S. 54 ff.

derselbe, Faires Verfahren - Gewährleistungen im Grundgesetz der Bundesrepublik Deutschland, Kehl-Straßburg, 1984.

Eberle, Carl-Eugen, Rundfunkübertragung: Rechtsfragen der Nutzung terrestrischer Rundfunkfrequenzen, Berlin 1989.

Engel, Christoph, Sonderlasten für Fernsehveranstalter mit einem Zuschaueranteil von 10 %, (zitiert: „Sonderlasten"), ZUM 2000, S. 345 ff.

derselbe, Die Messung der Fernsehnutzung als Voraussetzung eines Marktanteilsmodells zur Kontrolle der Medienkonzentration, (zitiert: „Die Messung der Fernsehnutzung"), ZUM 1995, S. 653 ff.

Engels, Stefan, Verfassungsrechtliche Strukturvorgaben für Rundfunkkonzentrationsregelungen, ZUM 1996, S.44 ff.

Giani, Paul Leo, Quoten als juristische Bemessungsgrundlage für den Marktanteil - Kurzstatement-, in Einschaltquoten: Medienwissenschaftliche und rechtliche Aspekte der Ermittlung von Zuschauermarktanteilen, EMR Bd. 17 S. 55 ff., München 1997.

Hain, Karl-Eberhard, Rundfunkfreiheit und Rundfunkordnung , Baden-Baden 1993 (zugl. Diss. Göttingen, 1992/93).

derselbe, Vorherrschende Meinungsmacht i. S. d. § 26 Abs. 1, 2 RStV, MMR 2000, S. 537 ff.

derselbe, Vorherrschende Meinungsmacht (§ 26 Abs. 1 , Abs. 2 RfStV) und Fensterprogramme (§ 26 Abs. 5 RfStV), (zitiert: „Vorherrschende Meinungsmacht und Fensterprogramme"), Afp 2000, S. 329 ff.

Hartstein, Reinhard/*Ring*, Wolf-Dieter/ *Kreile*, Johannes/ *Dörr*, Dieter/ *Stettner*, Eupert, Rundfunkstaatsvertrag, Loseblatt, Stand Mai 2001. *Ring*, Wolf-Dieter/

Hepach, Stefan, Die Kommission zur Ermittlung der Konzentration im Medienbereich: Verselbständigungstendenz eines Organs unter Berufung auf das rundfunkspezifische Gebot einer effizienten Konzentrationskontrolle, ZUM 1999, S. 603 ff.

Herkströter, Dirk,	Werbebestimmungen für den privaten Rundfunk nach dem Rundfunkstaatsvertrag vom 31. 8. 1991, (zitiert: „Werbebestimmungen für den privaten Rundfunk"), ZUM 1992, S. 395 ff.
Herrmann, Günter,	Rundfunkrecht, München 1994.
Hess, Wolfgang,	Medienkartellrecht, AfP 2000, S. 61 ff.
derselbe,	Medienkonzentrationsrecht nach dem neuen Rundfunkstaatsvertrag - Teil 1 : Materielles Medienkonzentrationsrecht, AfP 97, S. 680 ff.
Hesse, Konrad,	Grundzüge des Verfassungsrechts der Bundesrepublik Deutschland, Heidelberg 20. Aufl. 1995.
Hesse, Albrecht,	Zur aktuellen Entwicklung des Rundfunkrechts, BayVwBl. 1997, 165 ff.
derselbe,	Rundfunkrecht, München 1999.
Hoffmann-Riem, Wolfgang	Rundfunkrecht neben Wirtschaftsrecht, Baden-Baden 1991.
derselbe,	Kommunikations- und Medienfreiheit, § 7 in: Handbuch des Verfassungsrechts der Bundesrepublik Deutschland (HdBVfR), 2. Auflage, Berlin 1994.
derselbe,	Kommentar zum Grundgesetz für die Bundesrepublik Deutschland (zitiert: „AK-GG"), in 2 Bd. bearbeitet von Axel Azzola u. a. (Reihe Alternativkommentare), Band 1, 2. Auflage Neuwied 1989
Holznagel, Bernd,	Rundfunkrecht in Europa, Tübingen 1996.
von der Horst, Rutger,	„Aufblasbare Gummi-Filme" - Sittenwidrige Manipulation oder gelenkte Version ?, ZUM 1994, S. 239 ff.

Isensee, Josef, — Satzungsautonomie und Dispensbefugnis im Bereich der Arbeitskampf-Neutralität, Der Betrieb 1985, S. 2681 ff.

derselbe, — Idee und Gestalt des Föderalismus im Grundgesetz, § 98, in: Handbuch des Staatsrechts der Bundesrepublik Deutschland (HdBStR), Band IV, hrsg. von Josef Isensee und Paul Kirchhof, Heidelberg 1989.

Jarass, Hans D./*Pieroth*, Bodo, — Grundgesetz für die Bundesrepublik Deutschland (zitiert: „Jarass/Pieroth-Bearbeiter"), 4. Auflage München 1997.

Jarass, Hans D. — Der rechtliche Stellenwert technischer und wissenschaftlicher Standards, NJW 1987, S. 1225 ff.

Keinath, Anette, — Fernsehempfang und PC/Online-Ausstattung in Europa, Media Perspektiven 2000, S. 452 ff.

Klein, Hans H., — Rundfunkrecht und Rundfunkfreiheit, Der Staat 1981, S. 177 ff.

derselbe, — Die Rundfunkfreiheit, München 1978.

Kloepfer, Michael, — Öffentliche Meinungsbildung, Massenmedien, § 35 in: Handbuch des Staatsrechts der Bundesrepublik Deutschland (HdBStR), Band II, hrsg. von Josef Isensee und Paul Kirchhof, Heidelberg 1992.

Knack, Hans Joachim, — Verwaltungsverfahrensgesetz, (zitiert: „Knack-Berabeiter"), bearbeitet von Jost-Dietrich Busch u. a., 5. Auflage Köln u.a. 1996.

Kommission zur Ermittlung der Konzentration im Medienbereich, | Fortschreitende Medienkonzentration im Zeichen der Konvergenz : Bericht der Kommission zur Ermittlung der Konzentration im Medienbereich (KEK) über die Entwicklung der Konzentration und über Maßnahmen zur Sicherung der Meinungsvielfalt im privaten Rundfunk ; Konzentrationsbericht der KEK nach § 26, Abs. 6 RSTV (zitiert: „Konzentrationsbericht der KEK“), Berlin 2000.

Kopp, Ferdinand O./*Schenke*, Wolf-Rüdiger, | Verwaltungsgerichtsordnung, (zitiert „VwGO“), 11. Auflage München 1998

Kreile, Johannes, | Quoten als juristische Bemessungsgrundlage für den Marktanteil - Kurzstatement-, in Einschaltquoten: Medienwissenschaftliche und rechtliche Aspekte der Ermittlung von Zuschauermarktanteilen, EMR Bd. 17, S. 59 ff., München 1997.

Kresse, Hermann/*Heinze*, Matthias | Der Rundfunk: „das jedenfalls auch kulturelle Phänomen“, ZUM 1995, 394 ff.

Kübler, Friedrich, | Medienkonzentrationskontrolle im Streit, Media Perspektiven 1999, 379 ff.

derselbe, | Medienverflechtung, Frankfurt am Main, 1982.

Kuch, Hansjörg, | Das Zuschaueranteilsmodell - Grundlage der Sicherung der Meinungsvielfalt im Fernsehen, ZUM 97, S. 12 ff.

Kugelmann, Dieter, | Der Rundfunk und die Dienstleistungsfreiheit des EWG-Vertrages, Berlin 1991, (zugl. Diss. Mainz 1991).

derselbe, | Die Grenzen des Anwendungsbereichs der EG-Fernseh-Richtlinie, Die Verwaltung 25 (1992), 515 ff.

Kull, Edgar, | Auf dem Weg zum dualen Rundfunksystem, AfP 1987, 365 ff.

Ladeur, Karl-Heinz, Normkonkretisierende Verwaltungsvorschriften als Recht privat-öffentlicher Kooperationsverhältnisse, (zitiert: „Normkonkretisierende Verwaltungsvorschriften"), DÖV 2000, 217 ff.

Langen, Eugen/*Bunte*, Herrmann, Kommentar zum deutschen und europäischen Kartellrecht, 8. Aufl., Neuwied [u.a.] 1998.

Lehr, Gernot, Quoten als juristische Bemessungsgrundlage für den Marktanteil - Kurzstatement- in Einschaltquoten: Medienwissenschaftliche und rechtliche Aspekte der Ermittlung von Zuschauermarktanteilen, EMR-Bd. 17, S. 64 ff., München 1997.

derselbe, Verfassungs- und verwaltungsrechtliche Fragen der Novellierung der rundfunkrechtlichen Konzentrationskontrolle unter besonderer Berücksichtigung des Zuschaueranteilsmodells, ZUM 95, 667 ff.

Lerche, Peter, Hoheitliche Programmanforderungen für private Rundfunkveranstalter, S. 291 ff., in: Schreiber/Langenbucher/Hömberg (Hrsg.), Kommunikation im Wandel der Gesellschaft, 2. Auf. 1985.

derselbe, Grundrechtsschranken, § 122 in: Handbuch des Staatsrechts der Bundesrepublik Deutschland (HdBStR), Band V, hrsg. von Josef Isensee und Paul Kirchhof, Heidelberg 1992.

derselbe, Zu Grundfragen der öffentlich-rechtlichen Trägerschaft des Rundfunkbetriebs in Bayern (Art. 111 a Abs. 2 Satz 1 BV), ZUM 1993, S. 441 ff.

Lücke, Jörg, Die allgemeinen Gesetze, Heidelberg 1998.

Marko, Elisabeth, | Subjektive öffentliche Rechte auf Rundfunkveranstaltung und Rundfunkempfang?, Berlin 1997, (zugl. Diss. Jena, 1996).

v. Mangoldt, Hermann/*Klein*, Friedrich/*Starck*, Christian, | Das Bonner Grundgesetz, Bd. 1, 3. Auflage München 1985.

v. Münch, Ingo/*Kunig*, Philipp, | Grundgesetzkommentar (zitiert: „v. Münch/Kunig-Bearbeiter"), Bd. 1, 4. Auflage, München 1992.

Neft, Hans, | KEK und KDLM - unorthodoxe Organkonfigurationen zur Sicherung der Meinungsvielfalt, (zitiert: „KEK und KDLM"), ZUM 1999, S. 97 ff.

derselbe, | Meinungsdominanz im Fernsehen - Aufgreifkriterien des neuen § 26 Abs. 2 RStV, (zitiert: „Meinungsdominanz im Fernsehen") ZUM 1998, 458 ff.

Oberländer, Stefanie, | Gemeinsame Richtlinien der Landesmedienanstalten als normkonkretisierende Verwaltungsvorschriften ?, ZUM 2001, S. 487 ff.

Oldiges, Martin, | Verbandskompetenz, DÖV 89, 873 ff.

Ossenbühl, Fritz, | Satzung, § 66 in :Handbuch des Staatsrechts der Bundesrepublik Deutschland (HdBStR), Band III, hrsg. von Josef Isensee und Paul Kirchhof, Heidelberg 1988.

Ossyra, Markus, | Konzentrationskontrolle über private Rundfunkveranstalter: eine verfassungsrechtliche Analyse konzentrations-rechtlicher Regelungsansätze, Frankfurt am Main 1999 (zugl. Diss. Passau 1998).

Paschke, Marian/*Plog*, Philipp, | Fortschritte bei der Konzentrationskontrolle im Rundfunk?, S. 99 in: Festschrift für Engelschall, Baden-Baden 1996.

Pestalozza, Christian, Der Schutz vor der Rundfunkfreiheit in der Bundesrepublik Deutschland, (zitiert: „Rundfunkfreiheit"), NJW 1981, 2158 ff.

Petersen, Nikolaus, Rundfunkfreiheit und EG-Vertrag: die Einwirkung des europäischen Rechts auf die Ausgestaltung der nationalen Rundfunkordnungen, Baden-Baden 1994.

Pieroth, Bodo/*Schlink*, Bernard, Grundrechte, Staatsrecht II, Heidelberg, 13. Aufl. 1997.

Piette, Klaus-Walter, Meinungsvielfalt im privaten Rundfunk, München 1988 (zugl. Diss. Passau 1988).

Prütting, Hanns, Die Vermutung vorherrschender Meinungsmacht, in: Marktmacht und Konzentrationskontrolle auf dem Fernsehmarkt, München 2000

Pukall, Kirstin, Meinungsvielfalt im Rundfunk nach der audiovisuellen Revolution, Frankfurt am Main 1994 (zugl. Diss. Marburg 1993).

Renck-Laufke, Martha, Was ist und was kann die KEK?, ZUM, 2000, S. 369 ff.

dieselbe, Das bayerische Medienmodell und Bundesrecht, ZUM 2001, S. 89 ff.

dieselbe, Probleme der Konzentrationskontrolle im privaten Fernsehen, ZUM 2000, S. 105 ff.

Ricker, Reinhart/*Schiwy*, Peter, Rundfunkverfassungsrecht, München 1997.

Ring, Wolf-Dieter, Zuschauernutzung - ein Maßstab zur Vielfaltssicherung, Tendenz 1993 Bd. II, S. 23 ff.

derselbe, Chancen und Grenzen lokalen/regionalen Fernsehens, S. 53 ff. in: DLM-Jahrbuch 1992: privater Rundfunk in Deutschland, München 1993.

Röper, Horst, — Formationen deutscher Medienmultis 1998/1999, Media Perspektiven 1999, S.345 ff.

Rossen, Helge, — Freie Meinungsbildung durch den Rundfunk, Baden-Baden 1988 (zugl. Diss. Bielefeld 1986/87).

Ruck, Silke, — Zur Unterscheidung von Ausgestaltungs- und Schrankengesetzen im Bereich der Rundfunkfreiheit, AöR 1992, S. 542 ff.

Rudolf, Walter, — Über die Zulässigkeit privaten Rundfunks, Frankfurt am Main 1971.

Sachs, Michael, — Verfassungsrecht II, Grundrechte, Düsseldorf, 2000.

derselbe, — Grundgesetz, (zitiert: „Sachs-Bearbeiter“), München 1996.

Schardt, Andreas, — Quoten als juristische Bemessungsgrundlage für den Marktanteil - Kurzstatement-, in Einschaltquoten: Medienwissenschaftliche und rechtliche Aspekte der Ermittlung von Zuschauermarktanteilen, EMR Bd. 17, S. 72 ff., München 1997.

Schlette, Volker, — Die Einrichtung eines Fensterprogramms gem. §§ 26 Abs. 5, 31 RStV als Mittel zur Vielfaltssicherung im privaten Fernsehen, (zitiert: „Die Einrichtung eines Fensterprogramms“), ZUM 1999, S. 802 ff.

Schmidt, Walter, — Die Rundfunkgewährleistung, Frankfurt am Main 1980.

Schmitt Glaeser, Walter, — Kabelkommunikation und Verfassung, Berlin 1979.

Schoch, Friedrich/*Schmidt-Aßmann*, Eberhard/*Pietzner*, Rainer, — Verwaltungsgerichtsordnung, Loseblattausgabe, Stand Januar 2001

Schoch, Friedrich, — Öffentlich-rechtliche Rahmenbedingungen einer Informationsordnung, VVDStRL 57 (1998), S. 158 ff.

Scholz, Rupert, — Pressefreiheit und Arbeitsverfassung, Berlin 1978.

derselbe, — Das dritte Fernsehurteil des Bundesverfassungsgerichts, (zitiert: „Fernsehurteil"), JZ 1981, 561 ff.

Schuler-Harms, Margarete — Rundfunkaufsicht im Bundesstaat, Die Arbeitsgemeinschaft der Landesmedienanstalten, Baden-Baden 1995, (zugl. Diss. Hamburg, 1994/95).

Schumann, Gernot, — Offene Kanäle - Dritte Säule der dualen Rundfunkordnung?, S. 111 ff. in: DLM-Jahrbuch 1992: privater Rundfunk in Deutschland, München 1993.

Schwarze, Jürgen, — Medienfreiheit und Medienvielfalt in Europa, ZUM 2000, S. 779 ff.

Seelmann-Eggebert, Sebastian, — Die Dogmatik der Rundfunkfreiheit gem. Art. 5 Abs. 1 S. 2 GG aus der Sicht des Bundesverfassungsgerichts, ZUM 1992, S. 79 ff.

Seibert, Helga, — Europäische Menschenrechtskonvention und Bundesverfassungsgericht, in: Die Freiheit des Anderen, Festschrift für Martin Hirsch, Baden-Baden 1981.

Sell (Hrsg.), Friedrich Wilhelm von — Verfassungsrecht und Rundfunk: Die sieben Entscheidungen des Bundesverfassungsgerichts 1961 - 1991, Berlin 1992.

Smend, Rudolf, — Das Recht der freien Meinungsäußerung, VVDStRL 4 (1928), S. 51 ff.

Starck, Christian, — Grundversorgung, in: Verfassungsstaatlichkeit, Festschrift für Stern, München 1997, S. 777 ff.

Sommermann, Völkerrechtlich garantierte Menschenrechte als Maßstab der Verfassungskonkretisierung, AöR 114 (1989), S. 391 ff.

Stelkens, Paul/*Bonk*, Joachim/*Sachs*, Michael, Verwaltungsverfahrensgesetz, 4. Aufl. 1993.

Stern, Klaus, Verhandlungen des 54. Deutschen Juristentages 1982, Bd. II, H 33, 62.

Stern, Klaus/*Bethge*, Herbert, Öffentlich-rechtlicher und privatrechtlicher Rundfunk, Frankfurt am Main 1971.

Stock, Martin, Konzentrationskontrolle in Deutschland nach der Neufassung des Rundfunkstaatsvertrags 1998, (zitiert: „Konzentrationskontrolle"), in : Medienmarkt und Meinungsmacht, von Martin Stock, Horst Röper, Bernd Holznagel, Berlin 1997.

derselbe, Medienfreiheit als Funktionsgrundrecht, München 1985.

derselbe, Meinungsvielfalt und Meinungsmacht, JZ 1997, S. 583 ff.

Stockmann, Kurt/*Zigelski*, Sabine, Novellierung des Rundfunkstaatsvertrags, Anmerkungen zur Konzentrationskontrolle im Rundfunk aus wettbewerblicher Sicht, ZUM 1995, S. 537 ff.

Tabbara, Tarik, Zur Verfassungsmäßigkeit der Errichtung einer Landesmedienanstalt, ZUM 1996, S. 378 ff.

Trebbe, Joachim, Mini Einschaltquoten für Spartenkanäle: Möglichkeiten - Grenzen - Alternativen, in Einschaltquoten: Medienwissenschaftliche und rechtliche Aspekte der Ermittlung von Zuschauermarktanteilen, EMR Bd. 17, S. 19 ff., München 1997.

Trute, Hans-Heinrich, Öffentlich-rechtliche Rahmenbedingungen einer Informationsordnung, VVdRStl 57 (1998), S. 211 ff.

Tschentscher, Thomas/*Klee*, Dirk, Aktuelle Rechtsprobleme der Werbung im privaten Rundfunk, ZUM 1994, 146 ff.

Ule, Carl Hermann/*Laubinger*, Hans-Werner, Verwaltungsverfahrensrecht, 4. Auflage Köln 1995.

Vesting, Thomas, Prozedurales Rundfunkrecht, Baden-Baden 1997.

Volpers, Helmut/Salwiczek, Christian/*Schnier*, Christoph Regionalfenster im Programm von RTL und SAT.1 – Einevergleichende Inhaltsanalyse von Programmangeboten und journalistischer Qualität, Opladen 2000.

Wagner, Christoph, Die Landesmedienanstalten. Organisation und Verfahren der Kontrolle privater Rundfunkveranstalter in der Bundesrepublik Deutschland, Baden-Baden 1990 (zugl. Diss. Berlin, 1989/90).

Walendy, Elfriede, Offene Kanäle in Deutschland - ein Überblick, Media Perspektiven 1993, S. 306 ff.

Wieland, Joachim, Die Freiheit des Rundfunks, zugleich ein Beitrag zur Dogmatik des Art, 12 Abs. 1 GG, Berlin1984 (zugl. Diss. Freiburg 1984).

Wöste, Marlene, Regionales im Privatfernsehen: Medienpolitisch gut verankert ?, Media Perspektiven 1994, 595, 606.

Wufka, Eduard, Die verfassungsrechtlich-dogmatischen Grundlagen der Rundfunkfreiheit, Berlin 1971 (zugl. Diss. München 1969).

Abkürzungen:

a. A.	anderer Ansicht
Abs.	Absatz
AFG	Arbeitsgemeinschaft Fernsehforschung
AfP	Archiv für Presserecht
AG	Aktiengesellschaft
AöR	Archiv des öffentlichen Rechts
Art.	Artikel
Aufl.	Auflage
BayVerfGH	Bayerischer Verfassungsgerichtshof
BayVwBL	Bayerische Verwaltungsblätter
Bd.	Band
BK	Bonner Kommentar
BVerfG	Bundesverfassungsgericht
BVerfGE	Entscheidungen des Bundesverfassungsgerichts
dctp	development company for television programs
ders.	derselbe
Diss.	Dissertation
DLM	Direktorenkonferenz der Landesmedienanstalten (nun KDLM)
DSZR	Gemeinsame Richtlinie der Landesmedienanstalten über die Sendezeit für unabhängige Dritte nach § 31 RStV - Drittsendezeitrichtlinie (DSZR) -
DÖV	Die öffentliche Verwaltung
EG	Europäische Gemeinschaft
EGMR	Europäischer Gerichtshof für Menschenrechte
EGV	EG-Vertrag
EMR	Institut für europäisches Medienrecht
EMRK	(Europäische) Konvention zum Schutz der Menschenrechte und Grundfreiheiten
epd	Evangelischer Pressedienst
EPF	Erste Private Fernsehgesellschaft
EU	Europäische Union
EuGH	Europäischer Gerichtshof für Menschenrechte
EWG	Europäische Wirtschaftsgemeinschaft
f.	folgende
ff.	fortfolgende
Fn.	Fußnote
FS	Festschrift
FuR	Film und Recht
GfK	Gesellschaft für Konsumforschung

GG	Grundgesetz
GmbH	Gesellschaft mit beschränkter Haftung
GVBl.	Gesetz- und Verordnungsblatt
HdBStR	Handbuch des Staatsrechts der Bundesrepublik Deutschland
HdBVfR	Handbuch des Verfassungsrechts der Bundesrepublik Deutschland
Hrsg.	Herausgeber
i. V. m.	in Verbindung mit
JÖR	Jahrbuch für öffentliches Recht
JZ	Juristenzeitung
K&R	Kommunikation & Recht
KDLM	Konferenz der Direktoren der Landesmedienanstalten
KEK	Kommission zur Ermittlung der Konzentration im Medienbereich
LRG	Landesrundfunkgesetz
NJW	Neue Juristische Wochenschrift
NW.	Nordrhein-Westfalen
OVG	Oberverwaltungsgericht
Rn.	Randnummer
RStV	Rundfunkstaatsvertrag
RuF	Rundfunk und Fernsehen
S.	Seite/Satz
vgl.	vergleiche
VVdStRL	Veröffentlichung der Vereinigung der deutschen Staatsrechtslehrer
VwVfG	Verwaltungsverfahrensgesetz
z. B.	zum Beispiel
zugl.	zugleich
ZUM	Zeitschrift für Urheber- und Medienrecht

Einleitung:

Der deutsche Privatfernsehmarkt ist im wesentlichen zwischen zwei Anbietergruppen aufgeteilt. Auf der einen Seite steht Bertelsmann/CLT-UFA mit den Programmen RTL, Super RTL, RTL II und VOX,[1] auf der anderen Seite die Kirch Gruppe mit den Programmen SAT.1, Pro7, Premiere, Kabel 1, N24, DSF, K-toon/Junior, CLASSICA, Discovery und GoldStar TV[2]. Diese Situation erscheint unter verfassungsrechtlichen Gesichtspunkten zumindest bedenklich, denn das BVerfG forderte von Anfang an, daß die Vielfalt der bestehenden Meinungsrichtungen im Rundfunk in möglichster Breite und Vollständigkeit Ausdruck findet[3]. Auch der private Rundfunk müsse einen Grundstandard gleichgewichtiger Vielfalt zu erreichen versuchen. Dieser soll die wesentlichen Voraussetzungen von Meinungsvielfalt umfassen, also die Möglichkeit für alle Meinungsrichtungen, auch im privaten Rundfunk zu Wort kommen zu können, und die Verhinderung vorherrschender Meinungsmacht einzelner[4]. Es müsse insbesondere sichergestellt sein, „daß der Rundfunk nicht einer oder einzelnen gesellschaftlichen Gruppen ausgeliefert wird“[5]. Ob die momentane Fernsehlandschaft diesen Anforderungen noch genügt, ist zweifelhaft. Jedenfalls bemüht sich der Gesetzgeber, diese Anforderungen in einer durch die verschiedenen Rundfunkstaatsverträge der Länder ausgestalteten positiven Ordnung umzusetzen. Hierzu gehören insbesondere Antikonzentrationsregelungen. Eine dieser Antikonzentrationsregelungen befaßt sich mit den „Fensterprogrammen“.

Wer auf der gewohnten Kabel- oder Frequenzbelegung ein privates Fernsehprogramm einschaltet, wird manchmal überrascht sein, daß zumindest dem äußeren Anschein nach ein ganz anderes Programm läuft als das gewählte. Dann ist die Wahrscheinlichkeit nicht gering, daß man ein „Fensterprogramm“ getroffen hat. Ihre wichtigste und interessanteste Variante besteht darin, daß auf der Frequenz

---

[1] Siehe hierzu Konzentrationsbericht der KEK, 1.1.2.1.1, (S. 96 ff.).

[2] Siehe hierzu Konzentrationsbericht der KEK, 1.1.2.1.2, (S. 103 ff.).

[3] So schon BVerfGE **12**, 205, 262 f.

[4] BVerfGE **73**, 118, 160.

[5] BVerfGE **57**, 295, 322.

eines Fernsehveranstalters zeitweise das Programm eines anderen Veranstalters gesendet wird[6]. Dieser andere Veranstalter erhält einen kleinen Abschnitt der Sendezeit des eigentlich auf dieser Frequenz sendenden Veranstalters. Diesen kleinen Ausschnitt kann man als Fenster bezeichnen, das vom restlichen Programm, dem Hauptprogramm, umrahmt wird. Diese Fenster sind Gegenstand der vorliegenden Arbeit.

Solche Fenster gibt es schon seit längerem. Sie wurden durch bestimmte Bedingungen der Lizenzvergabe für terrestrische Fernsehlizenzen insbesondere in Nordrhein-Westfalen gefördert und dienten bereits in dieser Form der Förderung von Vielfalt im Rundfunk. Mit dem Rundfunkstaatsvertrag in der Fassung des 3. Rundfunkänderungsstaatsvertrages[7] ist das Fenster als Mittel der Förderung von Vielfalt stärker in den Vordergrund gerückt. Die Fensterprogrammregelungen sind eine der Möglichkeiten, mit denen vorherrschende Meinungsmacht einzelner Unternehmen verhindert und allgemein die Vielfalt gesichert werden soll, um auf diese Weise den verfassungsrechtlichen Anforderungen an die Ausgestaltung der Rundfunkordnung für privaten Rundfunk zu genügen. Andererseits werden gegen die Fensterprogrammregelungen im Rundfunkstaatsvertrags teilweise verfassungsrechtliche Bedenken erhoben.[8] Sie seien unverhältnismäßige Beschränkungen der Freiheit, Rundfunk zu veranstalten.

Das so skizzierte Themenfeld ist Gegenstand der folgenden Untersuchung. Nach einer Beschreibung und Systematisierung der tatsächlich vorkommenden „Fenster“ in Fernsehprogrammen wird der verfassungsrechtliche Rahmen für die Beurteilung derselben dargelegt und werden die Regelungen des Rundfunkstaatsvertrags im Detail analysiert. Danach - nach der Untersuchung der Ziele und Wirkungen der einzelnen Regelungen - wird die Verfassungsfrage erneut aufgegriffen und beantwortet. Den Schluß bilden einige Bemerkungen zur Bewertung der Fensterregelungen als Mittel zur Förderung von Meinungsvielfalt.

---

6 Als Beispiel wäre das Programm von „Spiegel TV“ zu nennen.

7 Unterzeichnet am 11. September 1996.

8 Insbesondere *Engel*, Sonderlasten, ZUM 2000, 345 ff.; siehe auch Ricker/Schiwy-*Ricker*, Rundfunkverfassungsrecht, F, Rn. 62 ff.

Kapitel 1: Begriff und Entwicklung von Fenstern in Fernsehprogrammen

I. Anfänge und Entwicklung der Fensterprogramme

Schon seit den Anfängen des privaten Fernsehens gibt es Programmformen, die einen Bezug zu den heutigen Fensterprogrammen aufweisen.

1. Regionale Fensterprogramme

Regionale Fensterprogramme existierten schon sehr früh im privaten Fernsehen. Bereits in den ersten Kabelpilotprojekten gab es regionale Fenster. Seit dem 1. Januar 1984 sendete das erste private Regionalfenster, die "Erste private Fernsehgesellschaft mbH" (EPF), täglich ein zweistündiges regionales Fenster im Kabelpilotprojekt Ludwigshafen. Dieses und ähnliche Pilotprojekte mußten jedoch mangels Reichweite und somit fehlender Finanzierbarkeit aufgegeben werden.[9]

Auch der erste Rundfunkstaatsvertrag[10] enthält schon eine Legaldefinition des Begriffs Fensterprogramm, wonach ein Fensterprogramm ein regionaler Programmteil ist (gem. § 8 Abs. 5 S. 2. RStV (1987)). In der Fassung des neuen Rundfunkstaatsvertrags[11] findet sich neben einer genaueren Definition für ein Fensterprogramm erstmals eine Forderung zur Aufnahme von regionalen Fenstern in das Fernsehprogramm. Nach § 20 Abs. 5 RStV (1991) sollen in bundesweit verbreiteten Fernsehvollprogrammen bei terrestrischer Verbreitung nach Maßgabe des Landesrechts Fensterprogramme aufgenommen werden. Aber auch vorher schon waren die Veranstalter gezwungen, regionale Fenster in ihr Programm aufzunehmen, um die wegen der hohen Reichweite damals begehrten terrestrischen Frequenzen zugeteilt zu bekommen[12].

---

9 *Ring*, Chancen und Grenzen regionalen/lokalen Fernsehens, DLM-Jahrbuch 1992, S. 54; zur Aufgabe der „EPF“, epd - Kirche und Rundfunk 1987, Nr. 97, S. 14.

10 Der Staatsvertrag zur Neuordnung des Rundfunkwesens (Rundfunkstaatsvertrag) vom 1/3 April 1987.

11 Unterzeichnet am 31. August 1991.

12 Siehe z. Bsp. epd - Kirche und Rundfunk, 1986, Nr. 15, S. 7.

Eine Veränderung der tatsächlichen Situation bewirkte der Beschluß der Landesmedienanstalten vom 25. Mai 1993 bezüglich der "regionalen TV-Fensterprogramme"[13]. Durch diesen Beschluß wurden die auf RTL und SAT 1 gesendeten Fenster koordiniert, genaue Sendezeiten für die Fenster festgelegt und Ausnahmeregelungen geschaffen.

2. Bundesweite Fensterprogramme

Aber nicht nur regionale Fenster, auch bundesweite Fenster, die auch als solche bezeichnet wurden[14], gab es schon seit den Anfängen des bundesweiten privaten Fernsehens, ohne daß diese durch den Rundfunkstaatsvertrag geregelt waren.

In Nordrhein-Westfalen waren die terrestrischen Frequenzen wegen der hohen Anzahl potentiell erreichbarer Zuschauer besonders begehrt, und es gab mehr Bewerber für die einzelnen Frequenzen als Frequenzen selbst. Nach § 6 Abs. 4 LRG NW (1988)[15] war es zulässig, daß sich zwei verschiedene Veranstalter gemeinsam für eine Lizenz bewerben. Nach § 6 Abs. 5 LRG NW (1988) mußten dann die verschiedenen Programmteile nach Art, Umfang und Sendezeit vertraglich zwischen den Lizenznehmern festgelegt sein. Das Programm beider Veranstaltergemeinschaften gemeinsam mußte ein Vollprogramm ergeben. Diese Regelungen ermöglichten es in Nordrhein-Westfalen, daß ein Programmveranstalter sein Programm unabhängig zeitlich begrenzt im Programm eines anderen Programmveranstalters sendete. Aufgrund dieser rechtlichen Situation erhielten die Fernsehveranstalter RTL plus und SAT 1 ihre jeweilige terrestrische Frequenz nicht in vollem Umfang, sondern neben ihnen erhielt jeweils auch der unabhängige Veranstalter „dctp“ in geringerem zeitlichen Umfang eine eigene Lizenz. Darüber hinaus enthielten die Zulassungen von RTL plus und von SAT 1 die Auflage, weitere Sendezeit an andere Gruppierungen zur Verfügung zu stellen,

---

13 Abgedruckt bei *Harstein/Ring/Kreile/Dörr/Stettner*, Rundfunkstaatsvertrag Bd. II, § 25 Rn. 15.

14 Siehe epd - Kirche und Rundfunk, 1987, Nr. 38, S. 8; Nr. 39, S. 10 („kulturelles Fenster“).

15 Rundfunkgesetz für das Land Nordrhein-Westfalen in der Fassung der Bekanntmachung vom 11. Januar 1988, GV, NW, 1988, S. 6 ff.

(10 Stunden 1988, 30 Stunden 1989 und 50 Stunden ab 1990), 70 % davon an den Veranstalter „Kanal 4".[16]

Aber nur bezüglich dieser terrestrischen Frequenzen in Nordrhein-Westfalen hatte der Fensterprogrammveranstalter dctp eine eigene rundfunkrechtliche Genehmigung, und auch die Auflage von Kanal 4 bezog sich nur auf diese terrestrischen Frequenzen. Bezüglich der terrestrischen Frequenzen in anderen Bundesländern, bezüglich der Kabelfrequenzen und bezüglich der Satellitenfrequenzen bestanden zwischen den Fenstern und den Hauptprogrammveranstaltern lediglich individualvertragliche Vereinbarungen, die sicherstellten, daß die beiden Fensterprogramme auch dort im Fernsehprogramm von RTL und SAT 1 enthalten waren. Die sich daraus ergebenden Probleme bezüglich der dann abweichenden rundfunkrechtlichen Verantwortung für die Fensterprogramme wurden hingenommen[17].

1992 änderte Nordrhein-Westfalen schließlich auch sein Landesrundfunkgesetz, um die rechtliche Stellung der Fensterprogramme noch deutlicher zu betonen. In § 6 Abs. 6 und § 6a Abs. 5 LRG NW wurde eine Verpflichtung für bundesweit terrestrisch empfangbare Fernsehprogramme statuiert, ein landesweites Fensterprogramm aufzunehmen[18].

II. Analyse der ersten Fensterprogramme

Anhand dieser ersten Fenster können allgemeingültige Kriterien für Fensterprogramme herausgearbeitet werden, anhand derer dann ähnliche Erscheinungsformen von Fenstern abgegrenzt werden können.

---

16 Siehe zu diesem Lizensierungsverfahren epd - Kirche und Rundfunk, 1988, Nr. 53, S. 9 ff.

17 Siehe hierzu epd - Kirche und Rundfunk, 1988, Nr. 74, S. 5 f.; Nr.75, S. 10; Nr. 84, S. 13 f.

18 Änderung des Rundfunkgesetzes für das Land Nordrhein-Westfalen, GV. NW. 1992, S. 348 f.

1. Kriterien für ein Fensterprogramm

Anhand der allgemein als Fenster eingeordneten Programmformen, also der Regionalfenster und der Fenster von dctp und Kanal 4, soll versucht werden, die Kriterien herauszuarbeiten, nach denen eine Programmform als Fenster einzuordnen ist.

Hierzu sollen zunächst regionale Fenster untersucht werden. Aus den Kriterien, die ein Regionalfensterprogramm zu einem Fenster machen, lassen sich dann erste Rückschlüsse auf allgemeinere Kriterien für Fenster ziehen. Regionalfensterprogramme sind deswegen für eine solche Vorgehensweise besonders geeignet, weil sich für diese Fenster schon früh gesetzliche Regelungen finden. Schon der Rundfunkstaatsvertrag von 1987[19] enthält eine Legaldefinition des Begriffs Fensterprogramm, wonach ein Fensterprogramm ein regionaler Programmteil ist (gem. § 8 Abs. 5 S. 2. RStV (1987)). Diese Legaldefinition wurde durch den Rundfunkstaatsvertrag von 1991[20] noch präzisiert. Nach § 2 Abs. 2 Nr. 3 RStV (1991) ist ein "Fensterprogramm ein zeitlich begrenztes Rundfunkprogramm, das für ein regionales Verbreitungsgebiet im Rahmen eines weiterreichenden Rundfunkprogramms verbreitet wird". Diese Definitionen geben erste Hinweise darauf, was man sich unter einem Fenster vorzustellen hat, und nach welchen Kriterien man suchen muß, damit man überhaupt von einem Fenster reden kann. So spricht der Rundfunkstaatsvertrag (1987) von einem regionalen Programm*teil*, der Rundfunkstaatsvertrag (1991) von einem regional begrenztem Rundfunkprogramm im Rahmen eines weiterreichenden Rundfunkprogramms. Es wird also in beiden Definitionen jeweils der Programmteil dem Restprogramm gegenübergestellt. Ein Kriterium für ein regionales Fenster ist demnach, daß es sich als eigener Programmteil vom Restprogramm unterscheidet.

Diese Unterscheidung findet bei den regionalen Fenstern teilweise dadurch statt, daß sie inhaltlich auf die jeweiligen Regionen beschränkt sind, im Gegensatz zum Restprogramm, welches inhaltlich weiterreichend gestaltet ist. Die inhaltliche

---

[19] Vom 1./ 3. April 1987.

[20] Vom 31. August 1991.

Beschränkung allein macht den regionalen Programmteil jedoch noch nicht zu einem Fenster. Andernfalls könnte ein Programmteil, der sich inhaltlich lediglich auf Sport beschränkt genauso gut ein Sportfenster sein, ein Programmteil, der sich lediglich auf Musik beschränkt ein Musikfenster, usw. Ein wesentliches Kriterium für das Regionalfenster ist außerdem, daß das Fenster nicht nur vom Inhalt auf die jeweilige Region beschränkt ist, sondern daß es auch nur in der jeweiligen Region ausgestrahlt wird. Das weiterreichende Restprogramm wird für diese Zeit regional auseinandergeschaltet, so daß in den verschiedenen Regionen dann zeitgleich unterschiedliche Programme, nämlich die regionalen Fenster, gesendet werden. Durch diese Auseinanderschaltung wirkt das Regionalfenster auf eine gewisse Art eigenständig im Verhältnis zum Hauptprogramm.

Als weiteres Kriterium für ein Fenster ergibt sich aus der Formulierung "Programmteil" und "im Rahmen...", daß das Fenster vom Restprogramm umrahmt sein muß, also nur Teil in einem größeren Ganzen ist. Von einem Fenster kann demnach nur gesprochen werden, wenn es auch ein Hauptprogramm gibt, in welches das Fenster eingefügt ist.

Für das Regionalfensterprogramm haben sich damit zwei Kriterien herausgestellt. Das Fenster muß von einem Hauptprogramm umrahmt sein. Das ist dann der Fall, wenn das Hauptprogramm zeitlich den wesentlich größeren Teil des Gesamtprogramms ausmacht und das Fenster in dieses Hauptprogramm eingefügt ist. Zweitens muß das Fenster vom übrigen Programm auseinandergeschaltet sein.

Diese Kriterien müßten sich im weiteren Sinne auch auf das bundesweite Fenster übertragen lassen, welches sich zunächst ohne rundfunkstaatsvertragliche Regelung entwickelt hat. Als Beispiel ist zunächst das Fenster von „dctp“ zu nennen.

Gemeinsam ist dem bundesweiten Fenster mit den regionalen Fenstern, daß es von einem umfangreichen Restprogramm umrahmt ist. Bei dem Kriterium "Umrahmung durch ein Restprogramm" scheint es sich also um ein allgemeingültiges Kriterium für Fenster zu handeln. Die Eigenständigkeit aufgrund der regionalen Elemente, welche sich bei den Regionalfenstern sowohl inhaltlich, als auch technisch durch die regionale Aufgliederung äußert, fehlt dem bundesweiten

Fenster naturgemäß. Das „dctp-Fenster“ hat jedoch eine eigene Form von Eigenständigkeit.

Das Fenster von "dctp" sendet sein Programm teilweise mit einer eigenen rundfunkrechtlichen Genehmigung. Das "dctp-Fenster“ hat zu seiner Sendezeit für die terrestrischen Frequenzen in Nordrhein-Westfalen die rundfunkrechtliche Genehmigung von der zuständigen Landesmedienanstalt. Für diesen Bereich ist "dctp" also selbst rundfunkrechtlich verantwortlicher Veranstalter. Für die Kabelfrequenzen in Nordrhein-Westfalen und für die Kabelfrequenzen und terrestrischen Frequenzen in anderen Bundesländern, sowie die Satellitenfrequenzen, bestehen aber lediglich individualvertragliche Vereinbarungen zwischen dem Fenster und den Hauptprogrammveranstaltern.

Neben dieser teilweisen rechtlichen Eigenständigkeit der eigenen rundfunkrechtlichen Genehmigung hat das bundesweite Fenster auch noch eine gewisse inhaltliche und formale Eigenständigkeit. Die formale Eigenständigkeit äußert sich durch den Hinweis auf den Fensterveranstalter jeweils zu Beginn und zum Ende eines Beitrags. Während eines Beitrags wird oftmals durch ein eigenes "Sendelogo" auf die Unterscheidung zum Hauptprogramm hingewiesen. Eine inhaltliche Eigenständigkeit scheint insbesondere bei den Programmbeiträgen des Fensters gegeben zu sein, die sich des Namens einer Zeitung bedienen. Unternehmen aus dem Bereich der Printmedien gestalten dabei Programmbeiträge und senden diese dann teilweise in Fenstern. Die Bezugnahme auf den Namen des Printmediums läßt für den gesendeten Programmbeitrag den Hauptprogrammveranstalter in den Hintergrund rücken und erweckt zumindest den Eindruck, der Herausgeber des Printmediums sei für den Programmbeitrag inhaltlich verantwortlich.

Auch das Fenster von „Kanal 4" wird von einem Hauptprogramm umgeben. Wie das Fenster von „dctp“ hat es auch eine formale Eigenständigkeit, die sich durch Hinweis auf den Veranstalter zu Beginn und zum Ende der Sendung und durch ein eigenes „Sendelogo“ während der Sendung zeigt. Die rechtliche Eigenständigkeit des Fensters von „Kanal 4“ ist jedoch nicht so stark ausgeprägt, wie die Eigenständigkeit von „dctp“. „Kanal 4“ sendet nicht mit einer eigenen rundfunkrechtlichen Lizenz, sondern lediglich aufgrund einer Individualvereinbarung verbunden mit einer Auflage durch die terrestrische Frequenz in Nordrhein-Westfalen. Aber auch diese Rechtsposition ist stark genug, um einen Einfluß des Hauptprogramms auf die Ausstrahlung des Fensters zu unterbinden[21].

Als Ergebnis des Überblicks über die Fenster können zwei Hauptkriterien für die Einordnung als ein Fenster festgestellt werden. Zum einen handelt es sich bei einem Programmteil nur dann um ein Fenster, wenn dieser Programmteil von einem Hauptprogramm umrahmt ist. Als zweites Kriterium ist eine Form der tatsächlichen oder rechtlichen Trennung vom Hauptprogramm erkennbar. Das Regionalfensterprogramm ist dadurch tatsächlich vom Hauptprogramm getrennt, daß für den Zeitraum des Fensterprogramms die unterschiedlichen regionalen Fenster regional auseinandergeschaltet sind, so daß in der einen Region nur das eine Fenster zu sehen ist, in der anderen Region dagegen ein anderes Fenster. Eine solche Trennung besteht beim bundesweiten Fenster zwar nicht, bundesweit ist immer das gleiche Fenster zu sehen. Die Trennung liegt hier aber darin, daß teilweise entweder der Veranstalter auseinandergeschaltet wird, wie im Fall von dctp. Es ist für diesen Zeitraum eine andere rundfunkrechtliche Verantwortlichkeit gegeben, als während des Hauptprogramms. Beim Fenster von Kanal 4 ist eine rechtliche Auseinanderschaltung zumindest dahingehend gegeben, daß die rechtliche Befugnis, über die Ausstrahlung zu entscheiden, nicht beim Hauptprogrammveranstalter liegt, sondern beim Fensterprogrammveranstalter.

2. Abgrenzung zu ähnlichen Programmformen

Anhand dieser Kriterien soll versucht werden, Fenster von ähnlichen Erscheinungen in der Fernsehlandschaft abzugrenzen.

a) Ballungsraumprogramme

Ballungsraumprogramme zeigen eine gewisse Gemeinsamkeit mit dem regionalen Fenster, denn sie werden nur im jeweiligen Ballungsraum gesendet und haben für diesen Bereich eine eigene rundfunkrechtliche Genehmigung. Bei den Ballungs-

---

[21] Siehe zu einer einstweiligen Verfügung von Kanal 4 gegen RTL diesbezüglich epd - medien, 1997, Nr. 10/11, S. 15 ff.

programmen fehlt es jedoch, im Gegensatz zu den Regionalfensterprogrammen, an einem umrahmenden Hauptprogramm[22]. Ohne ein solches Hauptprogramm kann es sich jedoch nicht um ein Fenster handeln.

b) Offener Kanal

Aus diesem Grund handelt es sich auch bei den einzelnen Beiträgen in den sog. „offenen Kanälen" nicht um Fenster. Auf diesen „offenen Kanälen" darf grundsätzlich jeder (unter Beachtung gewisser Kriterien) seine eigenen Programmbeiträge senden. Der im rundfunkrechtlichen Sinne Programmverantwortliche, also der eigentliche Veranstalter, überprüft diese Beiträge nur auf ihre rundfunkrechtliche Rechtmäßigkeit.[23] Inhaltlich besteht für die einzelnen Beiträge also weitestgehende Freiheit und somit Eigenständigkeit, solange diese Beiträge rechtmäßig sind. Jeder einzelne Beitrag hat für sich genommen ein sich zu den anderen Beiträgen abhebendes eigenes Profil. Was den Beiträgen im „offenen Kanal" für eine Einordnung als Fenster jedoch fehlt, ist die Umrahmung durch ein Restprogramm. Nur ein den Programmbeitrag umrahmendes, in sich einheitliches Hauptprogramm macht den eigenständigen Programmbeitrag zum Fenster.

c) Zulieferungen

Auch sog. „Zulieferungen" haben einen gewissen Bezug zur Thematik der Fenster. Zulieferungen sind solche Programmbeiträge, die aufgrund individualvertraglicher Beziehungen in ein Programm aufgenommen werden und bei denen der Programmveranstalter die rundfunkrechtliche Verantwortung übernimmt[24]. Diese „Zulieferungen" werden also nicht von den jeweiligen Veranstaltern selbst produziert, sondern von selbständigen Produktionsunternehmen. Der Hinweis auf das jeweilige Produktionsunternehmen zu Beginn und Ende des Programmbeitrags

---

22 *Hartstein/Ring/Kreile/Dörr/Stettner, Rundfunkstaatsvertrag*, Bd. I, § 2 Rn. 26.

23 Siehe insgesamt zu den „offenen Kanälen": *Hartstein/Ring/Kreile/Dörr/Stettner*, Rundfunkstaatsvertrag, Bd. II, § 40 RN. 30 f.; Ricker/Schiwy-*Ricker*, Rundfunkverfassungsrecht, C II 2 Rn. 7 ff; *Walendy*, Offene Kanäle in Deutschland, Media Perspektiven 1993, 306 ff.; *Schumann*, Offene Kanäle - dritte Säule der dualen Rundfunkordnung, S. 111 ff.

24 *Hartstein/Ring/Kreile/Dörr/Stettner*, Rundfunkstaatsvertrag, Bd. I, § 2 Rn.26.

zeigt eine gewisse formale Eigenständigkeit. Die von unabhängigen Produzenten produzierten und formal relativ eigenständigen Programmbeiträge werden zudem von einem Restprogramm eingerahmt. Bei den Zulieferungen kommt es aber in der Regel auf die Eigenständigkeit nicht an. Die Programmbeiträge könnten ohne inhaltliche Unterschiede auch von den Veranstaltern selbst produziert werden. Die Veranstalter entscheiden schließlich darüber, ob die Zulieferung in das Programm aufgenommen wird oder nicht. Die formale Eigenständigkeit ist bei den Zulieferungen auch nur in schwacher Form vorhanden, oft wird lediglich auf das Auftragsverhältnis zum Sender hingewiesen. Jedenfalls fehlt im Normalfall ein eigenes „Zuliefererlogo" während des Programmbeitrags.

Es gibt aber auch Zulieferungen, bei denen es auf ihre Unterscheidbarkeit zum Programmveranstalter ankommt. Diese Zulieferungen versuchen ein eigenes Profil zu entwickeln, um sich auf diese Weise vom restlichen Programm abzugrenzen. Die Abgrenzung vom restlichen Programm soll solchen Zulieferungen eine erhöhte Seriosität beim Zuschauer verschaffen. Beispielhaft für solche Arten von Zulieferungen sind Programmbeiträge, die von Unternehmen aus dem Bereich der Printmedien produziert werden und den Namen eines Printmediums führen ("Focus TV"). Diese Form von Zulieferungen erzeugen durch ihren Bezug auf das jeweilige Printmedienunternehmen beim Zuschauer einen Eindruck von großer Eigenständigkeit. Sie werden nicht vom Restprogrammveranstalter produziert, aber vom Restprogramm umrahmt. Bei dieser Form der Zulieferung könnte daran zu denken sein, sie schon als Fenster einzuordnen. Entscheidend ist, ob man den nach außen vermittelten Eindruck von Eigenständigkeit zum Hauptprogramm als Trennungskriterium zum Hauptprogramm ausreichen läßt. Letztlich handelt es sich bei der Eigenständigkeit solcher Zulieferungen aber lediglich um eine formale Eigenständigkeit. Diese Eigenständigkeit zeigt sich weder in tatsächlicher Art noch in rechtlicher Art. Die Zulieferer haben keinen rechtlichen Einfluß auf die Ausstrahlung ihrer Zulieferung. Die lediglich formale Eigenständigkeit reicht als Kriterium für ein Fenster nicht aus.

d) Frequenzsplitting

Auch das sog. „Frequenzsplitting“ hat einen Bezug zur Fensterthematik. Beim Frequenzsplitting senden unterschiedliche Veranstalter zeitlich nacheinander ihr jeweiliges Programm auf derselben Frequenz. Hier ist also das Kriterium einer rechtlichen Trennung der unterschiedlichen Programmteile gegeben. Soweit eines der Programme zeitlich dominant ist, so kann man auch sagen, daß es sich bei diesem Programm dann um das Hauptprogramm handelt, welches das andere Programm umrahmt. Insofern handelt es sich dann also beim zeitlich nicht dominanten Programmblock um ein Fenster. Soweit es jedoch einen zeitlich dominanten Programmblock nicht gibt, sondern die unterschiedlichen Programmblöcke zeitlich relativ ausgewogen sind, dann fehlt es an der für ein Fenster wesentlichen Umrahmung durch ein Hauptprogramm. In solchen Fällen führt das Frequenzsplitting nicht zu einem Fenster. Beim Frequenzsplitting ist keine genaue Abgrenzung zur Fensterthematik zu treffen.

Kapitel 2: Der verfassungsrechtliche und europarechtliche Rahmen für die Beurteilung von Fensterprogrammen

Die aus den Fensterprogrammregelungen entstehenden Verpflichtungen stellen Belastungen für die davon betroffenen Unternehmen und Veranstalter dar. Sie müssen Dritten Sendezeit zur Verfügung stellen, diesen unter Umständen die Finanzierung dieser Sendezeit sichern und dafür finanzielle Einbußen in Kauf nehmen.[25] Durch diese Freiheitsbeschränkungen werden die betroffenen Rundfunkveranstalter möglicherweise in ihren Grundrechten beeinträchtigt. Vor allem könnte die Rundfunkfreiheit als Individualgrundrecht der Veranstalter betroffen sein. Nun ist die grundrechtsdogmatische Einordnung solcher zur gesetzlichen Ordnung des Rundfunks gehörenden Regelungen nicht unstrittig. Auf der einen Seite wird die Rundfunkfreiheit als vorrangig objektiv-rechtliche institutionelle Gewährleistung verstanden, welche erst auf der Grundlage gesetzlich geschaffener Rechtspositionen zu einem Individualrecht werde.[26] Von anderen[27] wird eine originäre individuelle Rundfunkveranstalterfreiheit bejaht, welche durch Art. 5 Abs. 1 S. 2 GG geschützt werde und bezogen auf welche auch der jeweilige gesetzliche Rahmen als Eingriff oder als Grundrechtsschranke qualifiziert werden könnte. Zumindest für solche Rundfunkveranstalter, bei denen die belastenden Regelungen im Rundfunkstaatsvertrag nicht bereits bestehende Rechtspostionen nachträglich beeinträchtigt haben, hängt die Frage eines Eingriffs in die Rundfunkfreiheit von der Beantwortung dieser grundrechtsdogmatischen Frage ab.

I. Grundpositionen des BVerfG zur Rundfunkfreiheit

Die Interpretation der Rundfunkfreiheit ist maßgeblich geprägt durch die Rechtsprechung des Bundesverfassungsgerichts. Deshalb sollen zunächst die wichtigsten Grundpositionen des Bundesverfassungsgerichts zur Rundfunkfreiheit dar-

---

[25] *Engel*, Sonderlasten, ZUM 2000, S. 345, 348 ff.

[26] Dazu unten Kapitel 2 I 1 b).

[27] Dazu unten Kapitel 2 I 1 c).

gestellt werden[28].

Schon früh stellt das Bundesverfassungsgericht bei der Interpretation des Bedeutungsgehalts des Art. 5 Abs. 1 S. 2 GG auf den Zusammenhang mit den anderen Kommunikationsfreiheiten des Art. 5 Abs. 1 GG ab. Die Rundfunkfreiheit diene hiernach der gleichen Aufgabe wie die übrigen Garantien des Art 5 Abs. 1 GG, sie diene der Gewährleistung freier individueller und öffentlicher Meinungsbildung. Der Rundfunk sei hierbei als Massenkommunikationsmittel nicht nur „Medium", sondern „Faktor" der öffentlichen Meinungsbildung.[29] Später betont das Bundesverfassungsgericht die dienende Funktion der Rundfunkfreiheit. Es sieht die Rundfunkfreiheit als eine der Meinungsbildungsfreiheit in ihren subjektiv- und objektivrechtlichen Elementen *dienende* Freiheit[30]. In neuerer Zeit macht das Bundesverfassungsgericht noch einmal seine Ansicht deutlich, daß die Rundfunkfreiheit ihren Träger nicht zu beliebigem Gebrauch ermächtige. Sie werde als dienende Freiheit nicht primär im Interesse des Rundfunkveranstalters gewährleistet, sondern im Interesse freier individueller und öffentlicher Meinungsbildung.[31]

Der Rundfunk befindet sich nach der Ansicht des Bundesverfassungsgerichts in einer Sondersituation, die besondere Regelungen für den Rundfunk erfordere. Zunächst begründete das Bundesverfassungsgericht diese Sondersituation mit den technischen Voraussetzungen und dem großen finanziellen Aufwand, der zu einer beschränkten Zahl voneinander unabhängiger Veranstalter führen würde[32]. Diese Sondersituation erfordere Gesetze, die sicherstellten, daß der Rundfunk weder dem Staat noch einer gesellschaftlichen Gruppe ausgeliefert werde[33].Eine Sondersituation für den Rundfunk besteht nach neuerer Ansicht des Bundesverfassungsgerichts auch dann noch, wenn die durch Frequenzknappheit und hohen finanziel-

---

[28] Vergleiche zur Entwicklung der Rechtsprechung im Rundfunkbereich auch *Sell* (Hrsg.), Verfassungsrecht und Rundfunk: Die sieben Entscheidungen des Bundesverfassungsgerichts 1961 - 1991, 1992.

[29] Urteil vom 28. Februar 1961 - BVerfGE **12**, 205, 260

[30] Urteil vom 16. Juni 1981, BVerfGE **57**, 295, 320.

[31] Urteil vom 5. Februar 1991, BVerfGE **83**, 238, 315.

[32] BVerfGE **12**, 205, 261.

[33] BVerfGE **12**, 205, 262 f.

len Aufwand bedingten Beschränkungen im Zuge der modernen Entwicklung wegfallen. Aufgrund der Wettbewerbssituation sei es auch dann nicht gesichert, daß die relevanten gesellschaftlichen Gruppen auch tatsächlich im Rundfunk zu Wort kommen können und so die für die freiheitliche Demokratie konstitutive Meinungsvielfalt zur Darstellung gelangt[34]. Der Rundfunk spiele aber im Kommunikationsprozeß aufgrund seiner Breitenwirkung, Aktualität und Suggestivkraft eine besondere Rolle[35]. Innerhalb des Rundfunks komme dem Fernsehen im Verhältnis zum Hörfunk eine herausragende Bedeutung zu. Das Fernsehen könne gleichzeitig in Bild und Ton berichten und dadurch den Anschein der Authentizität und des Miterlebens vermitteln. Außerdem sei das Fernsehen bequem verfügbar[36].

Dies alles führe dazu, daß das Fernsehen das Medium sei, aus dem der größte Teil der Bevölkerung seinen Informationsbedarf decke[37]. Daher müsse beim Rundfunk wegen dessen besonderer Bedeutung die Möglichkeit einer Konzentration von Meinungsmacht und die Mißbrauchsgefahr zum Zwecke einseitiger Einflußnahme auf die öffentliche Meinung beachtet werden. Fehlentwicklungen in diesem Bereich seien kaum umkehrbar[38]. Bezüglich der „Sondersituation" des Rundfunks macht das Bundesverfassungsgericht deutlich, daß die modernen Entwicklungen bei der Auslegung der Rundfunkfreiheit zwar nicht unberücksichtigt bleiben dürften[39]. Der private Rundfunk könne aber aufgrund der wirtschaftlichen Notwendigkeiten und des daraus resultierenden Zwanges, weitestgehend massenattraktive Programme zu senden, umfassende Information und gleichgewichtige Vielfalt nicht gewährleisten[40]. Das Bundesverfassungsgericht stellte kürzlich noch einmal klar, daß das Erfordernis gesetzgeberischer Vielfaltssicherung auch durch neuere Entwicklungen nicht an Gewicht verliere. Die fortgeschrittene und weiter fortschreitende Verflechtung auf dem Fernsehmarkt, die vertikale Verflechtung

---

34 BVerfGE **57**, 295, 322f.

35 Urteil vom 22. Februar 1994, BVerfGE **90**, 60, 87.

36 Urteil vom 17. Februar 1998, BVerfGE **97**, 228, 256.

37 BVerfGE **97**, 228, 256.

38 BVerfGE **57**, 295, 323.

39 Urteil vom 4. November 1986, BVerfGE **73**, 118, 154.

40 BVerfGE **73**, 118, 155 f.

von Rundfunkveranstaltern mit Produktionsfirmen etc. sowie die Privatisierung der Übertragungswege mache vielfaltssichernde Regelungen auch weiterhin dringlich. Diese Vielfaltssicherung habe vorbeugend zu geschehen, denn eingetretene Fehlentwicklungen könnten auch wegen des politisch einsetzbaren Einflusses schwer rückgängig gemacht werden.[41]

Diese Sondersituation des Rundfunks erfordere eine von den Gesetzgebern der Länder zu schaffende „positive Ordnung“ durch materielle, organisatorische und Verfahrensregelungen, die sicherstellt, daß die Vielfalt der bestehenden Meinungen im Rundfunk in möglichster Breite und Vollständigkeit Ausdruck findet und daß auf diese Weise umfassende Information geboten wird[42].

Unklar bleibt allerdings das Verhältnis dieser „positiven Ordnung“, die sich notwendigerweise als Freiheitsbeschränkung vor allem für diejenigen darstellt, welche als Privatunternehmer Rundfunk veranstalten oder veranstalten wollen, zur Rundfunkfreiheit als Freiheitsrecht. In der Entscheidung von 1981 zum Saarländischen Rundfunkgesetz heißt es, der Gestaltungsauftrag für eine positive Ordnung des Rundfunks berechtige jedoch nicht zu einer Beschränkung des Grundrechts. Eine Beschränkung sei weiterhin an Art. 5 Abs. 2 GG zu messen[43]. Ähnlich wurde in der Entscheidung von 1986 zum Niedersächsischen Landesrundfunkgesetz zwischen Ausgestaltungen der positiven Ordnung und Eingriffen in die Rundfunkfreiheit unterschieden[44]. Sofern es sich bei den Regelungen zur Gestaltung der positiven Ordnung um Ausgestaltungsregelungen handele, sei die alleinige verfassungsrechtliche Rechtmäßigkeitsanforderung, daß sie der Sicherung der Rundfunkfreiheit dienten; sofern dagegen die Regelungen in die Rundfunkfreiheit eingriffen, seien sie nur auf der Grundlage des Art 5 Abs. 2 GG oder in den Fällen einer Beschränkung der Rundfunkfreiheit unmittelbar durch die Verfassung zulässig.

---

41 Beschluß vom 18. Dezember 1996, BVerfGE **95**, 163, 173.

42 BVerfGE **57**, 295, 320.

43 BVerfGE **57**, 295, 321.

44 BVerfGE **73**, 118, 160.

Aus solchen und ähnlichen Formulierungen könnte man schließen, daß nach Auffassung des BVerfG solche Freiheitsbeschränkungen, welche allein der Wahrung der Rundfunkfreiheit als objektivem Prinzip dienen, keine Eingriffe in die Rundfunkfreiheit darstellen. Zu einer Vertiefung dieser Frage bestand allerdings für das BVerfG keine Veranlassung, da die geprüften Gesetze privaten Rundfunk ermöglichen wollten und vom Gericht allein daraufhin gewürdigt worden waren, ob sie - gerade durch Beschränkungen privater Veranstalterfreiheit - hinreichend den Anforderungen an eine positive Rundfunkordnung entsprachen. Auch in einer jüngeren Entscheidung zur Sendeaufzeichnungspflicht nach dem Baden-Württembergischen Landesmediengesetz[45] wird bei freiheitsbeschränkenden Regelungen zwischen Ausgestaltungen der positiven Ordnung und Einschränkungen der Rundfunkfreiheit unterschieden.

Demgegenüber hat das BVerfG in der Entscheidung zum Landesmediengesetz Baden-Württemberg von 1987[46] die gesetzlichen Beschränkungen der öffentlich-rechtlichen Rundfunkanstalten hinsichtlich Regional- und Lokalfunk als Eingriffe in die Rundfunkfreiheit angesehen und die gesetzgeberische Pflicht zur Schaffung einer positiven Ordnung in der Sache als Grundrechtsschranke neben der Schranke aus Art. 5 Abs. 2 GG geprüft. Dies könnte im Sinne einer Konstruktion gedeutet werden, wonach freiheitseinschränkende, zur „positiven Ordnung" gehörende Rundfunkregelungen Eingriffe in die Rundfunkfreiheit darstellen, welche aber - unabhängig von Art. 5 Abs. 2 GG - durch die gesetzgeberische Pflicht zur Wahrung der objektiv-rechtlichen Verfassungsanforderungen gerechtfertigt sind. Auch hat das BVerfG 1998 den Bewerbern um eine Rundfunklizenz - also auch solchen, die noch nicht Rundfunkveranstalter sind - die Rundfunkfreiheit als Individualrecht zugesprochen.[47]

Letztlich war das BVerfG noch nicht gezwungen, die aufgeworfene grundrechtsdogmatische Frage zu entscheiden. Insofern konnte auch in Kammerbeschlüssen festgestellt werden, das BVerfG habe bisher offengelassen, ob es eine originäre

---

[45] BVerfGE **95**, 220, 235 ff.

[46] BVerfGE **74**, 297, 334 ff.

[47] BVerfGE **97**, 298, 310 ff.

Rundfunkveranstalterfreiheit gäbe, bezogen auf welche bereits das - verfassungsrechtlich geforderte - im Lizenzsystem enthaltene Verbot der Rundfunkveranstaltung mit Erlaubnisvorbehalt einen Eingriff darstelle[48].

II. Rundfunkfreiheit als objektiv-rechtliche, „dienende“ Freiheit nach Maßgabe gesetzlicher Vorgaben

In der Literatur finden sich zahlreiche Anhänger für eine Interpretation des Art. 5 Abs. 1 S. 2 GG als Gewährleistung einer zunächst allein objektivrechtlichen institutionellen Rundfunkfreiheit, die erst im Rahmen der gesetzlichen „positiven Ordnung“ Art. 5 Abs. 1 S. 2 GG zu einem Individualrecht werden läßt[49].

Schon der Wortlaut der Norm spreche gegen ein Individualgrundrecht. Art. 5 Abs. 1 S. 2 GG stelle die „Pressefreiheit“ und „die Freiheit der Berichterstattung durch Rundfunk und Film“ nebeneinander. Im Mittelpunkt der Gewährleistung stehe also nach dem Wortlaut der Norm nicht die Rundfunkfreiheit schlechthin, sondern die Berichterstattung durch den Rundfunk als ein Element im Bereich Rundfunk. Deshalb ergebe sich eine Parallele zum Individualgrundrecht Pressefreiheit gerade nicht[50].

Die systematische Stellung der „Rundfunkfreiheit“ neben der Pressefreiheit erfordere nicht eine parallele Deutung der beiden Freiheiten, denn zwischen

---

[48] Vgl BVerfG, Beschluß vom 19. Februar 1992, NVwZ-RR 1991, 365 f.; BVerfG, Beschluß vom 12. April 1991, ZUM 1992, 137; in der Sache offengelassen auch in BVerfG, Beschluß vom 20. Juli 1992, NJW 1993, 1190 f.

[49] So *Badura*, Rundfunkgesetzgebung, S. 30 f.; *Kübler*, Medienverflechtung, S. 84 f.; *Böckenförde/Wieland*, Rundfunkfreiheit, AfP 82, S. 77 f.; *Seelmann-Eggebert*, ZUM 92, 79, 86 f.; *Hoffmann-Riem*, HdBVfR § 7 Rn. 39; ders. AK-GG, Art. 5 Rn. 143; *Sachs-Bethge*, Art 5 Rn. 102; *A. Hesse*, Rundfunkrecht, S. 67, Rn. 46;*K. Hesse*, Grundzüge des Verfassungsrechts der Bundesrepublik Deutschland, Rn. 303 ff, 389; *Lerche*, Hoheitliche Programmanforderungen für private Rundfunkveranstalter, 291, 298; *Rossen*, Freie Meinungsbildung durch den Rundfunk, 286 f. ; *Wieland*, Die Freiheit des Rundfunks, insb. S. 138 f.; *Stock*, Medienfreiheit als Funktionsgrundrecht, S. 342; *Stern*, Verhandlungen des 54. Deutschen Juristentages 1982, Bd. II, H 33, 6; *Wufka*, Die verfassungsrechtlich-dogmatischen Grundlagen der Rundfunkfreiheit, S. 32 ff.; *Schmidt*, Die Rundfunkgewährleistung, S. 92.

[50] *Böckenförde/Wielandt*, Rundfunkfreiheit, AfP 1982, 77, 78.

Rundfunk und Presse bestünden erhebliche Unterschiede in Intensität, Wirkungsweise und kommunikativer Kraft[51]. Auch die Stellung der Rundfunkfreiheit im Grundrechtsteil des Grundgesetzes erfordere nicht notwendig ein subjektivrechtliches Verständnis, denn der Grundrechtsteil enthalte mit dem Schutz von Ehe und Familie in Art. 6 Abs. 1 GG und den Bestimmungen des Art. 7 GG über staatliche Schulaufsicht auch institutionelle Garantien[52].

Aus der Entstehungsgeschichte ergebe sich, daß die Verfassungsschöpfer den Bereich der Organisation des Rundfunks der Gesetzgebung überlassen wollten und auch wegen der technischen Entwicklungen für diesen Bereich durch die Verfassung keine Vorgaben machen wollten[53]. Hieraus wird geschlußfolgert, daß der Verfassungsgeber dann auch keine grundrechtliche Garantie einer individualrechtlichen Rundfunkfreiheit geben wollte[54].

Im Rahmen der teleologischen Auslegung des Art. 5 Abs. 1 S. 2 GG wird maßgeblich auf die auch vom BVerfG betonte[55] „dienende" Funktion der Rundfunkfreiheit abgestellt[56]. Die Rundfunkfreiheit „diene" hiernach der freien und öffentlichen Meinungsbildung[57]. Zum Verständnis der dienenden Funktion müsse die Rundfunkfreiheit im Zusammenhang mit den anderen Kommunikationsgrundrechten gesehen werden. Diese wiesen neben den Individualrechten der Meinungsäußerungsfreiheit und der Informationsfreiheit auch noch eine demokratische Komponente auf, denn sie förderten die öffentliche Meinungsbildung[58]. Der

---

51 *Böckenförde/Wielandt*, Rundfunkfreiheit, S. 77, 78; *Schmidt*, Die Rundfunkgewährleistung, S. 79 ff.

52 *Böckenförde/Wielandt*, Rundfunkfreiheit, S. 77, 78.

53 JÖR NF. Bd. 1 (1951), S. 86 f.; vgl. auch die Nachweise bei *Böckenförde/Wielandt*, Rundfunkfreiheit, S. 77, 79.

54 *Böckenförde/Wielandt*, Rundfunkfreiheit, S. 77, 80.

55 BVerfGE **57**, 295, 320; **73**, 118, 152; **74**, 297, 323; **83**, 238, 296; **87**, 181, 197; **90**, 60, 87.

56 *Wufka*, Die verfassungsrechtlich-dogmatischen Grundlagen der Rundfunkfreiheit, S. 74, 78 ff.; *Badura*, Rundfunkgesetzgebung S. 32 f.; *Hoffmann-Riem* AK, Art. 5 Rn.135;

57 Siehe zur Rundfunkfreiheit als dienenden Freiheit auch *Dörr*, Das für die Medienkonzentration maßgebliche Verfahrensrecht, S. 338 ff.

58 *Hesse*, Rundfunkrecht, S. 61, Rn. 31.

Rundfunk sei in diesem Prozeß der freien öffentlichen Meinungsbildung zum einen Medium, denn er stelle die unterschiedlichen Meinungsrichtungen dar und böte diesen somit ein Forum[59]. Darüber hinaus sei er aber auch durch die Auswahl und die Art der Darstellung der unterschiedlichen Meinungstendenzen ein Faktor im Prozeß der Meinungsbildung[60]. Er beeinflusse den Prozeß der öffentlichen Meinungsbildung maßgeblich[61]. Die öffentliche Meinungsbildung sei für die Funktionsfähigkeit der Demokratie von grundlegender Bedeutung[62]. Denn der Einfluß des Volkes auf die politische Willensbildung beinhalte nicht nur Wahlen und Abstimmungen. Durch die Bildung einer öffentlichen Meinung habe das Volk ebenfalls Einfluß auf die staatlichen Entscheidungsträger[63].

In der Förderung der für den demokratischen Prozeß so wichtigen öffentlichen Meinungsbildung wird eine „öffentliche Aufgabe" des Rundfunks gesehen[64]. Die Rundfunkfreiheit sei deshalb keine Freiheit zur individuellen Selbstverwirklichung, sondern sie diene der dargestellten öffentlichen Aufgabe. Es handele sich bei ihr mithin nicht um ein eigennütziges, sondern um ein fremdnütziges Grundrecht[65]. In ein solches fremdnütziges Grundrecht dürfe kein individuelles Recht auf Rundfunkveranstaltung hinein gedeutet werden. Ein solches Individualgrundrecht könne bei der Erfüllung der öffentlichen Aufgabe sogar kontraproduktiv wirken[66].

Als Konsequenz der objektiv-rechtlichen Interpretation der Rundfunkfreiheit des Art. 5 Abs. 1 S. 2 GG ergibt sich, daß Regelungen, welche die Zulassung beschränken, von Auflagen abhängig machen oder besondere Maßnahmen zur

---

59 *Kloepfer*, Öffentliche Meinung, Massenmedien, HdBStR II, § 35 Rn. 38.

60 *Kloepfer*, Öffentliche Meinung, Massenmedien, HdBStR II, § 35 Rn. 39.

61 Rundfunk als „Medium und Faktor" ständige Rechtsprechung des BVerfG, BVerfGE **12**, 205, 260; **57**, 295, 319; **73**, 118, 152; **74**, 297, 323.

62 Siehe insgesamt zur öffentlichen Meinung, *Kloepfer*, Öffentliche Meinung, Massenmedien, HdBStR II, § 35 Rn. 21 ff.

63 *Hesse*, Grundzüge des Verfassungsrechts, Rn. 149 ff.

64 Siehe Ricker/Schiwy-*Ricker*, Rundfunkverfassungsrecht, B, Rn. 83.

65 *Burmeister*, Der Rundfunk unter der Herrschaft der technischen Entwicklung, S. 56 f.; *Dörr*, Das für die Medienkonzentration maßgebliche Verfahrensrecht, S. 339.

66 *Burmeister*, Der Rundfunk unter der Herrschaft der technischen Entwicklung, S. 58 f.

Vielfaltssicherung vorsehen, prinzipiell nicht in die Rundfunkfreiheit des betroffenen Veranstalters eingreifen[67]. Denn eine individuelle Rundfunkfreiheit, in die eingegriffen werden könnte, existiert nach dieser Konstruktion nur nach Maßgabe der gesetzlichen Ausgestaltung[68].

III. Rundfunkfreiheit als individuelle Veranstalterfreiheit auch gegenüber dem Gesetzgeber

1. Der individualrechtliche Grundansatz

Demgegenüber ist die Ansicht, die Rundfunkfreiheit sei eine individualrechtliche, auch gegenüber dem ausgestaltenden Gesetzgeber schützende Rundfunkveranstalterfreiheit, in der Literatur im Vordringen[69].

Teilweise wird schon aus dem Wortlaut des Art 5 Abs. 1 S. 2 GG „... die Freiheit der Berichterstattung durch den Rundfunk ..." wegen des Wortes Freiheit der Schluß auf eine subjektivrechtliche Interpretation der Rundfunkfreiheit gezogen[70].

---

67 *Böckenförde/Wieland*, S. 77, 81; *Badura*, Rundfunkgesetzgebung, S. 62 f.; *Hesse*, Rundfunkrecht, S. 71 Rn. 54 f.

68 Jarass/Pieroth-*Jarass* Art. 5 Rn. 37; *Hoffmann-Riem*, HdBVfR, § 7 Rn. 34 f.

69 So *Klein*, Rundfunkrecht und Rundfunkfreiheit, Der Staat 1981, S. 177, 195; *Rudolf*, Über die Zulässigkeit privaten Rundfunks, S. 117 ff.; *Schmitt Glaeser*, Kabelkommunikation und Verfassung, S. 153 ff.; *Bullinger*, HdBStR VI, § 142 Rn. 120; *Scholz*, Fernsehurteil, JZ 81, 561, 563; *Pestalozza*, Rundfunkfreiheit, NJW 81, 2158 ff.; *v. Mangoldt/Klein/Starck*, Art. 5 Rn. 68, 89 ff.; v. Münch/Kunig-*Wendt*, Art. 5 Rn. 50 ff.; Jarass/Pieroth-*Jarass*, Art 5 Rn. 33; *Hain*, Rundfunkfreiheit und Rundfunkordnung, S. 80 f.; *Marko*, Rundfunkveranstaltung und Rundfunkempfang, S. 114 ff.; *Degenhart*, BK, Art 5 Abs. 1 und 2, Rn. 643 f.; *Eberle*, Rundfunkübertragung, S. 31 f.; *Kull*, Auf dem Weg zum dualen Rundfunksystem, AfP 1987, 365 ff.; *Schoch*, Öffentlich-rechtliche Rahmenbedingungen einer Informationsordnung, VVDStRL 57 (1998), S. 194 ff; *Clausen-Muradian*, Konzentrationstendenzen und Wettbewerb, S. 27 ff.; *Barth*, Rundfunkunternehmerfreiheit, S. 21 f.; Bremer/Esser/Hoffmann-*Bremer*, Der Rundfunk in der Verfassungs- und Wirtschaftsordnung der Bundesrepublik Deutschland, S. 29; *Charissé*, Die Rundfunkveranstaltungsfreiheit und das Zulassungsregime der Rundfunk- und Mediengesetze, S. 96 ff.; *Braml*, Teleshopping, S. 79 f.

70 *v. Mangoldt/Klein/Starck*, Art. 5 Abs. 1, 2, Rn. 68; *Barth*, Rundfunkunternehmerfreiheit, S. 6 ff.

Der Wortlaut ist jedoch in dieser Hinsicht nicht aussagekräftig[71], und es lassen sich gleich gute Argumente für eine objektiv-rechtliche Interpretation finden[72].

In systematischer Hinsicht läßt sich aber eine Parallele zwischen der Rundfunkfreiheit und der ebenfalls in Art. 5 Abs. 1 S. 2 GG gewährten Pressefreiheit ziehen. Wie die Rundfunkfreiheit dient auch die Pressefreiheit der Gewährleistung freier individueller und öffentlicher Meinungsbildung, ohne das sie primär objektivrechtlich gedeutet wird[73]. Die angebliche größere kommunikative Kraft des Rundfunks und die damit verbundene Gefahr für die öffentliche Meinungsbildung läßt sich auch bei individualrechtlicher Deutung bewältigen, nämlich als Rechtfertigung für Eingriffe, die gegenüber der Pressefreiheit nicht zulässig wären[74], so daß dies nicht gegen eine Parallele des Rundfunks mit der Presse spricht. Auch die Aufnahme der Rundfunkfreiheit in den Grundrechtsteil der Verfassung spricht für die Annahme eines Grundrechts als eines Freiheitsrechts[75].

Die Entstehungsgeschichte zeigt, daß die Verfassungsgeber den Bereich der Rundfunkorganisation dem Gesetzgeber überlassen wollten[76]. Für diesen Bereich sollten durch die Verfassung keine Vorgaben gemacht werden[77]. Hieraus wird teilweise geschlossen, daß der Verfassungsgeber keine grundrechtliche Garantie einer individualrechtlichen Rundfunkfreiheit geben wollte[78]. Andererseits wird die Entstehungsgeschichte auch so gedeutet, daß der Verfassungsgeber die Möglichkeit privaten Rundfunks gerade nicht ausschließen wollte[79]. Bei der Interpretation

---

71 v. Münch/Kunig-*Wendt*, Art. 5, Rn. 50; *Charissé*, Die Rundfunkveranstaltungsfreiheit und das Zulassungsregime der Rundfunk- und Mediengesetze, S. 85.

72 Siehe dieses Kapitel, I 1 b).

73 Bonner Kommentar - *Degenhart*, Art. 5 Rn. 643; *Starck*, Grundversorgung, FS Stern, S. 777, 794.

74 Siehe dieses Kapitel, I 1 c) cc).

75 Bonner Kommentar - *Degenhart*, Art. 5 Rn. 643; *Barth*, Rundfunkunternehmerfreiheit, S. 8 ff.

76 Siehe oben Kapitel 2 I 1 b).

77 JÖR NF. Bd. 1 (1951), S. 86 f.; vgl. auch die Nachweise bei *Böckenförde/Wielandt*, Rundfunkfreiheit, AfP 1982, S. 77, 79.

78 *Böckenförde/Wielandt*, Rundfunkfreiheit, AfP 1982, S. 77, 80.

79 V. Münch/Kunig-*Wendt*, Art. 5, Rn. 50.

der Entstehungsgeschichte ist jedenfalls zu berücksichtigen, daß sich die damalige technische Situation zu der heutigen in erheblichem Maße unterscheidet. Eindeutige Rückschlüsse lassen sich aus der Entstehungsgeschichte der Norm daher nicht ziehen[80].

Auch eine Auslegung nach Sinn und Zweck verlangt keine Zurückdrängung der individualrechtlichen Dimension der Rundfunkfreiheit des Art. 5 Abs. 1 S. 2 GG, neben welcher die objektiv-rechtlichen Elemente wie bei anderen Grundrechten selbstverständlich bestehen blieben. Dies wäre allenfalls anders, wenn der objektiv-rechtliche Sinn von vornherein durch eine originäre Rundfunkveranstalterfreiheit von Privatpersonen verfehlt würde. Das ist aber nicht ersichtlich. Im Gegenteil erweisen die heutigen „positiven Ordnungen“, daß die sich aus der besonderen Bedeutung des Rundfunks ergebenden Anforderungen von Staatsfreiheit und Vielfalt im Rundfunk auch in der dualen Rundfunkordnung gewährleistet bleiben[81]. Die privaten Veranstalter können sogar zu einem gewissen Mehr an Vielfalt führen, denn nun findet tatsächlich der geforderte Wettbewerb an Meinungen zwischen den Veranstaltern statt[82]. Das Hinzutreten privater Rundfunkveranstalter kann so zu einer graduellen Verbesserung der Vielfalt des Rundfunks führen. Es ist außerdem zu beachten, daß bei der Auslegung der Rundfunkfreiheit die modernen Entwicklungen nicht unberücksichtigt bleiben dürfen[83]. Unter diesem Gesichtspunkt erscheint es angesichts von Börsengängen der Rundfunkveranstalter und Umsätzen von mehreren hundert Millionen DM zumindest zweifelhaft, die Rundfunkfreiheit immer noch als lediglich der politisch-demokratischen Meinungsbildung dienend anzusehen[84].

---

80 Bonner Kommentar - *Degenhart*, Art, 5, Rn. 645.

81 Siehe auch BVerfGE **57**, 295, 324; **89**, 144, 152.

82 Ricker/Schiwy-*Ricker*, Rundfunkverfassungsrecht, B Rn. 136.

83 BVerfGE **73**, 118, 154.

84 So *Schoch*, Öffentlich-rechtliche Rahmenbedingungen einer Informationsordnung, VVDStRL 57 (1998), S. 158, 194, der diese Vorstellung als „grotesk“ bezeichnet.

2. Der Grundansatz völkerrechtskonformer und gemeinschaftsrechtskonformer Auslegung

Auch europarechtliche Aspekte sprechen dafür, die Rundfunkfreiheit des Art. 5 Abs. 1 S. 2 GG subjektiv-rechtlich zu interpretieren, denn im europäischen Rahmen ist die Freiheit, Rundfunk zu veranstalten, nach überwiegender Meinung geschützt. Diese Aspekte sollen im Folgenden anhand der Rechtsprechung und herrschenden Meinung skizziert werden, ohne auf in Einzelheiten abweichende Meinungen einzugehen[85].

a) Art. 10 EMRK als Gewährleistung von Rundfunkveranstalterfreiheit

Zum einen ist die Rundfunkfreiheit von der Meinungsäußerungsfreiheit des Art. 10 EMRK umfaßt. Zwar ist die Rundfunkfreiheit in Art. 10 Abs. 1 EMRK nicht ausdrücklich erwähnt. Die Meinungsäußerungsfreiheit umfaßt jedoch nach der Rechtsprechung und herrschenden Meinung in der Literatur auch die Verbreitung von Rundfunkprogrammen[86]. Hierbei ist die Freiheit nicht nur auf die Verbreitung von Nachrichten und Informationen beschränkt, sondern umfaßt auch sonstige Unterhaltung. Im Fall „Informationsverein Lentia"[87] erkannte der EGMR implizit an, daß von der Rundfunkfreiheit des Art. 10 Abs. 1 EMRK auch die subjektive Rundfunkveranstalterfreiheit umfaßt ist[88].

---

85 Vertiefende Darstellungen hierzu bei *Petersen*, Rundfunkfreiheit und EG-Vertrag, passim; *Holznagel*, Rundfunkrecht in Europa, insbes. S. 123 ff.

86 EGMR 28. 3. 1990 (Groppera), Ser. A 173, 22, § 55; EGMR 22. 5. 1990 (Autronic), Ser. A 178, 23, § 47; EGMR 24. 11. 1993 (Informationsverein Lentia), Ser. A 276, 13, § 27; *Holznagel*, Rundfunkrecht in Europa, S. 154; *Schwarze*, Medienfreiheit und Medienvielfalt in Europa, ZUM 2000, S. 779, 782 ff.

87 EGMR 24. 11. 1993 (Informationsverein Lentia), Ser. A 276, 13, § 27.

88 *Holznagel*, Rundfunkrecht in Europa, S. 155;

b) Rundfunkveranstalterfreiheit als gemeinschaftsrechtliche Grundfreiheit

Die Veranstaltung von Rundfunk fällt zum anderen unter die Dienstleistungsfreiheit der Art. 49, 50 EGV und ist damit gemeinschaftsrechtlich geschützt[89]. Auch wenn für die Veranstaltung von Rundfunksendungen Waren wie z. B. Tonträger und Filme erforderlich sind, ist eine Rundfunksendung als solche keine Ware und ist damit nicht zum Bereich der Warenverkehrsfreiheit der Art. 23 ff. EGV zu zählen[90]. Der Schwerpunkt liegt in der Leistung von Diensten. Die Dienstleistung ist auch als entgeltliche Tätigkeit (i. S. d. Art. 50 Abs. 1 EGV) einzuordnen. Es ist nicht erforderlich, daß der Empfänger die Tätigkeit bezahlt. Ausreichend ist z. B. die Bezahlung der Werbetreibenden für Werbezeiten[91]. Eine grenzüberschreitende Dienstleistung liegt im Rundfunkbereich dann vor, wenn ein Veranstalter Sendungen ausstrahlt, die in einem anderen Mitgliedstaat zu empfangen sind[92].

Im europäischen Rahmen ist die Rundfunkfreiheit somit als subjektives Recht geschützt. Dieser Schutz hat Auswirkungen auf die Interpretation des Art. 5 Abs. 1 S. 2 GG, denn „Europäische Grundrechte" sind bei der Auslegung des Grundgesetzes mit zu berücksichtigen[93].

Das Prinzip der Völkerrechtsfreundlichkeit ist ein vom BVerfG[94] anerkanntes Prinzip der deutschen Rechtsordnung[95]. Es läßt sich aus der Erwähnung des

---

89 Ständige Rspr., EUGH (Sacchi), Slg. 1974, 409, 428 Rn.6; (Debauve), Slg. 1980, 833, 885 Rn. 6; (Bond van Adverteerders), Slg. 1988, 2085, 2130 f. Rn. 13 f.; *Holznagel*, Rundfunkrecht in Europa, S. 138; Ricker/Schiwy-*Ricker*, Rundfunkverfassungsrecht, H Rn. 43 f.

90 *Kugelmann*, Der Rundfunk und die Dienstleistungsfreiheit des EWG-Vertrages, S. 67, *Petersen*, Rundfunkfreiheit und EG-Vertrag, S. 42 f.

91 *Holznagel*, Rundfunkrecht in Europa, S. 135 f.

92 *Kugelmann*, Die Grenzen des Anwendungsbereichs der EG-Fernseh-Richtlinie, Die Verwaltung 25 (1992), S. 515, 516.

93 BVerfGE **31**, 58, 67 f., **74**, 358, 370; *Hesse*, Grundzüge des Verfassungsrechts der Bundesrepublik Deutschland, Rn. 71, 278; *Dörr*, Faires Verfahren, S. 151.

94 BVerfGE **18**, 112, 121.

95 *Sommermann*, Völkerrechtlich garantierte Menschenrechte als Maßstab der Verfassungskonkretisierung, AöR 114 (1989), S. 391 ff.

Bekenntnisses zu einem vereinten Europa in der Präambel des GG, aus dem Bezug von Art. 1 Abs. 1 S. 2 GG auf die Menschenrechte und auf den Vorrang der allgemeinen Regeln des Völkerrechts gegenüber einfachem Bundesrecht in Art. 25 GG begründen[96].

Das BVerfG bemüht sich auf diese Weise, weitestmögliche Harmonie zwischen Völkerrecht und innerstaatlichem Recht herzustellen. Es soll so insbesondere verhindert werden, daß der verfassungsrechtliche Grundrechtscharakter hinter den in der EMRK niedergelegten Menschenrechten zurückbleibt[97].

Daraus folgt dann aber auch, daß die europa- und völkerrechtskonforme Auslegung dort ihre Grenzen finden muß, wo sie den Grundrechtsschutz des GG schmälern würde[98]. Unter diesem Gesichtspunkt wird eine Auslegung des Art. 5 Abs. 1 S. 2 GG unter Rückgriff auf die individualrechtlich geprägte Rundfunkfreiheit des Art. 10 EMRK teilweise abgelehnt[99]. Eine individualrechtlich verstandene Rundfunkfreiheit würde der dienenden Funktion des Art. 5 Abs. 1 S. 2 GG für die freie öffentliche und individuelle Meinungsbildung nicht gerecht. Sie ließe sich mit dem Erfordernis einer positiven Ordnung nicht in Einklang bringen.

Eine individualrechtliche Interpretation des Art. 5 Abs. 1 S. 2 GG führt aber nicht notgedrungen zu einer Verringerung des Schutzgehaltes der objektiv-rechtlichen dienenden Rundfunkfreiheit. Denn auch der individualrechtliche Ansatz läßt sich mit den inhaltlichen Anforderungen des BVerfG an eine „positive Ordnung" des Rundfunks vereinbaren[100]. Die europa- und völkerrechtskonforme Auslegung führt also nicht zu eine Schmälerung des Grundrechtsschutzes des GG, so daß der Gesichtspunkt einer einheitlichen europäischen Rechtsordnung und einer europa-

---

96 *Dörr*, Die Einflüsse europarechtlicher Entwicklungen auf das Bund-Länder-Verhältnis im Rundfunkwesen, S. 154; *Seibert*, Europäische Menschenrechtskonvention und Bundesverfassungsgericht, S. 522 ff.

97 *Dörr*, Die Einflüsse europarechtlicher Entwicklungen auf das Bund-Länder-Verhältnis im Rundfunkwesen, S. 154.

98 BVerfGE **74**, 358, 370.

99 So auch *Dörr*, Die Einflüsse europarechtlicher Entwicklungen auf das Bund-Länder-Verhältnis im Rundfunkwesen, S. 155 f.

100 Siehe hierzu Kapitel 2 III. 3).

rechtskonformen und völkerrechtskonformen Interpretation dafür spricht, auch die Rundfunkfreiheit des Art. 5 Abs. 1 S. 2 GG als subjektives Recht zu verstehen[101].

3. Vereinbarkeit des individualrechtlichen Ansatzes mit den inhaltlichen Anforderungen des BVerfG an eine „positive Rundfunkordnung“

Ein Hauptargument für die Notwendigkeit der vorrangig objektiv-rechtlichen und institutionellen Auslegung der Rundfunkfreiheit ist, daß dem Rundfunk eine potentielle Gefährdung für die freie Meinungsbildung im demokratischen Prozess inne wohne und eine positive Ordnung für den Rundfunk erforderlich mache[102]. Aber auch die Vertreter einer individualrechtlich verstandenen Rundfunkfreiheit sind sich weitgehend einig, den Rundfunk nicht „dem freien Spiel der Kräfte“ zu überlassen. Auch sie sehen die Notwendigkeit einer Rundfunkordnung, die die Rahmenbedingungen für die Veranstaltung von Rundfunk setzt.[103] Und die Umsetzung einer solchen positiven Ordnung, wie sie vom Bundesverfassungsgericht gefordert wird, ist auch bei einer individualrechtlichen Interpretation der Rundfunkfreiheit in verfassungskonformer Weise möglich. Hierzu werden zwei Ansätze erwogen.

---

[101] Ricker/Schiwy-*Ricker*, Rundfunkverfassungsrecht, H Rn. 44; *Schoch*, Öffentlich-rechtliche Rahmenbedingungen einer Informationsordnung, VVDStRL 57 (1998), S. 158, 194 f.; Bonner Kommentar - *Degenhart*, Art. 5, Rn. 831.

[102] *Böckenförde/Wieland*, Rundfunkfreiheit S. 77, S. 80 f.; *Ruck*, Ausgestaltungs- und Schrankengesetze, AöR 1992, S. 542, 546; *Rossen*, Freie Meinungsbildung durch den Rundfunk, S. 206 ff.; *Kübler*, Medienverflechtung, S. 85 f.; *Badura*, Rundfunkgesetzgebung, S. 60 ff.

[103] Ricker/Schiwy-*Ricker*, Rundfunkverfassungsrecht, B Rn. 135 ff.; Jarass/Pieroth-*Jarass*, Art. 5 Rn. 37; *Bullinger*, Freiheit von Presse, Rundfunk und Film, HdBStR Bd. VI, § 142, Rn. 113 ff.; v. *Mangoldt/Klein/Starck*, Art. 5 Rn. 89; *Eberle*, Rundfunkübertragung, S. 40 f.; Bremer/Esser/Hoffmann-*Bremer*, Der Rundfunk in der Verfassungs- und Wirtschaftsordnung der Bundesrepublik Deutschland, S. 31; *Braml*, Teleshopping, S. 98; *Charissé*, Die Rundfunkveranstaltungsfreiheit und das Zulassungsregime der Rundfunk- und Mediengesetze, S. 102.

a) Ausgestaltungsregelungen auch bei individualrechtlicher Interpretation zur Entstehung der Rundfunkfreiheit erforderlich

Auch innerhalb der Meinungsrichtung, die die Rundfunkfreiheit als Individualgrundrecht ansieht, wird teilweise davon ausgegangen, die Rundfunkfreiheit bedürfe für ihre Entstehung erst einer Ausgestaltung. Erst die sich aus der objektivrechtlichen Komponente der Rundfunkfreiheit ergebenden inhaltlichen und organisatorischen Anforderungen würden den Rahmen für die Rundfunkveranstaltung einzelner schaffen[104]. Die Rundfunkveranstaltungsfreiheit bestehe danach grundsätzlich nur nach Maßgabe gesetzlicher Regelungen[105]. Die Umsetzung der vom BVerfG geforderten positiven Ordnung stellt nach dieser Ansicht keinen Eingriff in die Rundfunkfreiheit dar, und ist deshalb nicht an Art. 5 Abs. 2 GG bzw. an sonstigen Grundrechtsschranken zu messen[106]. Bei diesem Erklärungsansatz verwischen die Unterschiede zwischen einem objektivrechtlichen und einem individualrechtlichen Verständnis von Art. 5 Abs. 2 GG, denn beide Modelle erfordern hiernach für die Entstehung der Rundfunkfreiheit zunächst die Ausgestaltung durch den Staat.

b) positive Ordnung als Eingriff

Ein anderer Ansatz liegt darin, die Beschränkung der Rundfunkfreiheit durch die Regelungen der positiven Ordnung als Eingriff in die Rundfunkveranstalterfreiheit anzusehen und diese deshalb am Maßstab von Grundrechtsschranken zu messen[107]. Hierfür kommen innerhalb dieses Ansatzes zwei Wege in Betracht.

---

[104] *Stern*, Verhandlungen des 54. Deutschen Juristentags 1982, Bd. II, H 44, 62.

[105] *Bethge*, Die verfassungsrechtliche Problematik der Zulassung von Rundfunkveranstaltern des Privatrechts, S. 72.

[106] *Jarass*, GG, Art. 5 Rn. 37.

[107] Siehe hierzu *Charissé*, Die Rundfunkveranstaltungsfreiheit und das Zulassungsregime der Rundfunk- und Mediengesetze, S. 105 f.

aa) Eingriff am Maßstab des allgemeinen Gesetzes zu messen

Zum einen ließe sich darauf abstellen, daß die Regelungen zur Gestaltung der Rundfunkordnung den Anforderungen an ein allgemeines Gesetz gem. Art. 5 Abs. 2 GG zu entsprechen haben[108]. Unter allgemeinen Gesetzen sind nach der Rechtsprechung des Bundesverfassungsgerichts solche Gesetze zu verstehen, die „weder die Äußerung oder Verbreitung bestimmter Meinungen noch den Prozeß freier Meinungsbildung als solchen beeinträchtigen", sondern die „dem Schutz anderer, ohne Rücksicht auf bestimmte Meinungen zu schützender Rechtsgüter dienen"[109]. In dieser Formel finden sich zwei unterschiedliche, in der Literatur schon lange vertretene Ansätze vereinigt[110]. Der erste Teil der Formel bezieht sich auf die eher formale Sonderrechtslehre, wonach ein Gesetz dann nicht allgemein ist, wenn es sich gegen eine bestimmte Meinung oder gegen eine besondere Art der Verbreitung bestimmter Meinungen richtet[111]. Der zweite Teil der Formel bezieht sich auf die sog. Abwägungslehre, die materielle Kriterien in den Mittelpunkt stellt. Gesetze seien nur dann allgemein, wenn sie den Schutz von gegenüber der Meinungsfreiheit höherrangigen Rechtsgütern verfolgen[112]. Nach dieser Formel ist eine Güterabwägung zwischen dem zu schützenden Rechtsgut und der Meinungsfreiheit vorzunehmen[113].

Diese Anforderungen an ein allgemeines Gesetz sind bei den Elementen der positiven Ordnung, die gerade der Vielfaltssicherung und der Verhinderung vorherrschender Meinungsmacht dienen, regelmäßig gegeben. Diese Regelungen beeinträchtigen den Prozeß der freien Meinungsbildung regelmäßig nicht, sondern

---

108 Die ebenfalls in Art. 5 Abs. 2 GG genannten gesetzlichen Bestimmungen zum Schutz der Jugend und das Recht der persönlichen Ehre können im Rahmen dieser Arbeit unberücksichtigt bleiben, denn die konzentrationsrechtlichen Bestimmungen fallen nicht darunter.

109 BVerfGE **7**, 198, 209; **62**, 230, 244; **71**, 162, 175; **74**, 297, 343; **93**, 266, 291.

110 Siehe hierzu ausführlich *Charissé*, Die Rundfunkveranstaltungsfreiheit und das Zulassungsregime der Rundfunk- und Mediengesetze, S. 114 ff.

111 So schon *Anschütz*-Häntschel,, Handbuch des deutschen Staatsrechts II, § 105, S. 659 f.; ausführlich zur Sonderrechtslehre siehe *Lücke*, Die allgemeinen Gesetze, S. 4 ff.

112 So schon *Smend*, Das Recht der freien Meinungsäußerung, VVDStRL 4 (1928), S. 51.

113 Hierzu *Lücke*, Die allgemeinen Gesetze, S. 17 ff.

sie fördern ihn sogar. Zudem dienen sie dem hochrangigen Ziel der Förderung des demokratischen Prozesses.

Obwohl das BVerfG ausdrücklich betont, daß ein Gesetz auch dann allgemein sei, wenn es ausschließlich auf Rundfunk und Presse ausgerichtet ist[114], gibt es Stimmen in der Literatur, die zusätzlich fordern, daß es sich nicht allein im Schutzbereich der Kommunikationsgrundrechte von Art. 5 Abs. 1 GG auswirken dürfe[115]. Dies würde es schwieriger machen, die Regelungen zur Schaffung der positiven Rundfunkordnung als allgemeine Gesetze einzuordnen[116]. Die Regelungen beziehen sich ausschließlich auf die Veranstaltung von Rundfunk, also insofern ausnahmslos auf den Prozeß der freien Meinungsbildung durch den Rundfunk. Hierbei wirken sie sich allein auf die Rundfunkfreiheit aus, also nur im Schutzbereich des Art. 5 Abs. 1 GG.

Dennoch gibt es verschiedene Ansätze zur Überwindung der Schranke des Art. 5 Abs. 2 GG. So wird teilweise die Anforderung an ein allgemeines Gesetz für den Bereich des Rundfunks modifiziert. Ein Gesetz enthalte danach dann kein „Sonderrecht" gegen den Rundfunk, wenn durch die allgemeine Rechtsordnung begründete Rechtspflichten und Verhaltensanforderungen auf den Rundfunk übertragen werden[117]. Eine weitere Modifizierung des allgemeinen Gesetzes geht dahin, ein allgemeines Gesetz dann anzunehmen, wenn die freiheitsbeschränkende Wirkung außerhalb der kommunikativen Freiheitsausübung liegt, wenn das Gesetz also den vom Grundrecht selbst gezogenen Rahmen unberührt läßt[118]. Ein allgemeines Gesetz müsse also prinzipiell begünstigenden und nicht sonderrechtlich beschränkenden Charakter haben[119].

Im Ergebnis vertritt praktisch niemand die Ansicht, die einfachgesetzlichen

---

[114] BVerfGE 74, 297, 343.

[115] v. Münch/Kunig-*Wendt*, Art. 5, Rn. 71; *Bettermann*, Die allgemeinen Gesetze als Schranken der Pressefreiheit, JZ 1964, S. 604.

[116] *Ruck*, Ausgestaltungs- und Schrankengesetze, S. 542, 557.

[117] Bonner Kommentar - *Degenhart*, Art. 5, Rn. 873.

[118] *Klein*, Die Rundfunkfreiheit, S. 75.

[119] *Scholz*, Fernsehurteil, S. 566; ders, Pressefreiheit und Arbeistverfassung, S. 111 ff., 117.

positiven Ordnungen des Rundfunks seien mangels der Eigenschaft als allgemeines Gesetz im Sinne von Art. 5 Abs. 2 GG generell verfassungswidrig.[120]

bb) Regelungen als verfassungsimmanente Schranke

Der zweite Grundansatz zur Rechtfertigung solcher Elemente der positiven Ordnung, die die Rundfunkfreiheit beschränken, liegt darin, diese Beschränkungen als verfassungsimmanente Schranken, nämlich als verfassungsrechtlich geforderte gesetzliche Umsetzungen der objektiv-rechtlichen Dimension der Rundfunkfreiheit anzusehen[121]. Die Rundfunkfreiheit wäre dann, anders als bei Grundrechtsschranken aufgrund von Gesetzesvorbehalten, schon unmittelbar auf der Verfassungsebene begrenzt. Nach ständiger Rechtsprechung des Bundesverfassungsgerichts können kollidierende Grundrechte und andere mit Verfassungsrang ausgestattete Rechtswerte mit Rücksicht auf die Einheit der Verfassung und die von ihr geschützte gesamte Werteordnung ausnahmsweise auch uneinschränkbare Grundrechte in einzelnen Beziehungen begrenzen[122]. Dieser Grundsatz gilt erst Recht auch für Grundrechte mit qualifiziertem Gesetzesvorbehalt, soweit dieser derart zwingende Einschränkungen nicht zuläßt[123]. Die objektivrechtliche Komponente der Rundfunkfreiheit stellt angesichts der überragenden Bedeutung des Rundfunks für die demokratische Ordnung einen solchen mit Verfassungsrang ausgestatteten Rechtswert dar[124]. Sie ermöglicht nicht nur die Ausgestaltung einer positiven Ordnung des Rundfunks, sondern sie zwingt den Gesetzgeber sogar dazu. Die objektivrechtlich institutionelle Rundfunkfreiheit läßt sich somit als immanente Schranke für die subjektivrechtliche Rundfunkveranstalterfreiheit verstehen. Die Umsetzung dieser verfassungsimmanenten Schranken durch die

---

[120] Siehe z. B. Bonner Kommentar - *Degenhart*, Art. 5 Rn. 872 f.

[121] *Rossen*, Freie Meinungsbildung durch den Rundfunk, S. 306 f.; *Barth*, Rundfunkunternehmerfreiheit, S. 30 f.; *Charissé*, Die Rundfunkveranstaltungsfreiheit und das Zulassungsregime der Rundfunk- und Mediengesetze, S. 121 ff.

[122] Erstmals in BVerfGE **28**, 243, 261.

[123] BVerfGE **66**, 116, 136; ausdrücklich auch für Rundfunkfreiheit, BVerfGE **73**, 118, 166; *Sachs*, Verfassungsrecht II, A 9 Rn. 22; *Lerche*, Grundrechtsschranken, HdBStR V, § 122 Rn. 14.

[124] *Charissé*, Die Rundfunkveranstaltungsfreiheit und das Zulassungsregime der Rundfunk- und Mediengesetze, S. 123.

Rundfunkgesetzgebung bliebe nach der individualrechtlichen Konstruktion zwar ein Grundrechtseingriff. Zu ihrer Rechtfertigung kann aber auf die immanenten Schranken zurückgegriffen werden. Der Eingriff ist so weit gerechtfertigt, wie er zur Umsetzung der Schranken erforderlich und in Abwägung mit der beschränkten Freiheit im Wege der praktischen Konkordanz angemessen ist[125].

IV. Abschließende Stellungnahme

Sowohl aus dem Wortlaut des Art. 5 Abs. 1 S. 2 GG als auch aus der Entstehungsgeschichte der Norm lassen sich gleichermaßen überzeugende Argumente für einerseits den objektiv-rechtlichen, institutionellen Ansatz und andererseits den individualrechtlichen Ansatz finden. Die systematische Stellung der Rundfunkfreiheit im Grundrechtsteil und die Parallele zur Pressefreiheit sprechen eher für eine individualrechtliche Deutung des Art. 5 Abs. 1 S. 2 GG, ohne letztlich vollends zu überzeugen.

Den Ausschlag gibt die Frage nach dem Sinn und Zweck der Norm. Was genau erwartet das GG vom Rundfunk und durch welche Interpretation der Rundfunkfreiheit lassen sich diese Erwartungen am ehesten umsetzen. Im Vordergrund steht hierbei die schon oben angesprochene „öffentliche Aufgabe" des Rundfunks[126]. Der Rundfunk muß im Zusammenhang mit den anderen Kommunikationsgrundrechten gesehen werden. Er soll insbesondere den Prozeß der öffentlichen Meinungsbildung unterstützen. Er ist in diesem Prozeß nicht nur Medium sondern auch Faktor. Durch diese Unterstützung des für den demokratischen Prozeß so wichtigen öffentlichen Meinungsbildung dient der Rundfunk einer „öffentlichen Aufgabe" und ist insoweit nicht ein eigennütziges, sondern ein fremdnütziges Grundrecht. Diese der „öffentlichen Aufgabe" dienende Funktion wird als maßgebliches Argument für die objektiv-rechtlich, institutionelle Deutung der Rundfunkfreiheit angeführt.

Aber auch wenn man die dienende Funktion der Rundfunkfreiheit anerkennt, muß

---

125 *Barth*, Rundfunkunternehmerfreiheit, S. 31 f.

126 Siehe oben Kapitel 2 II.

damit nicht zugleich auch der Schluß auf eine lediglich fremdnützige Rundfunkfreiheit gezogen werden. Die Gefahren, die von der Rundfunkveranstaltung ausgehen, sollen hierbei nicht bestritten werden. Sie erfordern jedoch nicht das objektiv-rechtliche Verständnis, sondern lassen sich auch bei Anerkennung einer Rundfunkveranstalterfreiheit kontrollieren. Auch bei einer individuellen Rundfunkveranstalterfreiheit kann gesetzlich eine positive Ordnung geschaffen werden, in deren Rahmen der Rundfunk weiterhin der beschriebenen öffentlichen Aufgabe dient[127]. Die derzeitige positive Ordnung des Rundfunks, das Nebeneinander von öffentlich-rechtlichem und privatem Rundfunk in einer dualen Rundfunkordnung, schränkt die Rolle des Rundfunks bei der Bildung der öffentlichen Meinung nicht ein. Die sich aus der besonderen Bedeutung des Rundfunks ergebenden Anforderungen von Staatsfreiheit und Vielfalt im Rundfunk können jedenfalls auch in der dualen Rundfunkordnung, in der private Veranstalter und öffentlich-rechtliche Veranstalter Rundfunk veranstalten, gewährleistet bleiben[128]. Durch das Hinzutreten der privaten Veranstalter kann es sogar zu größerer Vielfalt kommen, denn nun findet tatsächlich der geforderte Wettbewerb an Meinungen zwischen den Veranstaltern statt[129]. Auch die neueren Entwicklungen können bei der Deutung der Rundfunkfreiheit nicht unberücksichtigt bleiben[130]. Die tatsächlichen Gegebenheiten der Rundfunkveranstaltung zeigen, daß der Rundfunk nicht nur eine dienende Funktion hat, sondern auch in erheblichem Maße Erwerbswirtschaft darstellt[131]. Dieser erwerbswirtschaftlichen Seite der Rundfunkveranstaltung wird die individualrechtliche Konstruktion eher gerecht. Tatsächlich erscheint es fernliegend, die Rundfunkfreiheit angesichts der immensen wirtschaftlichen Bedeutung für die Beteiligten als lediglich der politisch-demokratischen Meinungsbildung dienend anzusehen[132]. Zudem spricht der Gedanke der europa- und

---

[127] So auch *Charissé*, Die Rundfunkveranstaltungsfreiheit und das Zulassungsregime der Rundfunk- und Mediengesetze, S. 90 f.; *Braml*, S. 77 ff.; siehe auch oben Kapitel 2 III. 3).

[128] BVerfGE **57**, 295, 324; **89**, 144, 152.

[129] Ricker/Schiwy B Rn. 136.

[130] BVerfGE **73**, 118, 154.

[131] Im Jahr 2000 hat das Fernsehen in Deutschland ca. 29 Milliarden DM brutto umgesetzt, siehe Mediafacts 05/2001, S. 4.

[132] So *Schoch*, Öffentlich-rechtliche Rahmenbedingungen einer Informationsordnung, VVDStRL 57 (1998), *S. 194*.

völkerrechtskonformen Auslegung für eine auch individualrechtliche Deutung des Art. 5 Abs. 1 S. 2 GG[133]. Denn auf europäischer Ebene ist auch die individuelle Rundfunkveranstalterfreiheit geschützt[134].

Art. 5 Abs. 1 S. 2 GG gewährleistet also eine individualrechtliche Rundfunkveranstalterfreiheit. Regelungen der positiven Rundfunkordnung unterliegen als Eingriffe in diese Rundfunkfreiheit daher besonderen Rechtfertigungen. Im weiteren Verlauf sollen die einschlägigen Regelungen hinsichtlich ihrer Zielsetzungen und der Umsetzung dieser Zielsetzungen sowie der Wirkungen auf die Betroffenen im Detail untersucht werden. Das geschieht in den Kapiteln vier bis acht. Danach wird die Frage der Verfassungsmäßigkeit wieder aufgegriffen.[135]

---

[133] Ricker/Schiwy-*Ricker*, Rundfunkverfassungsrecht, H Rn. 44; *Schoch*, Öffentlich-rechtliche Rahmenbedingungen einer Informationsordnung, VVDStRL 57 (1998), S. 194 f.; Bonner Kommentar - *Degenhart*, Art. 5, Rn. 831.

[134] Siehe oben Kapitel 2 III 2).

[135] Siehe hierzu Kapitel 9.

Kapitel 3: Grundstrukturen und rechtliche Rahmenbedingungen der Privatfunkordnung in den Ländern

Die „positive Ordnung" auch für den privaten Rundfunk, welche die Landesgesetzgeber in Umsetzung der Vorgaben des Bundesverfassungsgerichts in allen Ländern[136] geschaffen haben, findet sich in einerseits den jeweiligen Landesrundfunk- oder Landesmediengesetzen[137] und andererseits dem Rundfunkstaatsvertrag, welcher aufgrund der Zustimmungsgesetze in den Ländern jeweils als Landesrecht gilt.[138] Bevor auf die Fensterprogrammregelungen selbst eingegangen wird, soll ein kurzer Überblick über die Grundstrukturen und die rechtlichen Rahmenbedingungen für den privaten Rundfunk und insbesondere auch über die für die Fensterprogrammregelungen maßgebliche Rundfunkaufsicht gegeben werden.

I. Rahmenbedingungen für den privaten Rundfunk

Die Kompetenz für rundfunkrechtliche Regelungen liegt bei den Ländern[139]. Diese haben ihre rundfunkrechtlichen Überlegungen und Ziele in Staatsverträgen weitgehend einheitlich koordiniert. Die private Rundfunkordnung wird hierbei vom Rundfunkstaatsvertrag *(RStV)*[140] geregelt. Mit dem Dritten Rundfunkänderungsstaatsvertrag, der am 01. Januar 1997 in Kraft getreten ist[141], wurde das hier interessierende Medienkonzentrationsrecht maßgeblich umgestaltet. Diese Regelungen wurden vom 4. Rundfunkänderungsstaatsvertrag[142], in Kraft getreten am 1.

---

[136] Zur Sondersituation in Bayern siehe vor Fußnote 146.

[137] Siehe hierzu die zusammenfassende Übersicht bei *Herrmann*, Rundfunkrecht, § 3, Rn. 43 ff.

[138] Siehe zur Umsetzung des Rundfunkstaatsvertrags *Hartstein/Ring/Kreile/Dörr/Stettner*, Rundfunkstaatsvertrag, § 1, Rn. 4 ff.

[139] BVerfGE **12**, 205 ff.

[140] Art. 1 des Staatsvertrags über den Rundfunk im vereinten Deutschland vom 31. August 1991 (z. B. GV. NW. 1991, S. 408 ff.)

[141] Dritter Staatsvertrag zur Änderung rundfunkrechtlicher Staatsverträge (z. B. GV. NW. 1996, S. 484 ff.)

[142] Vierter Staatsvertrag zur Änderung rundfunkrechtlicher Staatsverträge (z. B. GV. NW. 2000, S. 106 ff.)

April 2000, und vom 5. Rundfunkänderungsstaatsvertrag[143], in Kraft getreten am 1. Januar 2001 weitestgehend unverändert gelassen. Über die rundfunkrechtlichen Regelungen des Rundfunkstaatsvertrags hinaus gelten in den einzelnen Ländern auch noch landesgesetzliche rundfunkrechtliche Regelungen[144].

Schon vor dem ersten Rundfunkstaatsvertrag (1987)[145] wurden in einigen Landesmediengesetzen Regelungen über die prinzipielle Zulässigkeit privaten Rundfunks getroffen. Im Rundfunkstaatsvertrag (1987) wurden diese noch unterschiedlichen Regelungen ländereinheitlich koordiniert und somit erstmals bundesweit einheitliche Rahmenbedingungen geschaffen. Diese Rahmenbedingungen wurden bis zum jetzt gültigen Rundfunkstaatsvertrag weiter ausformuliert und verfeinert. Hiernach ist privater Rundfunk grundsätzlich zulässig.

In Bayern gibt es diesbezüglich jedoch eine Sondersituation. Gem. Art. 111a Abs. 2 S. 1 Bayerische Verfassung darf Rundfunk dort nur in öffentlich-rechtlicher Trägerschaft und Verantwortung veranstaltet werden. Dementsprechend gibt es in Bayern keine privaten Rundfunkveranstalter im eigentlichen Sinne. Nach Art. 2 Abs. 1 BayMG wird der Rundfunk in öffentlich rechtlicher Trägerschaft der Bayerischen Landeszentrale für neu Medien betrieben. Gem. Art. 2 Abs. 2 BayMG organisiert die Landeszentrale die Rundfunkprogramme aus von Rundfunkanbietern gestalteten Beiträgen. Diese bayerische Sondersituation soll im weiteren Verlauf weitgehend unberücksichtigt bleiben[146].

§ 20 Abs. 1 RStV schreibt vor, daß ein privater Veranstalter zur Veranstaltung von Rundfunk eine Zulassung nach Landesrecht benötigt. Hiermit wird eine Vorgabe des BVerfG umgesetzt, nach welcher jedes Hinzutreten neuer privater Veranstalter zuvor überprüft werden muß, um dann entweder eine Erlaubnis zu

---

143 Gesetz zum Fünften Staatsvertrag zur Änderung rundfunkrechtlicher Staatsverträge (z. B. GV. NW. 2000, S. 706 ff.

144 Siehe hierzu die Aufstellung bei *Herrmann*, Rundfunkrecht, § 3 Rn. 43 ff.

145 Vom 1./ 3. April 1987 (z. B. GV. NW. 1987, S. 405 ff).

146 Kurzer Überblick hierzu bei Ricker/Schiwy-*Ricker*, Rundfunkverfassungsrecht, C Rn. 30 ff.; siehe auch *Renck-Laufke*, Das bayerische Medienmodell und Bundesrecht, ZUM 2001, S. 89 ff.

erteilen oder die Erlaubnis zu versagen[147]. Der Genehmigungsvorbehalt für die Veranstaltung von privatem Rundfunk ist verfassungsrechtlich geboten.

Die Zulassung muß bei der zuständigen Landesmedienanstalt beantragt werden. Zuständig für die Zulassung ist die Landesmedienanstalt des Landes, in dem Rundfunk veranstaltet werden soll. Auch wenn ein Programm bundesweit verbreitet werden soll, benötigt es lediglich die Zulassung nach Landesrecht. Dem Veranstalter steht hierbei grundsätzlich frei, in welchem Land und bei welcher Landesmedienanstalt er die Zulassung beantragt[148]. Die Zulassung ist nicht an den juristischen Sitz des Veranstalters in dem betreffenden Bundesland gebunden[149].

Für die bundesweite Verbreitung eines Programms benötigt der Veranstalter im Regelfall lediglich eine Zulassung[150].Einem in einem Land ordnungsgemäß zugelassenem Programm, das in diesem Land also veranstaltet wird, ist nämlich nach § 52 RStV die Weiterverbreitung im Rahmen der vorhandenen technischen Möglichkeiten landesrechtlich zu gestatten.

Eine Ausnahme gilt jedoch für die terrestrischen Frequenzen. Der terrestrische Rundfunk gilt nicht als weiterverbreitet im Sinne des § 52 RStV, sondern die Ausstrahlung von terrestrischem Rundfunk gilt in jedem Land als eigene Rundfunkveranstaltung. Die Weiterverbreitungsregeln gelten ausschließlich für die Verbreitung in Kabelanlagen[151]. Deshalb muß für terrestrische Frequenzen in jedem Bundesland gesondert die Zulassung beantragt werden[152].

Die Zulassung richtet sich sowohl nach dem jeweiligen Landesrundfunkgesetz als

---

[147] BVerfGE 57, 295, 326.

[148] Sie hierzu auch die Übersicht über die Zuständigkeit für bundesweite Privatprogramme im analogen Fernsehen, abgedruckt in : Media Perspektiven 2000, S. 433.

[149] *Clausen-Muradian*, Konzentrationstendenzen und Wettbewerb, S. 189.

[150] *Bornemann/Lörz*, Bayerisches Mediengesetz, Art. 27 Rn. 123.

[151] *Lerche*, Zu Grundfragen der öffentlich-rechtlichen Trägerschaft des Rundfunkbetriebs in Bayern, ZUM 1993, S. 441, 454; *Tabbara*, Zur Verfassungsmäßigkeit der Errichtung einer Landesmedienanstalt, ZUM 1996, S. 378, 381.

[152] Siehe hierzu *Hartstein/Ring/Kreile/Dörr/Stettner*, § 52 Rn. 19 ff.

auch nach dem Rundfunkstaatsvertrag. Hierbei sind eine Reihe von persönlichen und sachlichen Voraussetzungen zu erfüllen, die von Bundesland zu Bundesland differieren können[153]. Für bundesweit verbreitetes Fernsehen schreibt § 39 RStV die verbindliche Geltung der §§ 21 bis 38 RStV vor. Soweit die §§ 21 bis 38 RStV Regelungen bezüglich der Zulassung treffen, darf hiervon durch Landesrecht nicht abgewichen werden.

II. Grundstrukturen der Rundfunkaufsicht

1. Die Landesmedienanstalten

Die Landesmedienanstalten üben die Aufsicht über die privaten Rundfunkveranstalter aus. Sie haben über die Zulassung von privaten Rundfunkveranstaltern zu entscheiden, und ihnen obliegt die laufende Aufsicht über die privaten Rundfunkveranstalter, insbesondere die Programm- und Konzentrationskontrolle. Die Landesmedienanstalten sind gem. § 36 Abs. 2 S. 1 RStV insbesondere auch für die Auswahl und Zulassung von Fensterprogrammveranstaltern sowie die Aufsicht über deren Programm zuständig.

2. Die KEK und die KDLM

Als weitere Institutionen zur Rundfunkaufsicht sind die "Kommission zur Ermittlung der Konzentration im Medienbereich (KEK)"[154] und die "Konferenz der Direktoren der Landesmedienanstalten (KDLM)"[155] vorgesehen[156]. Diese beiden Organisationseinheiten sollen der jeweils zuständigen Landesmedienanstalt als Organe bei der Erfüllung von Maßnahmen im Zusammenhang mit der Sicherung der Meinungsvielfalt dienen.

---

153 *Herrmann*, Rundfunkrecht, § 18 Rn. 24 ff.

154 § 35 Abs. 2 S. 1 Nr. 1 RStV.

155 § 35 Abs. 2 S. 1 Nr. 2 RStV.

156 Siehe einen Überblick hierzu bei *Clausen-Muradian*, Konzentrationstendenzen und Wettbewerb, S. 169 ff.

a) Die KEK

Die KEK wird gem. § 35 Abs. 2 S. 1 Nr. 1 RStV gebildet und dient der jeweils zuständigen Landesmedienanstalt als Organ bei der Erfüllung der Aufgaben nach § 35 Abs. 1 RStV. Bei diesen Aufgaben handelt es sich um die Überprüfung der Einhaltung der für die privaten Anbieter geltenden staatsvertraglichen Bestimmungen zur Sicherung der Meinungsvielfalt, sowohl vor als auch nach der Zulassung.

Die Tatsache, daß die KEK der jeweils zuständigen Landesmedienanstalt als Organ dient, ist nicht mit dem Institut der Organleihe zu verwechseln[157]. Die KEK ist nicht einer Anstalt zugeordnet und wird dann als Organ dienend einer anderen Anstalt „geliehen". Die KEK ist vielmehr eine Verwaltungseinrichtung aller Landesmedienanstalten gemeinsam und dogmatisch als gemeinsame Verwaltungseinrichtung aller Länder zusammen einzuordnen, vergleichbar mit der ZVS aus dem Hochschulzulassungsrecht oder der GEZ aus dem Recht der öffentlich-rechtlichen Rundfunkgebühren[158].

Die KEK tritt im Rahmen ihrer Zuständigkeit nicht nach außen auf. Auch wenn sie intern das Verfahren leitet, so handelt nach außen hin das außenvertretungsberechtigte Organ der jeweils zuständigen Landesmedienanstalt[159].

Die Auswahl der KEK ist in § 35 Abs. 3 RStV geregelt. Zusammengesetzt ist die KEK aus sechs Sachverständigen des Rundfunk- und des Wirtschaftsrechts, von denen drei die Befähigung zum Richteramt haben müssen. Diese werden von den Ministerpräsidenten der Länder einvernehmlich berufen. Das Besetzungsverfahren der KEK ist unter dem Gesichtspunkt der pluralen Vielfalt nicht unbedenklich. Die verschiedenen Grundströmungen und Interessengruppen innerhalb der Gesellschaft lassen sich bei lediglich sechs Sachverständigen nicht widerspiegeln.

---

[157] So aber wohl *Hepach*, Die Kommission zur Ermittlung der Konzentration im Medienbereich, ZUM 1999, 603, 606 f.; *Bornemann/Lörz*, Bayerisches Mediengesetz, Art. 27 Rn. 123, Fn. 192.

[158] *Renck-Laufke*, Was ist und was kann die KEK?, ZUM, 2000, S. 369.

[159] *Neft*, KEK und KDLM, ZUM 1999, S. 97, 100.

Andererseits ermöglicht gerade die relativ kleine Zahl eine Zusammensetzung aus Experten, die aufgrund ihrer Sachkompetenz Bedrohungen der Vielfalt besser erkennen und bekämpfen können[160]. Die Besetzung durch die Ministerpräsidenten der Länder läßt zudem Bedenken bezüglich des Grundsatzes der Staatsferne aufkommen[161]. Die KEK muß im Rahmen ihrer Tätigkeit schließlich auch programmbezogene Wertungen treffen[162]. Eine von den Ministerpräsidenten der Länder ernannte Organisationseinheit trifft damit unmittelbar Wertungen über den Programminhalt einzelner Veranstalter.[163] Dieses Gefährdungspotential für die Rundfunkfreiheit wird jedoch dadurch abgemildert, daß die KEK unter gewissen Voraussetzungen von der KDLM überstimmt werden kann. Die amtliche Begründung zu § 35 RStV verweist zudem darauf, daß aufgrund des Erfordernisses einer einvernehmlichen Einigung aller 16 Ministerpräsidenten die ausgeübte Staatsgewalt eine föderalistisch gebrochene Staatsgewalt sei, die den Anforderungen des Art. 5 Abs. 1 S. 2 GG genüge[164].

Die Zuständigkeit der KEK richtet sich nach § 36 RStV. Hiernach ist die KEK, und unter Umständen auch die KDLM, zur abschließenden Beurteilung von Fragestellungen der Sicherung der Meinungsvielfalt, die im Zusammenhang mit der bundesweiten Verbreitung von Rundfunk auftreten, zuständig. Hierzu gehören alle Fragen, die mit der Zulassung von Veranstaltern, mit der Veränderung von Veranstalterbeteiligungsverhältnissen und mit der Ermittlung und Behebung vorherrschender Meinungsmacht gem. § 26 Abs. 4 RStV zu tun haben.

Die Mitglieder der KEK sind bei der Erfüllung ihrer Aufgaben gem. § 35 Abs. 5 S. 1 RStV an Weisungen nicht gebunden. Sie unterliegen jeweils der Rechtsaufsicht, der auch diejenige Landesmedienanstalt unterliegt, als deren Organ die

---

160 *Dörr*, Die KEK - ein taugliches Instrument zur Bekämpfung der Medienkonzentration?, Media Perspektiven 1998, S. 54, 56.

161 *Dörr*, Die KEK - ein taugliches Instrument zur Bekämpfung der Medienkonzentration?, Media Perspektiven 1998, S. 54, 56.

162 *Vesting*, Prozedurales Rundfunkrecht, S. 332.

163 *Neft*, KEK und KDLM, ZUM 1999, S. 97, 98.

164 Amtliche Begründung zu § 35 RStV, abgedruckt bei *Hartstein/Ring/Kreile/Dörr/Stettner*, Rundfunkstaatsvertrag, Bd. II, § 35 RStV.

KEK gerade tätig wird.

Beschlüsse der KEK müssen mit der Mehrheit der gesetzlichen Mitglieder gefaßt werden, also mit mindestens 4 Stimmen. Die Beschlüsse sind zu begründen und haben die wesentlichen tatsächlichen und rechtlichen Gründe mitzuteilen. Die Beschlüsse sind für die anderen Organe der zuständigen Landesmedienanstalt bindend und deren Entscheidungen zugrunde zu legen. (gem. § 37 Abs. 1 S. 2-5 RStV).

Von Beschlüssen der KEK können die Organe der zuständigen Landesmedienanstalt lediglich nach Maßgabe eines Beschlusses der KDLM abweichen.

b) Die KDLM

Die "Konferenz der Direktoren der Landesmedienanstalten (KDLM)"[165] wird wie die KEK als Organ der jeweils zuständigen Landesmedienanstalt zur Erfüllung der die Sicherung der Meinungsvielfalt betreffenden Aufgaben gebildet. Sie setzt sich aus den jeweiligen gesetzlichen Vertretern der Landesmedienanstalten zusammen (gem. § 35 Abs. 4 S. 1 RStV).

Die KDLM kann von dem für die jeweilige Entscheidung zuständigen Organ der zuständigen Landesmedienanstalt angerufen werden, wenn dieses Organ von einem Beschluß der KEK abweichen will[166]. Die KDLM hat nun innerhalb von drei Monaten Gelegenheit, mit der Mehrheit von drei Vierteln der gesetzlichen Mitglieder einen abweichenden Beschluß zu fassen, welcher dann den Beschluß der KEK ersetzt. Andernfalls bleibt der Beschluß der KEK bindend. Dieses Recht, die KDLM anzurufen, hat lediglich das für die Entscheidung zuständige Organ der zuständigen Landesmedienanstalt und nicht auch eine andere Landesmedienanstalt[167].

---

165 § 35 Abs. 2 S. 1 Nr. 2 RStV.

166 § 37 Abs. 2 S. 1 RStV.

167 § 37 Abs. 2 S. 2 RStV.

Der Rundfunkstaatsvertrag gibt keine Kriterien für die Entscheidung der KDLM vor. Nach § 37 Abs. 2 S. 4 RStV kann die KDLM ohne weiteres von einem Beschluß der KEK abweichen. Hieraus wird deutlich, daß es sich bei der Kontrolle der KEK durch die KDLM nicht lediglich um Rechtmäßigkeitskontrolle handelt. Es steht der KDLM vielmehr auch offen, von einer rechtmäßigen Entscheidung der KEK abzuweichen. Die KDLM hat hier einen eigenen Beurteilungsspielraum[168].

III. Vielfaltssicherung durch den Rundfunkstaatsvertrag im Überblick

An die Vielfalt im privaten Rundfunk werden nicht die gleichen hohen Anforderungen gestellt, wie an die Vielfalt im öffentlich-rechtlichen Rundfunk.[169] Dennoch muß auch im privaten Rundfunk ein Mindeststandard an Vielfalt beachtet werden. Dieser Mindeststandard erfordert die Möglichkeit für alle relevanten Meinungsrichtungen, im privaten Rundfunk zu Wort kommen zu können und die Verhinderung vorherrschender Meinungsmacht.[170]

Der Rundfunkstaatsvertrag sieht zur Gewährleistung dieses Grundstandards verschiedene Instrumente der Vielfaltssicherung vor[171]. Diese wirken teilweise im Vorfeld, um präventiv vorherrschende Meinungsmacht zu verhindern, teilweise repressiv, um vorherrschende Meinungsmacht abzubauen. Hierbei zeigen sich sowohl binnen- als auch außenplurale Ansätze.

Zur präventiven Verhinderung vorherrschender Meinungsmacht sind schon im Rahmen des Zulassungsverfahrens vielfaltssichernde Elemente verankert. § 25 Abs. 2 RStV verbietet einzelne Programme, die die Bildung der öffentlichen Meinung in hohem Maß ungleichgewichtig beeinflussen. Solche Programme dürfen also schon nicht zugelassen werden, auch wenn die Vielfalt im Rundfunk

---

168 *Neft*, KEK und KDLM, ZUM 1999, S. 97, 104.

169 Dies entspricht auch den Vorgaben des Bundesverfassungsgerichts, BVerfGE **73**, 118, 159 f.

170 BVerfGE **73**, 118, 160.

171 Siehe hierzu im Überblick *Bohl*, Konzentrationskontrolle in den elektronischen Medien, S. 58 ff.

insgesamt durch sie noch nicht gefährdet wäre. Weiterhin sollen die Landesmedienanstalten gem. § 25 Abs. 3 RStV im Rahmen des Zulassungsverfahrens darauf hinwirken, daß an dem Veranstalter auch Interessenten mit kulturellen Programmbeiträgen beteiligt werden. Hiermit soll also die inhaltliche Vielfalt innerhalb eines Veranstalters gestärkt werden. Bei terrestrischer Verbreitung sollen in bundesweit verbreitete Fernsehprogramme nach Maßgabe des Landesrechts gem. § 25 Abs. 4 RStV Fensterprogramme aufgenommen werden. Diese Regelung bezieht sich auf regionale Fensterprogramme[172]. Hiermit sollen also bei Programmen mit einer hohen technischen Reichweite regionale Vielfaltselemente gefördert werden.

Die repressiven Instrumente zur Sicherung der Meinungsvielfalt kommen dann zum Tragen, wenn ein Unternehmen vorherrschende Meinungsmacht erlangt hat. Als Indiz für das Vorliegen von vorherrschender Meinungsmacht dient hierbei ein Zuschaueranteil von 30 %, den die Programme des Unternehmens im Jahresdurchschnitt erreicht haben[173] müssen.

Hierbei ist zwischen zwei Konstellationen zu unterscheiden. Zum einen kann der Zuschaueranteil durch externes Wachstum erlangt werden[174]. Dies kann z. B. durch die Zulassung neuer Veranstalter, oder durch die Übernahme schon zugelassener Veranstalter geschehen. Bei solchem externen Wachstum dürfen die zuständigen Landesmedienanstalten den betroffenen Veranstaltern keine neuen Zulassungen mehr erteilen, und der Erwerb neuer Beteiligungen an zugelassenen Veranstaltern darf nicht mehr als unbedenklich bestätigt werden[175].

Auf der anderen Seite kann ein Unternehmen den Zuschaueranteil aber auch durch internes Wachstum erhöhen. Das ist dann der Fall, wenn sich der Zuschaueranteil der dem Unternehmen zurechenbaren Veranstalter erhöht.

---

[172] Siehe hierzu Kapitel 7.

[173] Zum Zuschaueranteil siehe Kapitel 4 I 2).

[174] Siehe hierzu *Hartstein/Ring/Kreile/Dörr/Stettner*, Rundfunkstaatsvertrag, Bd. II, § 26 Rn. 24.

[175] § 26 Abs. 3 RStV.

Wird dieser Grenzwert erreicht oder überschritten, dann dürfen zunächst gem. § 26 Abs. 3 RStV auch hier für weitere dem Unternehmen zurechenbare Programme keine Zulassungen mehr erteilt werden und der Erwerb neuer Beteiligungen an zugelassenen Veranstaltern darf nicht mehr als unbedenklich bestätigt werden. Hierdurch wird der "status quo" gesichert. Darüber hinaus müssen die Landesmedienanstalten Maßnahmen zur Sicherung der Meinungsvielfalt ergreifen.

Die zuständige Landesmedienanstalt schlägt dem Unternehmen dann gem. § 26 Abs. 4 RStV Maßnahmen zum Abbau der vorherrschenden Meinungsmacht vor. Als solche Maßnahmen kommen zum einen gem. § 26 Abs. 4 Nr. 1, Nr. 2 RStV die Abgabe von Beteiligungen an Veranstaltern oder die Verringerung der Marktstellung auf medienrelevanten verwandten Märkten in Betracht. Durch diese Maßnahmen wird die Machtstellung auf dem Medienmarkt verringert.

Zum anderen kommt eine der vielfaltssichernden Maßnahmen nach § 26 Abs. 4 Nr. 3 RStV in Betracht. Bei diesen vielfaltssichernden Maßnahmen handelt es sich entweder um die Einräumung von Sendezeit für unabhängige Dritte (gem. § 31 RStV) oder um die Einrichtung eines Programmbeirates (gem. § 32 RStV).

Die Maßnahme, Sendezeit für unabhängige Dritte einzuräumen, ist die Regelung, die die Rolle der Fenster im Rundfunkstaatsvertrag verstärkt[176]. Sie kommt nicht nur repressiv bei vorherrschender Meinungsmacht zum Tragen, sondern schon präventiv, wenn ein Veranstalter mit einem Vollprogramm oder einem Spartenprogramm mit dem Schwerpunkt Information einen Zuschaueranteil von 10 % im Jahresdurchschnitt erreicht. Auf diese Maßnahme der Vielfaltssicherung wird im weiteren Verlauf näher eingegangen.

Der Programmbeirat soll, im Gegensatz zu den Fenstern, die quasi von außen die Meinungsvielfalt zu sichern suchen, von innen die Programmvielfalt verbessern[177]. Ihm sind Einwirkungsbefugnisse auf das Programm des Veranstalters

---

176 Siehe hierzu Überblick bei *Bohl*, Konzentrationskontrolle in den elektronischen Medien, S. 169 f.

177 Überblick hierzu bei *Bohl*, Konzentrationskontrolle in den elektronischen Medien, S. 170 f.

zu gewähren. Er ist pluralistisch zusammengesetzt, also mit Vertretern der relevanten gesellschaftlichen Gruppen und Meinungsrichtungen. Die Mitglieder werden zwar vom Veranstalter selbst ausgesucht, doch ist hierüber mit der zuständigen Landesmedienanstalt Einvernehmen herzustellen. Bei wesentlichen Entscheidungen bezüglich der Programmstruktur, des Programminhalts oder des Programmschemas ist die Zustimmung des Programmbeirats einzuholen. Gegen eine Entscheidung des Programmbeirats kann nur mit einer Mehrheit von 75 % der abgegebenen Stimmen des Kontrollorgans des Unternehmens entschieden werden.

Bei der Verpflichtung zur Abgabe von Sendezeit an unabhängige Dritte handelt es sich um eine außenpluralistische Vielfaltssicherungsmaßnahme, bei der Verpflichtung zur Einrichtung eines Programmbeirats um eine Maßnahme des Binnenpluralismus.

Schon der Überblick hat also gezeigt, daß Fensterprogramme im derzeitigen Rundfunkrecht eine nicht unwichtige Funktion als Instrument der Vielfaltssicherung innehaben. Dabei geht es immer um die Möglichkeiten der Zulassungs- oder Aufsichtsinstanzen, bestimmten Veranstaltern die Schaffung oder Duldung von Fenstern faktisch aufzuzwingen. Dies soll in den folgenden Kapiteln im Detail untersucht werden.

Kapitel 4: Das Fensterprogramm bei 10 % Zuschaueranteil

I. Voraussetzungen für das Fensterprogramm

Wenn ein Veranstalter mit einem Vollprogramm oder einem Informations-Spartenprogramm im Jahresdurchschnitt einen Zuschaueranteil von 10% erreicht, dann hat er gem. § 26 Abs. 5 RStV Sendezeit an unabhängige Dritte abzugeben[178].

1. Vollprogramme und Informations-Spartenprogramme

§ 26 Abs. 5 RStV gilt nur für den Veranstalter eines Vollprogramms oder eines Spartenprogramms mit dem Schwerpunkt Information (Info-Spartenprogramm).

Ein Spartenprogramm ist nach § 2 Abs. 2 Nr. 2 RStV ein Rundfunkprogramm mit im wesentlichen gleichartigen Inhalten. Ein Spartenprogramm mit dem Schwerpunkt Information ist demnach ein Spartenprogramm, dessen Inhalt sich im wesentlichen auf Informationssendungen, Nachrichten, etc. beschränkt.

Ein Vollprogramm ist nach § 2 Abs. 2 Nr. 1 RStV ein Rundfunkprogramm mit vielfältigen Inhalten, in welchem Information, Bildung, Beratung und Unterhaltung einen wesentlichen Teil des Gesamtprogramms bilden. Ein solcher wesentlicher Teil wird jedenfalls bei einem Anteil von mehr als 50 % angenommen und ist bei einem Anteil von 10 % nicht gegeben[179]. Aus der amtlichen Begründung zu § 2 RStV (1991)[180] läßt sich entnehmen, daß der Anteil von Programminhalten aus den vier aufgezählten Bereichen gemeinsam erreicht werden muß[181].

---

[178] Siehe hierzu *Bohl*, Konzentrationskontrolle in den elektronischen Medien, S. 174 f.

[179] *Hartstein/Ring/Kreile/Dörr/Stettner*, Rundfunkstaatsvertrag, Bd. I, § 2 Rn. 24.

[180] Im Wortlaut zu § 2 RStV jetziger Fassung unverändert.

[181] Abgedruckt bei *Hartstein/Ring/Kreile/Dörr/Stettner*, Rundfunkstaatsvertrag Bd. I, § 2, S. 473.

a) Abgrenzungsprobleme

Ob ein Programm in eine der beiden Kategorien, Vollprogramm oder Info-Spartenprogramm, einzuordnen ist, läßt sich nicht in jedem Fall eindeutig feststellen. So kann z. B. ein Programm, welches schwerpunktmäßig Spielfilme und Serien sendet, als Unterhaltungsspartenprogramm zu qualifizieren sein. Wenn dieses Programm nun aber zusätzlich Nachrichten sendet, dann ist die Einordnung weniger eindeutig. Das Vollprogramm scheint zwar gegenüber dem Spartenprogramm nach den Inhalten abzugrenzen sein. Diese Abgrenzung gelingt jedoch dann nicht, wenn sich ein Spartenprogramm nicht inhaltlich auf eine Sparte beschränkt, sondern die Beschränkung auf eine Zielgruppe (z. B. ein Programm für Kinder bzw. für Frauen) das Programm zum Spartenprogramm macht. Dieses zielgruppenorientierte Spartenprogramm könnte dann zwar vielfältige Inhalte aus den Bereichen Information, Bildung, Beratung und Unterhaltung senden, diese Inhalte könnten aber insofern gleichartig sein, als sie auf eine bestimmte Zielgruppe abstellen und jeweils nur die zielgruppenspezifischen Interessen bedienen. Weil aber an die Zuordnung eines Programms als Voll- oder als Spartenprogramm rechtliche Konsequenzen geknüpft sind, ist eine Abgrenzung zwischen diesen beiden Programmarten auch in solchen Konstellationen erforderlich.

Kriterium hierfür könnte der Anteil der angestrebten Zielgruppe des Programms an der Bevölkerung sein. Dieses Kriterium ist aber insofern fragwürdig, als ein reines Frauenprogramm sich nach dieser Rechnung an 50 % der Bevölkerung richtet und dann nicht mehr als Spartenprogramm angesehen werden könnte. Hier könnte dann auf die Intention des Veranstalters abzustellen sein, also darauf, ob es dem Veranstalter auf die unterschiedlichen Inhalte ankommt, oder aber auf die Beschränkung auf eine Zielgruppe[182]. Der Veranstalterwille läßt sich teilweise aus der Bezeichnung des Programms und aus der damit zusammenhängenden Positionierung des Programms am Markt ermitteln[183]. Hierdurch bestünde jedoch die Möglichkeit, daß sich ein Veranstalter durch eine falsche Qualifizierung seines Programms vor den Konsequenzen, z. B. der Verpflichtung zur Abgabe von

---

[182] Vgl. *Hartstein/Ring/Kreile/Dörr/Stettner*, Rundfunkstaatsvertrag, Bd. I, § 2 Rn. 25.

[183] *Hartstein/Ring/Kreile/Dörr/Stettner*, Rundfunkstaatsvertrag, Bd. I, § 2 Rn. 25.

Sendezeit an unabhängige Dritte, drückt. Der Veranstalter selber kann diese Entscheidung also nicht treffen.

Wenn der Veranstalter nicht über die Einordnung des Programms entscheiden kann, dann muß diese Aufgabe der Landesmedienanstalt zufallen. Innerhalb der Landesmedienanstalt kommen für diese Aufgabe zwei Organe in Betracht. Im Rahmen des Zulassungsverfahrens muß die Programmkategorie für das Programm festgelegt werden[184]. Insofern könnte anzunehmen sein, daß die für die Zulassung zuständige Stelle der Landesmedienanstalt dann in Zweifelsfällen auch über die Programmkategorie entscheidet. Andererseits spielt die Programmkategorie auch eine Rolle bei Fragen im Zusammenhang mit der Sicherung der Meinungsvielfalt. Insbesondere beim vorliegenden § 26 Abs. 5 RStV ist die Programmkategorie entscheidend. Für die Beurteilung von Fragestellungen der Sicherung der Meinungsvielfalt sind jedoch die KEK und nach Maßgabe des § 37 Abs. 2 RStV die KDLM zuständig[185].

Gem. § 20 Abs. 1 S. 2 RStV wird die Programmkategorie eines Programms im Rahmen des Zulassungsverfahrens festgelegt. Das für die Zulassung zuständige Organ der Landesmedienanstalt könnte daher möglicherweise auch für die Entscheidung über die Programmkategorie zuständig sein[186]. Andererseits ist nach § 36 Abs. 1 S. 2 RStV gerade die KEK für solche Fragestellungen bezüglich der Sicherung der Meinungsvielfalt zuständig, die sich im Rahmen der Erteilung oder Änderung einer Zulassung ergeben. Der jetzige Rundfunkstaatsvertrag hat die KEK als Koordinierungsorgan ausgestaltet, welches dadurch, daß es für die Fragestellungen der Sicherung der Meinungsvielfalt für jede Landesmedienanstalt zuständig ist, auf diesem Gebiet eine ländereinheitliche Vorgehensweise erreichen soll. Dieser Aufgabe würde es entsprechen, auch die Beurteilung der Programmkategorie der KEK zu überlassen, um auch in diesem für die Sicherung der Meinungsvielfalt relevanten Sektor Ländereinheitlichkeit zu erreichen. Hierfür ist es aber nicht erforderlich, daß die KEK im Rahmen des Zulassungsverfahrens schon

---

184 § 20 Abs. 1 S. 2 RStV.

185 § 37 Abs. 1 S. 1 RStV.

186 So *Beucher/Leyendecker/ v. Rosenberg*, Mediengesetze, § 36 Rn. 3.

eine eigene Entscheidung bezüglich der Programmkategorie trifft. Diese Entscheidung kann das für die Zulassung zuständige Organ der zuständigen Landesmedienanstalt treffen. Diese Entscheidung ist für die KEK aber bei Fragestellungen der Sicherung der Meinungsvielfalt nicht verbindlich, sondern sie trifft dann gegebenenfalls eigene Wertungen bezüglich der Programmkategorie.

b) Kritik an der Beschränkung

Die Beschränkung des § 26 Abs. 5 RStV auf Vollprogramme und Info-Spartenprogramme hat die Ursache, daß bei diesen beiden Programmarten der meiste Einfluß auf die öffentliche Meinungsbildung zu vermuten ist. Bei einem Vollprogramm gilt dies, weil es Eindrücke von allen Lebensbereichen bietet und als Vollprogramm eine intensivere Zuschauerbindung auslöst[187]. Das Info-Spartenprogramm ist wegen seiner Beschränkung auf Informationen und politisch relevante Sachverhalte für die öffentliche Meinungsbildung von besonderer Bedeutung[188]. Es vermittelt hierdurch in besonderem Maße den Anschein von Seriösität. Die Beschränkung der Verpflichtung auf Vollprogramme und Informations-Spartenprogramme wird jedoch teilweise kritisiert[189]. Gerade Spartenprogramme im Unterhaltungsbereich hätten insbesondere bei Jugendlichen einen erheblichen Einfluß auf das beständige Fortschreiten kollektiver Wissens- und Wertbestände[190]. Tatsächlich wird der für einen einzelnen Veranstalter relativ hohe Wert von 10 % Zuschaueranteil im Jahresdurchschnitt momentan aber nur von zwei Vollprogrammen erreicht, und auch das nächste Programm, das an diesen Wert heranreicht, ist ein Vollprogramm[191]. Die Streitfrage spielt daher praktisch keine Rolle.

---

187 *Ossyra*, Konzentrationskontrolle über private Rundfunkveranstalter, S. 127.

188 *Ossyra*, Konzentrationskontrolle über private Rundfunkveranstalter, S. 127; *Degenhart*, Zur Novellierung des § 21 RStV, AfP 1995, S. 550; *Clausen-Muradian*, Konzentrationskontrolle im privaten Rundfunk, ZUM 1996, S. 934, 945.

189 *Schlette*, Die Einrichtung eines Fensterprogramms, ZUM 1999, S. 802, 806, Fn. 42.

190 *Vesting*, Prozedurales Rundfunkrecht, S. 330; ebenfalls kritisch *Ossyra*, Konzentrationskontrolle über private Rundfunkveranstalter, S. 131.

191 Zuschaueranteile für das 1. Halbjahr 2000: RTL 14,0 %; SAT 1 10, 1 %; Pro Sieben 8, 3 % (Werte aus Tendenz II 2000, S. 42.)

2. 10 % Zuschaueranteil

§ 26 Abs. 5 RStV stellt auf den Zuschaueranteil ab, den ein Programmveranstalter im Jahresdurchschnitt erreicht.

Dem Zuschaueranteil kommt bei der Vielfaltssicherung nach dem Rundfunkstaatsvertrag eine wesentliche Funktion zu[192]. Er gibt an, wieviel Prozent der Haushalte, die ferngesehen haben, ein bestimmtes Programm eingeschaltet hatten[193]. Der Zuschaueranteil wird als Maßstab für die Bestimmung von Medienkonzentration und Meinungsmacht herangezogen.

a) Die Ermittlung des Zuschaueranteils

Die Bestimmung der Zuschaueranteile richtet sich nach § 27 RStV[194]. Gem. § 27 Abs. 1 RStV ermitteln die Landesmedienanstalten die Zuschaueranteile durch die KEK. § 27 Abs. 2 RStV konkretisiert dies Verfahren. Nach Maßgabe einer Entscheidung der KEK beauftragen die Landesmedienanstalten ein externes Unternehmen zur Ermittlung der Zuschaueranteile. Der Auftrag ist auszuschreiben, und die Vergabe erfolgt nach den Grundsätzen von Wirtschaftlichkeit und Sparsamkeit. Zur Ermittlung des Zuschaueranteils muß das beauftragte Unternehmen repräsentative Erhebungen bei Zuschauern ab Vollendung des Dritten Lebensjahres nach allgemein anerkannten wissenschaftlichen Methoden durchführen. Um die Kosten zu senken, sollen die Landesmedienanstalten mit dem Unternehmen vereinbaren, daß die so gewonnenen Daten gegen Entgelt auch Dritten zur Verfügung gestellt werden. Die Veranstalter sind bei der Erhebung zur Mitwirkung verpflichtet. Bei Verweigerung der Mitwirkung kann die Zulassung widerrufen werden.

---

192 Siehe zu anderen Modellen zur Konzentrationserfassung: *Stockmann/Zigelski*, Novellierung des Rundfunkstaatsvertrags, ZUM 1995, 537 ff.; *Kresse/Heinze*, Der Rundfunk: „das jedenfalls auch kulturelle Phänomen", ZUM 1995, 394 ff; *Beucher/Leyendecker/v. Rosenberg*, Mediengesetze, § 26 Rn. 5.

193 *Beucher/Leyendecker/v. Rosenberg*, Mediengesetze, § 27 Rn. 2.

194 Siehe hierzu auch *Bohl*, Konzentrationskontrolle in den elektronischen Medien, S. 116 ff.

aa) Die Entscheidung über die Auftragsvergabe zur Ermittlung des Zuschaueranteils

Nach § 27 Abs. 1 RStV ermitteln die Landesmedienanstalten den Zuschaueranteil durch die KEK. Dies ließe sich so verstehen, daß die KEK den Zuschaueranteil selbst ermittelt bzw. selbst ein Unternehmen zur Ermittlung beauftragt. Die KEK ist aber nach der Konzeption des Rundfunkstaatsvertrags nur jeweils das Organ der im Einzelfall zuständigen Landesmedienanstalt[195]. Sie tritt nicht selbst nach außen auf, sondern nur durch die jeweilige Landesmedienanstalt. Demnach kann die KEK auch nicht selbst ein Unternehmen beauftragen. Dem trägt § 27 Abs. 2 S. 1 RStV Rechnung, wonach die Landesmedienanstalten nach Maßgabe einer Entscheidung der KEK selbst ein Unternehmen beauftragen.

Nach außen treten also die Landesmedienanstalten auf. Intern liegt die Entscheidung bei der KEK. Fraglich ist, ob den Landesmedienanstalten neben der Entscheidung der KEK ein eigener Entscheidungsspielraum verbleibt. Ein solcher eigener Entscheidungsspielraum der Landesmedienanstalten wird daraus gefolgert, daß die Auftragsvergabe gem. § 27 Abs. 2 S. 1, 2. HS. RStV nach den Grundsätzen von Wirtschaftlichkeit und Sparsamkeit aufgrund einer Ausschreibung[196] erfolgt. Hieraus wird der Schluß gezogen, die KEK habe bei der Vergabe des Auftrags die inhaltlichen Kriterien zu bewerten, die Landesmedienanstalten die formalen Grundsätze der Ausschreibung sowie die Grundsätze der Wirtschaftlichkeit und Sparsamkeit[197]. Zu Bedenken ist aber die zentrale Bedeutung des Zuschaueranteils im Rahmen der Regelungen zur Konzentrationsbeschränkung. Die KEK ist die Stelle, die über die Konzentration zu wachen hat. Folglich muß die KEK auch über die Kriterien entscheiden, die für die Bestimmung des Zuschaueranteils maßgeblich sind. Eine Einschränkung dieses Entscheidungsspielraums aus Gründen der Wirtschaftlichkeit und Sparsamkeit mit einer diesbezüglichen Entscheidungsbefugnis der Landesmedienanstalten würde der zentralen

[195] Siehe oben Kapitel 4 II 1.

[196] Nach dem 6. Rundfunkänderungsstaatsvertrag (Gesetz- und Verordnungsblatt für das Land Hessen, Teil I, Nr. 5 S. 38 - 49), der am 1. Juli 2002 in Kraft tritt, werden die Worte „aufgrund einer Ausschreibung“ gestrichen.

[197] *Hartstein/Ring/Kreile/Dörr/Stettner*, Rundfunkstaatsvertrag, Bd. II, § 27 Rn. 3.

Funktion des Zuschaueranteils nicht gerecht. Auf die Wirtschaftlichkeit und Sparsamkeit ist erst dann abzustellen, wenn mehrere Arten der Zuschaueranteilsmessung nach inhaltlich gleichen Kriterien vorgenommen werden. Die Entscheidung der KEK ist für die Landesmedienanstalten daher verbindlich[198].

Faktisch besteht aber tatsächlich eine gleichrangige Entscheidungsbefugnis der Landesmedienanstalten neben der Entscheidungsbefugnis der KEK, denn die KEK kann keinen Auftrag zur Ermittlung der Zuschaueranteile erteilen, dies können nur die Landesmedienanstalten. Die Landemedienanstalten können die Entscheidung der KEK dadurch ins Leere laufen lassen, daß sie keinen Auftrag zur Ermittlung des Zuschaueranteils erteilen. Die KEK hat keine Mittel, ihre Entscheidung gegenüber den Landesmedienanstalten durchzusetzen. Diese Ausgestaltung des Verfahrens kann dazu führen, daß durch Absprachen der KEK mit den Landesmedienanstalten faktisch eine gemeinsame, gleichberechtigte Entscheidung getroffen wird.

Für den Fall, daß eine solche Entscheidung nicht getroffen wird und bis zur ersten Ermittlung des Zuschaueranteils gilt die Übergangsregelung des § 34 S. 1 RStV. Für die Beurteilung von Fragestellungen der Sicherung der Meinungsvielfalt sind dann die schon vorhandenen Daten über Zuschaueranteile[199] zugrunde zu legen.

Diese Übergangsbestimmung des § 34 RStV zeigt auch, daß der Rundfunkstaatsvertrag grundsätzlich von im Rahmen des Verfahrens gem. § 27 RStV neu ermittelten Daten ausgeht. In Kenntnis der alten Daten wurde die Beibehaltung dieser Daten ausdrücklich nur für eine Übergangszeit in Betracht gezogen. Obwohl grundsätzlich geeignete Daten vorhanden sind, sollen also neue Daten ermittelt werden. Auch hier zeigt sich, daß nicht die Wirtschaftlichkeit und Sparsamkeit im Vordergrund steht, sondern die Ermittlung möglichst genauer Daten.

---

198 *Beucher/Leyendecker/v. Rosenberg*, Mediengesetze, § 27 Rn. 8; *Dörr*, Die KEK - ein taugliches Instrument zur Bekämpfung der Medienkonzentration?, Media Perspektiven 98, 54; *Hain*, Vorherrschende Meinungsmacht i. S. d. § 26 Abs. 1, 2 RStV, MMR 2000, S. 538, Fn. 7.

199 Daten der Gesellschaft für Konsumforschung (GFK) im Auftrag der Arbeitsgemeinschaft Fernsehforschung (AFG), die im wesentlichen für die Werbewirtschaft ermittelt werden.

Insoweit fordert der Rundfunkstaatsvertrag also im Gegensatz zu einer in der Literatur vertretenen Ansicht[200] neben den bisher ermittelten Daten die Ermittlung neuer Daten.

Trotz dieser Forderung des Rundfunkstaatsvertrags haben die Länder der KEK durch Schreiben des Ministerpräsidenten des Landes Rheinland-Pfalz vom 25. Mai 2000 mitgeteilt, daß die vorhandenen Datenbestände angesichts der aktuellen Konzentrationslage ein weiteres Zurückstellen der Beauftragung eines neuen Unternehmens rechtfertigen würden. Die Landesmedienanstalten haben daraufhin am 26. / 27. Juni 2000 beschlossen, die vorbereitete und zwischen der KEK und der DLM abgestimmte Ausschreibung nicht durchzuführen[201].

bb) Die Beauftragung zur Ermittlung des Zuschaueranteils durch „die Landesmedienanstalten"

Ein weiteres Problem ergibt sich daraus, daß „die Landesmedienanstalten" den Auftrag zur Ermittlung der Zuschaueranteile erteilen. Hier stellt sich die Frage, wer konkret ermächtigt ist, diesen Auftrag zu erteilen. Der Rundfunkstaatsvertrag sieht grundsätzlich kein gemeinsames Organ aller Landesmedienanstalten vor. Die KEK ist ein Organ der jeweils zuständigen Landesmedienanstalt. In dem Fall, in dem alle Landesmedienanstalten zuständig sind, wäre die KEK dann auch Organ aller Landesmedienanstalten. Die KEK erteilt jedoch nach den Regelungen des Rundfunkstaatsvertrags gerade nicht den Auftrag zur Ermittlung der Zuschaueranteile.

§ 38 Abs. 2 RStV sieht jedoch eine Zusammenarbeit der einzelnen Landesmedienanstalten vor. Wie diese Zusammenarbeit zu gestalten ist, wird vom Rundfunkstaatsvertrag nicht vorgegeben. Die Landesmedienanstalten haben sich zum Zweck der Zusammenarbeit zur „Arbeitsgemeinschaft der Landesmedienanstalten" (ALM) zusammengeschlossen[202]. Für die Organisation und das Verfahren

---

200 *Hartstein/Ring/Kreile/Dörr/Stettner*, Rundfunkstaatsvertrag, Bd. II, § 27 Rn. 3.

201 Siehe zu diesen Entwicklungen *Hartstein/Ring/Kreile/Dörr/Stettner*, Rundfunkstaatsvertrag, Bd. II, § 27 Rn. 11.

202 Siehe zur ALM, *Schuler-Harms*, Rundfunkaufsicht im Bundesstaat, passim.

haben die Landesmedienanstalten gemeinsam „Grundsätze für die Zusammenarbeit der Arbeitsgemeinschaft der Landesmedienanstalten in der Bundesrepublik Deutschland (ALM)" beschlossen[203]. Vorstellbar wäre, daß die Auftragserteilung im Rahmen dieser Regelungen der ALM geschieht (Geschäftsführung § 4, Beschlüsse § 5).

cc) Der maßgebliche Zeitraum zur Ermittlung des Zuschaueranteils

Bei der Beurteilung des Zuschaueranteils wird nicht auf einen kurzen Moment abgestellt, denn die Einschaltquoten der Sender schwanken von Tag zu Tag und von Sendung zu Sendung. Deshalb wird ein angemessener Zeitraum für die Ermittlung des Zuschaueranteils festgesetzt[204]. Nach § 27 Abs. 1 S. 2 RStV ist der bei Einleitung des Verfahrens im Durchschnitt der letzten 12 Monate erreichte Zuschaueranteil maßgeblich. Die Regelung stellt also nicht auf den Zeitpunkt der Entscheidung ab, sondern auf den Zeitpunkt, zu dem das Verfahren eingeleitet wird. Die Wahl dieses Zeitpunkts ist dann problematisch, wenn zwischen der Einleitung des Verfahrens und der Entscheidung ein längerer Zeitraum liegt. Wenn der Zuschaueranteil in dieser Zeit unter den jeweiligen Schwellenwert gesunken ist, dann wird eine Maßnahme angeordnet, obwohl deren Voraussetzungen zu diesem Zeitpunkt eigentlich nicht mehr gegeben sind. Zur Lösung dieser Problematik wird vorgeschlagen, neue Erkenntnisse bezüglich des Zuschaueranteils in die Entscheidung mit einzubeziehen[205]. Tatsächlich berücksichtigt die KEK das Absinken der Quote im Rahmen ihrer Entscheidung[206].

Ob der Antragsteller ansonsten auch die Möglichkeit hätte, seinen Antrag zurückzuziehen und danach erneut zu stellen, um auf diese Weise den neuen Zuschauer-

---

203 Abgedruckt bei *Hartstein/Ring/Kreile/Dörr/Stettner*, Rundfunkstaatsvertrag, Bd. II, § 38 Rn. 33.

204 *Beucher/Leyendecker/v. Rosenberg*, Mediengesetze, § 27 RN. 5.

205 *Hartstein/Ring/Kreile/Dörr/Stettner*, Rundfunkstaatsvertrag, Bd. II, § 27 RN. 5.

206 *Kübler*, Medienkonzentrationskontrolle im Streit, Media Perspektiven 1999, 379, 383; KEK 007/029, Beschluß vom 3. Februar 1999 Pro 7, Abschn. II. 4. 1. abgedruckt in : Media Perspektiven Dokumentation I / 1999; Konzentrationsbericht der KEK, S. 61 f.

anteil bei der Entscheidung berücksichtigt zu finden[207], ist fraglich. Schließlich ist die Anmeldung nicht automatisch mit einem Antrag, der zurückgenommen werden könnte, gleichzusetzen[208].

b) Justitiabilität des Zuschaueranteils

Das Erreichen von 10 % Zuschaueranteil hat für den Veranstalter bzw. das betroffene Unternehmen erhebliche Konsequenzen. Es stellt sich die Frage, wie justitiabel der ermittelte Zuschaueranteil ist. Hierbei ist insbesondere problematisch, inwieweit die Verfahren zur Ermittlung des Zuschaueranteils verläßliche Daten erbringen, auf deren Grundlage dann Maßnahmen ergriffen werden können.

Bezüglich der Verläßlichkeit der ermittelten Daten zum Zuschaueranteil werden Bedenken geäußert[209]. Hierbei ist zunächst zu beachten, daß zur Zeit noch nach der Übergangsregelung des § 34 S. 1 RStV die vorhandenen Daten[210] zugrunde zu legen sind[211]. Bezüglich dieser Daten wird bemängelt, daß die Stichprobe nur aus wenigen tausend Haushalten bestehe und die außer Haus Nutzung z. B. in Hotels, Krankenhäusern, Gaststätten sowie die Nutzung der ausländischen Mitbürger außer Betracht bleibe[212]. Es bestehe außerdem die Gefahr, daß gegebenenfalls auf anderen Messmethoden beruhende Messergebnisse zu anderen Zuschaueranteilswerten führen könnten, die dann dem von der KEK ermittelten Zuschaueranteil entgegengehalten werden könnten[213]. Bei der Messung der Daten könne es zudem zu Schwankungsbreiten kommen, der gemessene Zuschaueranteil sei jeweils nur

---

207 So *Hartstein/Ring/Kreile/Dörr/Stettner*, Rundfunkstaatsvertrag, Bd. II, § 27 RN. 5.

208 Siehe Konzentrationsbericht der KEK, S. 372, Fn. 852, S. 381 f.

209 *Clausen-Muradian*, Konzentrationstendenzen und Wettbewerb, S. 174 f.; *Dörr*, Maßnahmen zur Vielfaltssicherung gelungen ?, Media Perspektiven 1996, S. 621, 626.

210 Daten der Gesellschaft für Konsumforschung (GFK) im Auftrag der Arbeitsgemeinschaft Fernsehforschung (AFG).

211 Die Übergangszeit wurde durch Beschluß der Landesmedienanstalten verlängert, siehe oben Kapitel 4, II, a) aa).

212 *Hess*, Medienkonzentrationsrecht nach dem neuen Rundfunkstaatsvertrag, Afp 1997, 680, 682; *Hesse*, Zur aktuellen Entwicklung des Rundfunkrechts, BayVwBl. 1997, 165, 167.

213 *Clausen-Muradian*, Konzentrationstendenzen und Wettbewerb, S. 174 f.

eine Annährung an den tatsächlichen Zuschaueranteil[214]. Insbesondere Spartenprogramme oder zielgruppenorientierte Programme litten verstärkt unter den Messungenauigkeiten[215]. Als Möglichkeit, diese Messungenauigkeiten auszugleichen, wird vorgeschlagen, zugunsten der betroffenen Veranstalter und Unternehmen entsprechende Sicherheitsmargen vom tatsächlich ermittelten Zuschaueranteil abzuziehen[216]. So läßt sich z. B. die alleine auf statistischer Zufallsfluktuation beruhende Fehlermarge, das sog. Konfidenzintervall, mathematisch berechnen[217].

Diesen Bedenken ist entgegenzuhalten, daß die Problematik der Stichprobenmessung und der damit verbundenen Messungenauigkeiten bei der Aufnahme des Zuschaueranteils in die Konzentrationsbekämpfungsregelungen des Rundfunkstaatsvertrages bekannt war. Aber an den Zuschaueranteil können gerade nicht die von der Rechtsprechung aufgestellten Anforderungen an andere Messungen, wie z. B. die Blutalkoholkonzentration oder Radargeschwindigkeitsmessungen, gestellt werden[218]. Der Zuschaueranteil des Rundfunkstaatsvertrags ist kein genau feststehender naturwissenschaftlicher Wert, sondern nur eine auf einer Stichprobe beruhende Schätzung. Der auf diese Weise ermittelte Wert soll dann der maßgebliche Zuschaueranteil für die Regelungen des Rundfunkstaatsvertrags sein, auch wenn nach anderen repräsentativen Erhebungen ein anderer Zuschaueranteil ermittelt werden könnte. Denn das Verfahren zur Ermittlung des Zuschaueranteils nach § 27 Abs. 2 RStV dient gerade der Ermittlung eines für die weiteren Regelungen maßgeblichen Zuschaueranteils. Aus diesem Grund regelt § 27 RStV in groben Umrissen, auf welche Weise der Zuschaueranteil ermittelt werden soll,

---

214 *Hesse*, Zur aktuellen Entwicklung des Rundfunkrechts, BayVwBl. 1997, 165, 167; *Lehr* Verfassungs- und verwaltungsrechtliche Fragen der Novellierung der rundfunkrechtlichen Konzentrationskontrolle unter besonderer Berücksichtigung des Zuschaueranteilsmodells, ZUM 1995, 667, 671.

215 *Trebbe*, Mini Einschaltquoten für Spartenkanäle, in: Einschaltquoten, EMR Bd. 17, S. 19, S. 22.

216 *Neft*, Meinungsdominanz im Fernsehen, ZUM 98, S. 462; *Kuch*, Das Zuschaueranteilsmodell, ZUM 97, 12, 14.

217 Siehe hierzu *Trebbe*, Joachim, Mini Einschaltquoten für Spartenkanäle: Möglichkeiten - Grenzen - Alternativen, S. 19, 21 f., in Einschaltquoten, EMR Bd. 17.

218 *Ossyra*, Konzentrationskontrolle über private Rundfunkveranstalter, S. 169.

und überläßt die Einzelheiten der KEK. Diesem Sachverständigengremium kommt die Aufgabe zu, die Einzelheiten der Ermittlung des Zuschaueranteils, wie z. B. die Größe der Stichprobe oder auch die Berücksichtigung der Messungenauigkeiten festzulegen. Dieser Regelung kann auch nicht entgegengehalten werden, sie verstoße gegen das Wesentlichkeitsgebot. Durch die Konkretisierung des Verfahrens zur Ermittlung des Zuschaueranteils in § 27 RStV genügt der Gesetzgeber seiner Pflicht zur Regelung der grundrechtswesentlichen Fragen.[219]

Die auf diese Weise ermittelten Daten lassen sich nur damit angreifen, daß die Erhebung nicht nach anerkannten wissenschaftlichen Methoden durchgeführt wurde oder daß bei der Erhebung Fehler begangen wurden. Auf diese Weise trifft der Rundfunkstaatvertrag einen Kompromiß zwischen materieller Gerechtigkeit und Praktikabilität. Dieser Kompromiß ist angesichts der Rolle des Zuschaueranteils für die Konzentrationskontrolle und der Bedeutung der präventiven Konzentrationskontrolle für die Verhinderung vorherrschender Meinungsmacht nicht zu beanstanden.

II. Verfahrensfragen

Wenn ein Veranstalter eines Vollprogramms oder Info-Spartenprogramms im Jahresdurchschnitt einen Zuschaueranteil von 10 % erreicht, dann muß er Sendezeit an ein Satellitenfensterprogramm abgeben. Wenn der Veranstalter die zur Einräumung von Sendezeit an unabhängige Dritte erforderlichen Maßnahmen innerhalb der Frist von sechs Monaten nicht getroffen hat, dann ist ihm nach Feststellung durch die KEK von der zuständigen Landesmedienanstalt die Zulassung zu widerrufen[220].

---

[219] *Ossyra*, Konzentrationskontrolle über private Rundfunkveranstalter, S. 171.

[220] § 26 Abs. 5 S. 2 RStV.

1. Feststellung des Zuschaueranteils durch die KEK

Der Zuschaueranteil von 10 % im Jahresdurchschnitt muß durch die KEK festgestellt werden. Diese Feststellung wird dem betroffenen Programm mitgeteilt. Ab diesem Zeitpunkt der Mitteilung läuft eine Frist von sechs Monaten, innerhalb derer der Veranstalter die erforderlichen Maßnahmen zu treffen hat, um Sendezeit für unabhängige Dritte einzuräumen.[221] Die Verpflichtung zur Abgabe von Sendezeit an unabhängige Dritte entsteht hier also automatisch mit der Mitteilung des festgestellten Zuschaueranteils von mindestens 10 %.

2. Maßgebliche Frist zur Durchführung der Maßnahme

Innerhalb der Frist von sechs Monaten hat der Veranstalter die erforderlichen Maßnahmen zur Einräumung von Sendezeit an unabhängige Dritte zu treffen[222]. Welcher Art diese Maßnahmen zu sein haben, wird in § 26 Abs. 5 RStV nicht gesagt, diesbezüglich wird auf § 31 RStV verwiesen. Denkbar ist, daß innerhalb der sechsmonatigen Frist dem Fensterprogrammveranstalter die Zulassung erteilt sein muß. Dann hätten grundsätzlich innerhalb der Frist alle hierfür erforderlichen Zwischenschritte zu erfolgen. Andererseits ist auch denkbar, daß der Hauptprogrammveranstalter innerhalb der Frist lediglich innerhalb seiner Organisation alles erforderliche zur Bereitstellung des Fensterprogrammsendeplatzes getan haben muß. Zwischenschritte zwischen der Bereitstellung des Fensterprogrammsendeplatzes und der endgültigen Zulassung des Fensterprogrammveranstalters müßten dann nicht innerhalb der sechsmonatigen Frist erfolgen.

Zwischen der Mitteilung der Zuschaueranteile durch die KEK und der Zulassung des Fensterprogrammveranstalters ergeben sich jedenfalls noch einige Zwischenschritte nach § 31 RStV. Nach § 31 Abs 4 S. 1 RStV hat vor der Ausschreibung der Fensterprogrammzulassung eine Erörterung zwischen dem Hauptprogrammveranstalter und der Landesmedienanstalt stattzufinden. Der Veranstalter muß im Rahmen der Erörterung die notwendigen Informationen bereitstellen, also z. B.,

---

[221] § 26 Abs. 5 S. 1 RStV.

[222] § 26 Abs. 5 S. 1 RStV.

an welche Stelle des Programms das Fenster eingepaßt werden soll, wieviel Sendezeit dem Fenster zur Verfügung gestellt werden soll[223], etc. Damit der Hauptprogrammveranstalter sich selbst intern für die verschiedenen Möglichkeiten entscheiden kann, muß ihm vor dieser Erörterung ein angemessener Zeitraum eingeräumt bleiben. Als nächste Mitwirkungshandlung des Hauptprogrammveranstalters sieht § 31 Abs. 4 S. 3 RStV die Erörterung der zulassungsfähigen Anträge mit der Landesmedienanstalt zwecks einer einvernehmlichen Einigung vor. Zwischen diesen beiden Mitwirkungshandlungen des Hauptprogrammveranstalters liegen aber noch verschiedene Handlungen der Landesmedienanstalt. Zunächst schreibt die Landesmedienanstalt die Fensterprogrammzulassung aus[224]. Danach überprüft die Landesmedienanstalt die eingegangenen Anträge auf ihre Zulassungsfähigkeit, also darauf, ob die Anträge die Anforderungen des Rundfunkstaatsvertrags und die Anforderungen des jeweiligen Landesrechts erfüllen. Diese zulassungsfähigen Anträge werden dann dem Hauptprogrammveranstalter mitgeteilt.[225] Die verschiedenen Schritte erfordern jeder für sich eine gewisse Zeitspanne. Die Ausschreibung der Fensterprogrammzulassung muß potentiellen Bewerbern einen angemessenen Zeitraum für ihre Bewerbung lassen. Die Überprüfung der eingegangenen Anträge auf die Einhaltung der Vorschriften des Rundfunkstaatsvertrags und des Landesrechts erfordert auch eine gewisse Zeit. Schließlich muß dem Hauptprogrammveranstalter ein gewisser Zeitraum zugestanden werden, die zulassungsfähigen Anträge hinreichend zur Kenntnis zu nehmen, um sich im Rahmen der Erörterung tatsächlich einigen zu können. Kommt eine einvernehmliche Einigung nicht zustande und liegen mehr als drei zulassungsfähige Anträge vor, dann muß der Hauptprogrammveranstalter aus den vorliegenden Anträgen der Landesmedienanstalt drei Kandidaten vorschlagen (gem. § 31 Abs. 4 S. 4, S. 5 RStV). Auch für diese Handlung muß dem Hauptprogrammveranstalter eine gewisse Bedenkzeit eingeräumt werden. Nun folgen wieder Zwischenschritte durch die Landesmedienanstalt. Zunächst muß sie aus

---

223 Der Hauptprogrammveranstalter kann die Verpflichtung zur Abgabe von Sendezeit an unabhängige Dritte teilweise durch anrechenbare Regionalfensterprogramme erfüllen (gem § 31 Abs. 2 S. 2 RStV).

224 § 31 Abs. 4 S. 1 RStV.

225 § 31 Abs. 4 S. 2 RStV.

dem Dreiervorschlag einen Bewerber auswählen[226]. Hierbei ist mit der KEK Benehmen herzustellen[227]. Dem Bewerber ist dann, wiederum nachdem die KEK informiert wurde, die Zulassung zu erteilen. Gem. § 31 Abs. 5 S. 1 RStV hat der Hauptprogrammveranstalter mit dem von der Landesmedienanstalt aus dem Dreiervorschlag ausgewählten Bewerber eine Vereinbarung über die Ausstrahlung des Fensterprogramms zu treffen.

Angesichts der Komplexität des Verfahrens und der Vielzahl der Zwischenschritte erscheint die Frist von sechs Monaten problematisch, wenn tatsächlich alle Zwischenschritte zwischen der Mitteilung der 10 % Marke und der endgültigen Zulassung des Fensterprogrammveranstalters innerhalb dieser Frist zu erfolgen hätten.

Andererseits erscheint die Frist von sechs Monaten lediglich dafür, innerhalb der Struktur des Programms des Hauptprogrammveranstalters einen Fensterprogrammsendeplatz bereit zu stellen, sehr lang bemessen zu sein. Berücksichtigt man dann noch die übrige Verfahrensdauer bis zur endgültigen Zulassung eines Fensterprogrammveranstalters, dann stellt sich die Frage, ob die lange Dauer dem Ziel der Bekämpfung vorherrschender Meinungsmacht gerecht würde.

Als Lösung dieser Frage bleibt eine weitere Auslegungsmöglichkeit bezüglich der Frist. § 26 Abs. 5 S. 1 RStV läßt sich auch so verstehen, daß im Prinzip zwischen der Feststellung des Zuschaueranteils von 10 % und der Zulassung des Fensterprogrammveranstalters sechs Monate liegen sollen. Aber für jeweils die Zeiträume, in denen der Fortgang des Verfahrens nicht in der Macht des Hauptveranstalters liegt, ist der Ablauf der Frist gehemmt. Durch diese Auslegung wird der Funktion der Frist, eine Verzögerung des Verfahrens durch den Hauptprogrammveranstalter zu verhindern, Geltung verschafft. Unbillige Härten wegen vom Veranstalter nicht zu vertretender Verzögerungen werden hiermit jedoch weitgehend verhindert. Hierfür spricht auch, daß § 26 Abs. 5 S. 2 RStV zwischen der Feststellung des Fristablaufs durch die KEK und dem darauf folgenden Widerruf

---

226 § 31 Abs. 4 S. 4 RStV.

227 § 36 Abs. 2 S. 2 RStV.

der Zulassung durch die zuständige Landesmedienanstalt unterscheidet. Hieraus ist zu schließen, daß sich die Feststellung des Fristablaufs nicht mit kalendarischer Errechnung erschöpft. Die KEK hat vielmehr festzustellen, ob Hemmungstatbestände vorgelegen haben und wie lange die Fristhemmung angedauert hat. Bei dieser die Fristhemmung berücksichtigenden Betrachtungsweise fallen dann z. B. der Zeitraum der Ausschreibung des Fensterprogrammsendeplatzes sowie mögliche Verzögerungen bei der Vereinbarung des Hauptprogrammveranstalters mit dem Fensterprogrammveranstalter, die nicht auf Seiten des Hauptprogrammveranstalters liegen, nicht in die sechsmonatige Frist.

Kapitel 5: Das Fensterprogramm bei vorherrschender Meinungsmacht

I. Voraussetzungen

Wenn ein Unternehmen mit allen ihm zurechenbaren Programmen vorherrschende Meinungsmacht erlangt hat, dann ist eine der Möglichkeiten, die die Landesmedienanstalt ergreifen kann, dem Unternehmen als vielfaltssichernde Maßnahme die Abgabe von Sendezeit an unabhängige Dritte vorzuschlagen (gem. §§ 26 Abs. 4 S. 1 Nr. 3 i. V. m. §§ 30, 31 RStV)[228]. Im Gegensatz zur Regelung des § 26 Abs. 5 RStV wird hier nicht auf den einzelnen Veranstalter, sondern auf das Unternehmen als solches abgestellt.

1. Der Begriff der vorherrschenden Meinungsmacht und die Einzeltatbestände ihrer Bejahung

Der Begriff der vorherrschenden Meinungsmacht ist ein Schlüsselbegriff der Vorschriften des Rundfunkstaatsvertrags zur Sicherung der Meinungsvielfalt. Er ist maßgebliches Kriterium für das Einschreiten der Landesmedienanstalten zur Bekämpfung der Medienkonzentration. Aus vorherrschender Meinungsmacht ergeben sich Konsequenzen bezüglich der Neuzulassung von Programmen oder des Erwerbs neuer Beteiligungen (gem. § 26 Abs. 3 RStV). Außerdem steht der zuständigen Landesmedienanstalt bei vorherrschender Meinungsmacht ein Bündel von Maßnahmen zur Verringerung dieser Meinungsmacht zur Verfügung, unter anderem auch die Abgabe von Sendezeit an Satellitenfensterprogramme (gem. §26 Abs. 4 RStV).

Trotz dieser Bedeutung ist der Begriff der vorherrschenden Meinungsmacht selbst im Rundfunkstaatsvertrag nicht definiert. Der Rundfunkstaatsvertrag beläßt es bei der Aufstellung einer Vermutungsregelung. § 26 Abs. 2 RStV nennt drei Konstellationen, bei denen vorherrschende Meinungsmacht vermutet wird. Der erste

---

[228] Siehe einen Überblick hierzu bei *Clausen-Muradian*, Konzentrationstendenzen und Wettbewerb, S. 164 ff.

Fall ist der, daß ein Unternehmen mit den ihm zurechenbaren Programmen im Jahresdurchschnitt einen Zuschaueranteil von 30 % erreicht. Im zweiten Fall reicht eine geringfügige Unterschreitung des Zuschaueranteils von 30 % zur Vermutung vorherrschender Meinungsmacht aus, sofern das Unternehmen auf einem medienrelevanten verwandten Markt eine marktbeherrschende Stellung hat. Der dritte Fall erfordert eine Gesamtbeurteilung der Aktivitäten eines Unternehmens im Fernsehen und auf medienrelevanten verwandten Märkten dahingehend, ob der durch diese Aktivitäten erreichte Meinungseinfluß dem eines Unternehmens mit einem Zuschaueranteil von 30 % entspricht.

a) *Vorherrschende Meinungsmacht als Vermutungsregelung*

Die drei angesprochenen Konstellationen begründen lediglich die Vermutung für vorherrschende Meinungsmacht[229]. Es handelt sich hierbei nicht um eine tatsächliche Vermutung, die lediglich auf Wahrscheinlichkeitserwägungen beruht, sondern § 26 Abs. 2 RStV normiert eine gesetzliche Vermutung[230]. Eine solche Vermutung stellt keine gesetzliche Fiktion auf, sie kann durch den Beweis des Gegenteils entkräftigt werden[231]. Es obliegt dann dem betroffenen Unternehmen nachzuweisen, daß vorherrschende Meinungsmacht nicht gegeben ist, obwohl eine der die Vermutungswirkung auslösenden Konstellation vorliegt.

Die Aufstellung solcher gesetzlicher Vermutungen widerspricht nicht dem im Verwaltungsrecht geltenden Untersuchungsgrundsatz, wonach die Behörde den Sachverhalt von Amts wegen ermittelt, ohne an das Vorbringen und die Beweisanträge der Beteiligten gebunden zu sein[232]. Das Verwaltungsverfahrensrecht kennt eine materielle Beweislast, die denjenigen Beteiligten am Verfahren trifft, zu dessen Ungunsten sich die Unklarheit eines Sachverhaltes auswirkt[233]. Diese materielle Beweislast wird durch das Aufstellen von Vermutungstatbeständen

---

229 Siehe ausführlich *Prütting*, Die Vermutung vorherrschender Meinungsmacht, S. 115 ff.

230 *Hartstein/Ring/Kreile/Dörr/Stettner*, Rundfunkstaatsvertrag, Bd. II, § 26 Rn. 8.

231 Kopp/Schenke, VwGO, § 108, Rn. 12.

232 Zum Untersuchungsgrundsatz im Verwaltungsrecht siehe Ule/Laubinger, Verwaltungsverfahrensrecht, § 21, S 222 ff.

233 Kopp/Schenke, VwGO, § 108, Rn. 12.

erleichtert. Lediglich die formelle Beweislast, die sog. Beweisführungslast, ist dem durch den Untersuchungsgrundsatz geprägten Verfahren fremd[234]. Die gesetzliche Vermutung schreibt vor, daß hinsichtlich eines bestimmten Merkmals im Tatbestand der materiellrechtlichen Norm ein das Merkmal ausfüllender Sachverhalt vermutet wird, wenn ein anderer, außerhalb des Tatbestands dieser Grundnorm liegender Sachverhalt, die sog. „Vermutungsbasis", gegeben ist[235].

Die Vermutung ersetzt also nicht den gesetzlichen Tatbestand der vorherrschenden Meinungsmacht. Sie wirkt sich lediglich auf die Beweislast aus. Um eine Maßnahme zu ergreifen muß die zuständige Behörde dann, wenn die Vermutungsvoraussetzungen vorliegen, nicht nachweisen, daß vorherrschende Meinungsmacht gegeben ist. Die Beweislast kehrt sich dadurch um, daß die Tatbestandsvoraussetzungen für die Vermutung vorliegen[236].

Umstritten ist, ob vorherrschende Meinungsmacht auch außerhalb der Vermutungstatbestände gegeben sein kann[237]. Insbesondere die DLM schließt aus dem Wortlaut des § 26 Abs. 1 RStV, wonach vorherrschende Meinungsmacht „nach Maßgabe der folgenden Bestimmungen" erlangt wird, daß außerhalb der Bestimmungen des § 26 Abs. 2 RStV vorherrschende Meinungsmacht nicht vorliegen kann[238]. Dieser Ansatz zielt auf das quantitative Kriterium des Zuschaueranteils ab. Andere, insbesondere qualitative Kriterien seien nicht vorgesehen. Die KEK wählt hingegen einen qualitativen Ansatz, der neben dem Zuschaueranteil auch andere, aus der Verfassung abgeleitete Kriterien berücksichtigt[239]. Gegen den rein qualitativen Ansatz der DLM spricht, daß die dem § 26 Abs. 1 RStV nachfolgenden Regelungen, auf die Bezug genommen wird, lediglich Vermutungstatbestände statuieren. Diese Vermutungen ersetzen nicht den gesetzlichen Tat-

---

234 Ule/Laubinger, Verwaltungsverfahrensrecht, § 27 Rn. 15.

235 Schoch/Schmidt-Aßmann/Pietzner, VwGO, Bd. II, § 108, Rn. 110.

236 *Prütting*, Die Vermutung vorherrschender Meinungsmacht, S. 122..

237 Siehe hierzu *Hain*, Vorherrschende Meinungsmacht i. S. d. § 26 Abs. 1, 2 RStV, MMR 2000, S. 537 ff.

238 Siehe insbesondere Beschluß der KDLM vom 7. November 1998, ZUM 1998, 1054, 1057.

239 Konzentrationsbericht der KEK, S. 54 ff.

bestand der vorherrschenden Meinungsmacht, sondern sie kehren lediglich die Beweislast für das Vorliegen vorherrschender Meinungsmacht um[240]. Aus dieser Tatsache folgt wiederum, daß es sich bei der vorherrschenden Meinungsmacht des § 26 Abs. 1 RStV um einen eigenen Tatbestand handelt, der grundsätzlich auch bewiesen werden kann, ohne auf die Vermutungsregelung zurückzugreifen. Eine Beweislastnorm ohne einen zugrundeliegenden materiellrechtlichen Tatbestand würde keinen Sinn ergeben[241]. § 26 Abs. 2 RStV enthält demnach keine abschließende materiell-rechtliche Regelung. Auch wenn keine der drei die Vermutungswirkung auslösenden Konstellationen vorliegt, kann vorherrschende Meinungsmacht gegeben sein[242].

b) Die einzelnen Tatbestände der Vermutungsregelungen

aa) Zuschaueranteil von 30 %

Nach der Vermutungsregelung des § 26 Abs. 2 S. 1 RStV wird vorherrschende Meinungsmacht vermutet, wenn die einem Unternehmen zurechenbaren Programme im Durchschnitt eines Jahres einen Zuschaueranteil von 30 % erreichen.

(1) Zurechenbare Programme

Welche Programme einem Unternehmen zuzurechnen sind, regelt § 28 RStV[243]. Zunächst einmal sind einem Unternehmen alle Programme zuzurechnen, die es selbst veranstaltet. Darüber hinaus sind auch Programme von solchen Unternehmen zuzurechnen, an denen das Unternehmen unmittelbar oder mittelbar mit mindestens 25 % am Kapital oder an den Stimmrechten beteiligt ist. Um Be-

---

240 *Prütting*, Die Vermutung vorherrschender Meinungsmacht, S. 122..

241 *Prütting*, Die Vermutung vorherrschender Meinungsmacht, S. 125.

242 Konzentrationsbericht der KEK, S. 54 ff.; *Prütting*, Die Vermutung vorherrschender Meinungsmacht, S. 125; *Hain*, Vorherrschende Meinungsmacht i. S. d. § 26 Abs. 1, 2 RStV, MMR 2000, S. 539; *Bohl*, Konzentrationskontrolle in den elektronischen Medien, S. 102 ff.

243 Siehe hierzu umfassend *Bohl*, Konzentrationskontrolle in den elektronischen Medien, S. 122 ff.

teiligungskonstruktionen auszuschließen, bei denen ein Unternehmen auch ohne eine 25 % Beteiligung einen starken Einfluß ausüben kann, enthält § 28 Abs. 2 RStV eine Auffangklausel, in welcher einer 25 % Beteiligung ein mit einer solchen Beteiligung vergleichbarer Einfluß gleichgestellt wird. Als solcher vergleichbare Einfluß gilt, wenn ein Unternehmen entweder einen wesentlichen Teil der Sendezeit eines Programms mit eigenen Zulieferungen gestaltet oder wenn ein Unternehmen aufgrund vertraglicher Vereinbarungen, satzungsrechtlicher Bestimmungen oder in sonstiger Weise eine Position hat, in welcher wesentliche Entscheidungen des Programmveranstalters von der Zustimmung des Unternehmens abhängen. Bei der Prüfung und Bewertung vergleichbarer Einflüsse auf einen Veranstalter sind die Angehörigenverhältnisse mit einzubeziehen.

(2) Zuschaueranteil im Jahresdurchschnitt

Das Unternehmen muß im Durchschnitt eines Jahres einen Zuschaueranteil von 30 % erreichen. Unabhängig von den oben schon angesprochenen Problemen[244], die sich durch die Verwendung des Zuschaueranteils ergeben, stellt sich hier die Frage, ob allein wegen des Erreichens eines bestimmten Zuschaueranteils Maßnahmen gegen vorherrschende Meinungsmacht gerechtfertigt sind. Diese Problemstellung wird besonders hier deutlich, wo zu dem Tatbestandsmerkmal Zuschaueranteil keine Wertungen mehr hinzutreten. Allein ein quantitatives Kriterium löst hier Rechtsfolgen aus, und nicht erst ein qualitatives. Dieses alleinige Abstellen auf das quantitative Kriterium ist Kritik ausgesetzt. Maßgeblich sei schließlich, ob vorherrschende Meinungsmacht gegeben sei. Für die Beurteilung vorherrschender Meinungsmacht seien auch qualitative Elemente aufzunehmen, die das Rezeptionsverhalten und die Relevanz für die Meinungsbildung betreffen[245]. Andererseits fehlt es an praktikablen alternativen Vorschlägen[246]. Vorherrschende Meinungsmacht selbst wird schließlich nicht definiert. Die Vorgabe des Bundesverfassungsgerichts ist es aber, vorherrschende Meinungs-

---

[244] Siehe oben Kapitel 4

[245] *Lehr*, Quoten als juristische Bemessungsgrundlage für den Marktanteil?, in: Einschaltquoten, EMR Bd. 17, S. 64.

[246] *Schardt*, Quoten als juristische Bemessungsgrundlage für den Marktanteil?, in: Einschaltquoten, EMR Bd. 17, S. 72, 75.

macht schon präventiv zu bekämpfen. Das Zuschaueranteilsmodell ist hierzu grundsätzlich geeignet[247]. Der Zuschaueranteil ist jedenfalls ein Gradmesser für die Präsenz eines Programms. Ein Zusammenhang zwischen Präsenz eines Programms und seiner Relevanz für die Meinungsbildung ist ebenfalls gegeben[248]. Angesichts der überragenden Bedeutung des Rundfunks für die individuelle und öffentliche Meinungsbildung und des Verfassungsauftrags, vorherrschende Meinungsmacht schon im Vorfeld zu bekämpfen auf der einen Seite, und des Fehlens anderer praktikabler Kriterien auf der anderen Seite, ist die Bezugnahme auf den Zuschaueranteil als Kriterium für vorherrschende Meinungsmacht gerechtfertigt.

bb) Geringfügige Unterschreitung des Zuschaueranteils und marktbeherrschende Stellung auf verwandtem Markt

Vorherrschende Meinungsmacht wird nach § 26 Abs. 2 S. 2 1. HS RStV auch dann vermutet, wenn die einem Unternehmen zurechenbaren Programme einen Zuschaueranteil von 30 % im Jahresdurchschnitt geringfügig unterschreiten, das Unternehmen dafür aber auf einem medienrelevanten verwandten Markt eine marktbeherrschende Stellung hat[249].

---

247 *Schlette*, Die Einrichtung eines Fensterprogramms, ZUM 1999, S. 802, 805; *Engels*, Verfassungsrechtliche Strukturvorgaben für Rundfunkkonzentrationsregelungen, ZUM 1996, 44, 53; *Kuch*, Das Zuschaueranteilsmodell, ZUM 1997, 12, 13; *Trute*, Öffentlich-rechtliche Rahmenbedingungen einer Informationsordnung, VVdRStl 57 (98), 211, 234; *Vesting*, Prozedurales Rundfunkrecht, S. 329 f.; *Bornemann/Lörz*, Bayerisches Mediengesetz, Art 27 Rn. 101;

248 *Schlette*, Die Einrichtung eines Fensterprogramms, ZUM 1999, S. 802, 805; *Engels*, Verfassungsrechtliche Strukturvorgaben für Rundfunkkonzentrationsregelungen, ZUM 1996, 44, 53; *Ring*,, Zuschauernutzung - ein Maßstab zur Vielfaltssicherung, Tendenz 1993 Bd. II, S. 23; *Ossyra*, Konzentrationskontrolle über private Rundfunkveranstalter, S. 123; kritisch *Paschke/Plog*, Fortschritte bei der Konzentrationskontrolle im Rundfunk ?, FS Engelschall, S. 99, S. 104 ff., mit dem Einwand, ein Programm richte sich nicht jeweils an die tatsächlichen Rezipienten, sondern nur an die angestrebte Zielgruppe; Kritisch auch *Stock*, Konzentrationskontrolle, in : Medienmarkt und Meinungsmacht, Stock/Röper/Holznagel, S. 25 ff.

249 Nach dem 6. Rundfunkänderungsstaatsvertrag (Gesetz- und Verordnungsblatt für das Land Hessen, Teil I, Nr. 5 S. 38 - 49), der am 1. Juli 2002 in Kraft tritt, wird die „geringfügige Unterschreitung“ gestrichen und durch „Erreichen eines Zuschaueranteils von 25

(1) Geringfügige Unterschreitung

Es stellt sich die Frage, wann eine Unterschreitung des Zuschaueranteils im Jahresdurchschnitt als geringfügig i. S. d. § 26 Abs. 2 S. 2 RStV einzustufen ist[250]. Hierzu werden zwei unterschiedliche Grundpositionen vertreten. Die eine Seite sieht in der „geringfügigen Unterschreitung" einen absoluten Wert, dessen Höhe aber innerhalb dieser Meinungsrichtung schwankt. Das Wort „geringfügig" würde in der deutschen Sprache mit „unwesentlich, unbedeutend, nicht ins Gewicht fallend" umschrieben, und schon deshalb sei die Norm restriktiv zu interpretieren[251]. Auch die Entstehungsgeschichte der Norm, bei der sich der Gesetzgeber gegen einen Schwellenwert von 25 % entschieden habe, spreche dafür, nicht über den Umweg der „geringfügigen Unterschreitung" doch wieder bei 25 % zu landen[252]. Zudem spreche die systematische Stellung der Norm als Ausnahmevorschrift und der Vergleich mit anderen das Tatbestandsmerkmal „geringfügig" enthaltenden Vorschriften für eine restriktive Interpretation[253]. Letztlich habe der Gesetzgeber den festen Zuschaueranteilswert von 30 % aus Gründen der Rechtssicherheit gewählt. Um diese Rechtssicherheit zu wahren, müsse das Tatbestandsmerkmal „geringfügig" ebenfalls als fester Wert ausgelegt werden und sei restriktiv zu interpretieren.[254]

Teilweise wird dieser feste Wert für die geringfügige Unterschreitung bei 28, 5 % Zuschaueranteil angesetzt[255]. Zur Begründung werden Parallelen zu anderen

---

vom Hundert" ersetzt. Die unter der folgenden Ziffer (1) erörterte Streitfrage erübrigt sich damit in Zukunft.

250 Siehe hierzu *Bohl*, Konzentrationskontrolle in den elektronischen Medien, S. 109 ff.

251 *Bork*, Zuschaueranteil, K & R 1998, 183, 184.

252 *Hartstein/Ring/Kreile/Dörr/Stettner*, Rundfunkstaatsvertrag, Bd. II, § 26 RN. 14; *Bork*, Zuschaueranteil, K & R 98, 183, 184; *Stock*, Konzentrationskontrolle, in : Medienmarkt und Meinungsmacht, Stock/Röper/Holznagel, S. 36 Fn. 80.

253 *Neft*, Hans, Meinungsdominanz im Fernsehen, ZUM 1998, 458, 463; *Bork*, Zuschaueranteil, K & R 98, 183, 185; *Kreile*, Quoten als juristische Bemessungsgrundlage für den Marktanteil?, in: Einschaltquoten, EMR Bd. 17, S. 59, 61.

254 *Hartstein/Ring/Kreile/Dörr/Stettner*, Rundfunkstaatsvertrag, Bd. II, § 26 RN. 14; *Bork*, Zuschaueranteil, K & R 98, 183, 186 f.

255 *Kuch*, Hansjörg, Das Zuschaueranteilsmodell, ZUM 1997, S. 12, 15; *Hepach*, Die Kommisiion zur Ermittlung der Konzentration im Medienbereich ZUM1999,S. 603,

Rechtsgebieten gezogen (§ 23 a Abs. 1 Nr. 1 a GWB, § 21 Abs. 1 S. 1 WpHG), in denen eine 5 % Grenze als Relevanzschwelle angegeben wird (5 % von 30 % = 1, 5 %).[256] Nach anderer Ansicht ist lediglich bei einem Zuschaueranteil von 29, 1 % noch von einer „geringfügigen Unterschreitung" zu sprechen.[257] Als Begründung hierfür wird die Parallele zu den zivilrechtlichen Auskunftsansprüchen gezogen, bei denen ebenfalls eine Abweichung von 3 % als geringfügig angesehen wird (3% von 30 % ≈0,9 %).[258] Außerdem wird angeführt, daß die Praxis eine Abweichung von 1 % Zuschaueranteil nicht als zu vernachlässigende Größe ansehen würde.[259] Die KDLM sieht in der „geringfügigen Unterschreitung" ebenfalls einen absoluten Wert, der jedenfalls nicht unter einem Zuschaueranteil von 28 % anzusetzen sei[260].

Nach anderer Ansicht handelt es sich bei der geringfügigen Unterschreitung nicht um einen absoluten Wert. Die quantitativen Daten des Zuschaueranteils müssen nach dieser Ansicht vielmehr mit den qualitativen strukturellen Merkmalen des jeweils betroffenen Unternehmens im Rahmen einer Gesamtbetrachtung in Beziehung zueinander gesetzt werden[261]. Dies entspricht auch der Praxis der KEK[262].

Hierfür spricht zum einen, daß der Rundfunkstaatsvertrag gerade keinen festen

---

609.

256 *Neft*, Meinungsdominanz im Fernsehen, ZUM 1998, S. 458, 463.

257 *Bork*, Zuschaueranteil, K & R 98, 183, 187; *Hartstein/Ring/Kreile/Dörr/Stettner*, Rundfunkstaatsvertrag, Bd. II, § 26 RN. 14;*Stock*, Konzentrationskontrolle in : Medienmarkt und Meinungsmacht, Stock/Röper/Holznagel, S. 36 Fn. 80.

258 *Kreile*, Quoten als juristische Bemessungsgrundlage für den Marktanteil?, in: Einschaltquoten, EMR Bd. 17, S. 59, 61.

259 *Neft*, Meinungsdominanz im Fernsehen, ZUM 98, 458, 463.

260 Beschluß der KDLM vom 7. November 1998, ZUM 98, 1054, 1058.

261 *Kübler*, Medienkonzentrationskontrolle im Streit, Media Perspektiven 1999, S. 379, 382; *Renck-Laufke*, Probleme der Konzentrationskontrolle im privaten Fernsehen, ZUM 2000, S. 105, 110; *Giani*, Quoten als juristische Bemessungsgrundlage für den Marktanteil?, in: Einschaltquoten, EMR Bd. 17, S. 55, 56; *Bohl*, Konzentrationskontrolle in den elektronischen Medien, S. 112.

262 So die KEK, vgl. Beschluss vom 26. 02. 1998 i. S. CLT-UFA, Az.: KEK 008–012, B. V.3; Beschluss vom 21. 09. 1999 i. S. RTL, Az.: KEK 040, II 6.1.1 und 6.1.2.

Wert für die „geringfügige Unterschreitung" angegeben hat[263]. Wie § 26 Abs. 2 S. 1 RStV den festen Wert von 30 % Zuschaueranteil für die Vermutung vorherrschender Meinungsmacht festgelegt hat, hätte § 26 Abs. 2 S. 2 RStV auch den festen Wert angeben können, bei dem zu dem Zuschaueranteil noch weitere Tatbestandsmerkmale erfüllt sein müssen, damit vorherrschende Meinungsmacht vermutet wird. Das Ausweichen auf das Tatbestandsmerkmal „geringfügig" spricht dafür, daß neben dem starren 30 % Grenzwert ein variables Kriterium hinzutreten sollte.[264] Die Bezugnahme auf ein durch wertende Feststellungen zu füllendes Kriterium ist in Anbetracht der komplexen verfassungsrechtlichen Vorgaben auch geboten.[265] Die Gegenmeinung, die für die Geringfügigkeitsschwelle einen festen Wert annehmen möchte, berücksichtigt nicht die Bedeutung der Rundfunkfreiheit im Regelungskontext der Norm.[266] Nach der Rechtsprechung des Bundesverfassungsgerichts wird die Rundfunkfreiheit insbesondere durch vorherrschende Meinungsmacht gefährdet, und der Gesetzgeber hat daher Tendenzen zur Konzentration so rechtzeitig und so wirksam wie möglich entgegenzutreten.[267] Diesen hohen verfassungsrechtlichen Anforderungen wird eine Auslegung des § 26 Abs. 2 S. 2 RStV nicht gerecht, bei welcher lediglich unter die ermittelten Zuschaueranteilsdaten subsumiert werden muß.[268] Erforderlich ist vielmehr eine Wertung im Rahmen einer Gesamtbetrachtung. Je höher der Konzentrationsgrad auf einem oder sogar mehreren medienrelevanten verwandten Märkten liegt, je größer also die Gefahr für die Meinungsvielfalt ist, desto höher darf auch die Abweichung von dem 30 % Wert liegen. Wichtige Hinweise ergeben sich hierbei aus dem Vergleich des Unternehmens mit seinen jeweiligen Konkurrenten. An die Höhe des Zuschaueranteils werden desto geringere An-

---

[263] *Kübler*, Medienkonzentrationskontrolle im Streit, Media Perspektiven 1999, S. 379, 382.

[264] *Renck-Laufke*, Probleme der Konzentrationskontrolle im privaten Fernsehen, ZUM 2000, S. 105, 110.

[265] *Kübler*, Medienkonzentrationskontrolle im Streit, Media Perspektiven 1999, S. 379, 382.

[266] *Kübler*, Medienkonzentrationskontrolle im Streit, Media Perspektiven 1999, S. 379, 383.

[267] BVerfGE 73, 118, 172 f; ständige Rechtsprechung.

[268] *Kübler*, Medienkonzentrationskontrolle im Streit, Media Perspektiven 1999, S. 379, 383.

forderungen gestellt, je überragender der Zuschaueranteil im Vergleich zu den Konkurrenzunternehmen ist.[269]

(2) Marktbeherrschende Stellung auf medienrelevantem verwandten Markt

Neben der geringfügigen Unterschreitung des Zuschaueranteils von 30 % muß das Unternehmen eine marktbeherrschende Stellung auf einem medienrelevanten verwandten Markt haben.

Der Begriff der marktbeherrschenden Stellung ist aus dem Kartellrecht übernommen. Nach § 19 GWB ist ein Unternehmen marktbeherrschend, wenn es als Teilnehmer auf einem bestimmten Markt entweder überhaupt keinem Wettbewerb ausgesetzt ist oder im Verhältnis zu anderen Mitbewerbern eine überragende Marktstellung hat. § 19 GWB gibt hierzu Kriterien wie Finanzkraft, Marktanteil sowie Zugang zu Beschaffungs- und Absatzmärkten. Außerdem enthält § 19 GWB Vermutungsregelungen für eine marktbeherrschende Stellung[270].

Für den Begriff des medienrelevanten verwandten Marktes gibt die amtliche Begründung zum Rundfunkstaatsvertrag Anhaltspunkte. Beispielhaft werden hier die Märkte Werbung, Hörfunk, Presse, Rechte und Produktion zur Beurteilung vorherrschender Meinungsmacht aufgezählt[271].

Die Werbeeinnahmen bilden die wirtschaftliche Grundlage für die Veranstaltung von privatem Free-TV. Eine einflußreiche Marktstellung auf dem Werbemarkt verbessert die Akquisitions- und Preisgestaltungsmöglichkeiten für Werbung. Durch höhere Werbeeinnahmen kann dann teureres, massenattraktives Sendematerial beschafft werden. Dies wirkt sich wiederum unmittelbar auf den Zuschauer-

---

[269] Konzentrationsbericht der KEK, S.58.

[270] Siehe zum Ganzen *Langen/Ruppelt*, KartR (8. Aufl), § 22 Rn. 4 ff.

[271] Amtliche Begründung zu § 26 RStV, abgedruckt bei *Hartstein/Ring/Kreile/Dörr/Stettner*, Rundfunkstaatsvertrag, Bd. II, § 26 RStV.

anteil und somit die Meinungsmacht aus[272].

Der Hörfunk- und Pressemarkt bietet für Fernsehveranstalter über die meinungsbeeinflussende Wirkung dieser Medien hinaus die Möglichkeit, sich gegenseitig zu unterstützen und so die Wirkung des einzelnen Mediums zu potenzieren. Hiergegen wird eingewandt, man dürfe für den Hörfunk- und Pressemarkt nur bundesweit verbreiteten Hörfunk und bundesweit verbreitete Presseerzeugnisse einbeziehen, denn regionaler Rundfunk und regionale Presse würden für sich schon Meinungsvielfalt gewährleisten[273]. Diesem Einwand steht jedoch entgegen, daß es kaum bundesweit verbreiteten Hörfunk gibt, der Hörfunk aber ausdrücklich in der amtlichen Begründung als medienrelevanter Markt aufgezählt wurde[274]. Daraus ist zu entnehmen, daß die Verfasser des Staatsvertrags durchaus auch den lokalen Rundfunk im Blick hatten. Auch das Bundesverfassungsgericht hat mehrfach auf die Gefahren von Verflechtungen von Presse und Rundfunk hingewiesen[275].

Der Markt der Rechteverwertung und der Produktion hat ebenfalls erheblichen Einfluß auf die Meinungsmacht eines Unternehmens. Durch Exklusivrechte an z. B. Sportveranstaltungen kann der Zuschaueranteil und die Akzeptanz eines Veranstalters stark gesteigert werden. Durch die Rechte an massenattraktiven Inhalten kann der Zugang Dritter zum Markt erschwert oder unmöglich gemacht werden[276]. Die Möglichkeit, die massenattraktiven Inhalte bei verschiedenen Veranstaltern eines Unternehmens mehrfach zu verwerten, erhöht die Wettbewerbsfähigkeit des Unternehmens.

Auch die Märkte für technische und administrative Dienstleistungen, wie z. B. die

---

272 *Renck-Laufke*, Probleme der Konzentrationskontrolle im privaten Fernsehen, ZUM 2000, S. 105, 111.

273 *Beucher/Leyendecker/v. Rosenberg*, Mediengesetze, § 26 Rn. 11.

274 Amtliche Begründung zu § 26 RStV, abgedruckt bei *Hartstein/Ring/Kreile/Dörr/Stettner*, Rundfunkstaatsvertrag, Bd. II, § 26 RStV.

275 BVerfGE **73**, 118, 177; BVerfGE **95**, 163, 173.

276 Hierzu Röper, Formationen deutscher Medienmultis 1998/1999, Media Perspektiven 1999, S. 345, 355.

Märkte für das technische Equipment oder die Zugangsvermittlungsdienste zählen zu den medienrelevanten verwandten Märkten. Teilweise werden kompetenzrechtliche Gründe gegen die Einbeziehung dieser Märkte geltend gemacht. Die technische Seite des Übermittlungsvorgangs im gesamten Kommunikationswesen zählt nach der Rechtsprechung des Bundesverfassungsgerichts zur Telekommunikation[277]. Für die Telekommunikation hat aber der Bund gem. Art. 73 Nr. 7 GG die ausschließliche Gesetzgebungskompetenz, den Ländern würde somit schon die Gesetzgebungskompetenz fehlen, Regelungen bezüglich dieser Märkte zu treffen[278]. Diese Argumentation berücksichtigt jedoch nicht, daß § 26 Abs. 2 RStV durch die Einbeziehung der technischen und administrativen Dienstleistungen in die Bewertung der vorherrschenden Meinungsmacht keine Regelungen bezüglich dieser Märkte trifft. § 26 Abs. 2 RStV regelt ausschließlich, wann vorherrschende Meinungsmacht zu vermuten ist. § 26 Abs. 2 RStV regelt also ausschließlich einen Bereich, für den die Gesetzgebungskompetenz der Länder gegeben ist. Die Tatsache, daß § 26 Abs. 2 RStV hierfür Gegebenheiten aus anderen Bereichen bewertet, für welche möglicherweise keine Gesetzgebungskompetenz der Länder gegeben ist, macht die Regelung selbst noch nicht kompetenzwidrig. § 26 Abs. 2 RStV stellt für diese Bereiche jedenfalls keine eigenen Regelungen auf.

Ein weiterer Einwand gegen die Einbeziehung der Märkte für technische und administrative Dienstleistungen zu den medienrelevanten verwandten Märkten ist darauf gerichtet, daß die besagten Märkte nicht mit dem Fernsehmarkt „verwandt" seien. Ihnen fehle die Nähe zum Rundfunk in seiner Rolle als Medium und Faktor im Prozeß freier individueller und öffentlicher Meinungsbildung, sie hätten mithin keine publizistische Relevanz.[279] Den Märkten für technische Dienstleistungen mangele es am programminhaltlichen-publizistischen Kontakt zum Fernsehmarkt[280]. Sie hätten keinen inhaltlichen Bezug zur Meinungsbildung, sondern würden nur die äußeren Bedingungen der Fernsehausstrahlung betreffen, ohne

---

[277] BVerfGE **12**, 205, 225 ff.

[278] *Hartstein/Ring/Kreile/Dörr/Stettner*, Rundfunkstaatsvertrag, Bd. II § 26 Rn. 19.

[279] *Neft*, Hans, Meinungsdominanz im Fernsehen, ZUM 1998, 458, 464.

[280] *Hepach*, Die Kommission zur Ermittlung der Konzentration im Medienbereich, ZUM 1999, 603, 607.

Meinungsrelevanz zu besitzen[281].

Die Märkte für technische und administrative Dienstleistungen nicht zu den medienrelevanten verwandten Märkten zu zählen, würde jedoch dem Sinn des § 26 Abs. 2 RStV verfehlen, vorherrschende Meinungsmacht zu verhindern. Die Macht über die Meinungsverbreitungswege oder die Zugangsdienste bedeutet zugleich Meinungsmacht[282]. Damit nämlich publizistische Inhalte Wirkung haben können, müssen sie beim Empfänger zunächst ankommen. Also haben auch die Märkte für technische und administrative Dienstleistungen Meinungsrelevanz. Märkte, die einen solchen Einfluß auf die Meinungsmacht haben, müssen nach dem Sinn des § 26 Abs. 2 RStV als verwandte Märkte gelten. Bei der Auslegung des § 26 Abs. 2 RStV ist dessen vorrangiges Bestreben im Auge zu behalten, vorherrschende Meinungsmacht zu verhindern. Schließlich ist in der amtlichen Begründung auch der Werbemarkt als medienrelevanter, verwandter Markt aufgezählt[283], und diesem fehlt grundsätzlich ebenfalls die angesprochene spezifisch publizistische Relevanz.

cc) Gesamtbeurteilung der Aktivitäten im Fernsehen und auf medienrelevanten verwandten Märkten

Schließlich wird vorherrschende Meinungsmacht auch dann vermutet, wenn ein Unternehmen den Zuschaueranteil von 30 % geringfügig unterschreitet und eine Gesamtbeurteilung der Aktivitäten des Unternehmens im Fernsehen und auf medienrelevanten vergleichbaren Märkten ergibt, daß der dadurch erzielte Meinungseinfluß dem eines Unternehmens mit einem Fernsehzuschaueranteil von 30 % entspricht.

Um diese dritte Vermutungsregelung anzuwenden ist zunächst einmal zu definieren, wieviel Meinungseinfluß ein Unternehmen mit einem Zuschaueranteil

---

281 *Hartstein/Ring/Kreile/Dörr/Stettner*, Rundfunkstaatsvertrag, Bd. II, § 26 Rn. 19.

282 *Renck-Laufke,* Martha, Probleme der Konzentrationskontrolle im privaten Fernsehen, ZUM 2000, S. 105, 112.

283 Amtliche Begründung zu § 26 RStV, abgedruckt bei *Hartstein/Ring/Kreile/Dörr/Stettner*, Rundfunkstaatsvertrag, Bd. II, § 26 RStV.

von 30 % hat. Einen Maßstab hierfür gibt der Rundfunkstaatsvertrag nicht, so daß die Entsprechungsklausel nicht weiterhilft[284]. Wenn aber ein solcher Meinungseinfluß tatsächlich festgestellt werden kann, dann bedarf es nicht mehr des Umwegs über die Vermutungsregel. In einem solchen Fall kann dann direkt vorherrschende Meinungsmacht festgestellt werden. Schon aus diesem Grund kommt die dritte Vermutungsregel in der Praxis wohl nicht zur Anwendung[285].

c) *Vorherrschende Meinungsmacht*

Die Vermutungsregelungen des § 26 Abs. 2 RStV lassen den Nachweis fehlender vorherrschender Meinungsmacht zu. Außerdem kann nach hier vertretener Ansicht[286] auch ohne die Tatbestandsvoraussetzungen der Vermutungsregelungen im Einzelfall vorherrschende Meinungsmacht gegeben sein. In beiden Fällen werden besondere Anforderungen an den Nachweis gestellt. Der Rundfunkstaatsvertrag selbst gibt jedoch keine Definition für vorherrschende Meinungsmacht. Es stellt sich also die Frage wie dieser Nachweis geführt werden kann. Hierzu müssen die Kriterien für vorherrschende Meinungsmacht herausgearbeitet werden, um diesen unbestimmten Rechtsbegriff inhaltlich zu füllen.

Der Rundfunkstaatsvertrag stellt bei der vorherrschenden Meinungsmacht auf den Zuschaueranteil ab. Im Vordergrund der drei Vermutungsregelungen steht jedesmal der Zuschaueranteil eines Unternehmens im Jahresdurchschnitt. Im ersten Fall ist er alleiniges Kriterium für die Vermutung, im zweiten Fall maßgebliches Kriterium - der Zuschaueranteil von 30 % darf nur "geringfügig" unterschritten werden[287] - im dritten Fall wird zusätzlich als Maßstab der Einfluß eines Unternehmens mit 30 % Zuschaueranteil genommen. Die Beurteilung von vorherrschender Meinungsmacht hat insofern durch das Kriterium Zuschaueranteil ein

---

[284] *Neft*, Meinungsdominanz im Fernsehen ZUM 1998, S. 458, 464; *Hess*, Medienkonzentrationsrecht nach dem neuen Rundfunkstaatsvertrag, AfP 1997, S. 680, 683; *Renck-Laufke*, Probleme der Konzentrationskontrolle im privaten Fernsehen, ZUM 2000, S. 105, 113.

[285] *Hartstein/Ring/Kreile/Dörr/Stettner*, Rundfunkstaatsvertrag, Bd. II, § 26, Rn. 23; siehe zur Unpraktikabilität auch Kapitel 5 II.

[286] Siehe zum Streit Kapitel 5 I. 1. a).

[287] Siehe aber Fußnote 249 zur ab dem 1. Juli 2001 geltenden Rechtslage.

quantitatives Element. Der Zuschaueranteil für sich genommen kann jedoch nicht das alleinige Kriterium für vorherrschende Meinungsmacht sein. Anderenfalls ließe sich die aus dem Zuschaueranteil ergebende Vermutung für vorherrschende Meinungsmacht nicht widerlegen. Fraglich ist demnach, welche Kriterien über den Zuschaueranteil hinaus für vorherrschende Meinungsmacht noch maßgeblich sind.

Als Kriterium kommt hierbei die Anzahl der Programme, die ein Unternehmen veranstaltet, in Betracht. Dieses Kriterium wurde vor der Änderung des Rundfunkstaatsvertrags als maßgeblich für die Konzentrationsverhinderung angesehen[288]. Nach § 26 Abs. 1 RStV darf ein Unternehmen bundesweit im Fernsehen jedoch eine unbegrenzte Zahl von Programmen veranstalten, es sei denn, es erlangt dadurch vorherrschende Meinungsmacht. Die Anzahl der Programme für sich alleine genommen liefert also noch kein Kriterium für vorherrschende Meinungsmacht. Anderenfalls würde der grundsätzliche Verzicht auf eine Programmbegrenzung in § 26 Abs. 1 RStV ins Leere laufen.

Der Rundfunkstaatsvertrag bietet keine weiteren Kriterien für vorherrschende Meinungsmacht. Anhaltspunkte für solche Kriterien bietet aber die Rundfunkfreiheit des Art. 5 Abs. 1 S. 2 GG. Denn die Verhinderung vorherrschender Meinungsmacht ist deshalb Ziel der Antikonzentrationsregelungen des Rundfunkstaatsvertrags, weil sich aus der Rundfunkfreiheit des Art. 5 Abs. 1 S. 2 GG ein Auftrag an den Gesetzgeber ergibt, vorherrschende Meinungsmacht zu verhindern. Der Begriff der „vorherrschenden Meinungsmacht" des Rundfunkstaatsvertrags ist daher aus Art. 5 Abs. 1 S. 2 GG und der Rechtsprechung des Bundesverfassungsgerichts hierzu zu entwickeln[289].

Die Verhinderung vorherrschender Meinungsmacht ist wesentliche Aufgabe der positiven Ordnung des Rundfunks. Der Rundfunk darf nicht für außerpublizistische Zwecke, seien sie politischer oder wirtschaftlicher Natur, mißbraucht

---

[288] § 21 RStV (1991).

[289] Siehe auch *Hain*, Vorherrschende Meinungsmacht i. S. d. § 26 Abs. 1, 2 RStV, MMR 2000, S. 539 ff.

werden[290]. Der verfassungsrechtlich geschützte Kommunikationsprozeß muß vielmehr generell von einseitigem Einfluß freigehalten werden[291]. Es soll ein Meinungsmarkt entstehen, auf dem die Vielfalt der Meinungsrichtungen unverkürzt zum Ausdruck gelangt[292]. Aus diesen Anforderungen ist das Rundfunkstaatsvertragskriterium der Zuschaueranteilsbegrenzung für das einzelne Unternehmen entwickelt worden. Der Zuschaueranteil ist ein Maßstab dafür, wie groß der Anteil des Unternehmens an diesem Meinungsmarkt ist.

Auf diesem Meinungsmarkt muß die Vielfalt der bestehenden Meinungen in möglichster Breite und Vollständigkeit Ausdruck finden[293]. Nur bei einer solchen umfassenden Information kann es „Meinungsbildung" im Sinne der Garantie des Art. 5 Abs. 1 S. 2 GG geben[294]. Aus diesen Anforderungen des Bundesverfassungsgerichts ist zu folgern, daß umfassende Informationen, also größtmögliche Meinungsvielfalt, einem Ungleichgewicht auf dem Meinungsmarkt entgegenwirken und dieses abmildern kann[295]. Aus dieser Forderung nach Meinungsvielfalt lassen sich demnach weitere Kriterien erschließen, die für oder gegen vorherrschende Meinungsmacht sprechen. Hierdurch scheint auf den ersten Blick nichts gewonnen zu sein, denn auf der Suche nach handhabbaren Kriterien wird der unbestimmte Rechtsbegriff der vorherrschenden Meinungsmacht durch den unbestimmten Rechtsbegriff der Meinungsvielfalt ersetzt. Der Begriff der Meinungsvielfalt hat jedoch durch die Rechtsprechung des BVerfG schon eine genauere Konkretisierung erfahren[296], so daß die diesen Begriff ausmachenden Kriterien bestimmbarer und somit praktikabler sind. Zur Meinungsvielfalt gehört die Präsentation der einzelnen Meinungsrichtungen, also die Meinungsrichtungsvielfalt, aber auch das zu Wort kommen lassen der unterschiedlichen Gruppierungen, also die Gruppenvielfalt. Auch die Breite des Programmangebots, die Be-

---

290 BVerfGE **97**, 228, 266 f.

291 BVerfGE **90**, 60 88.

292 BVerfGE **57**, 295, 323.

293 BVerfGE **73**, 118, 152 f.

294 BVerfGE **73**, 118, 155 f.

295 *Ossyra*, Konzentrationskontrolle über private Rundfunkveranstalter, S. 120 f.; *Bornemann/Lörz*, Bayerisches Mediengesetz, Art. 27 Rn. 73.

296 Siehe hierzu Kapitel 2 I.

rücksichtigung verschiedener Gegenstände und Themen gehört als Gegenstandsvielfalt zu der vom BVerfG konkretisierten Meinungsvielfalt. Letztlich fordert das BVerfG auch noch die Berücksichtigung der Meinungsvielfalt im regionalen und lokalen Bereich, also die regionale Meinungsvielfalt.

Auch die amtliche Begründung zum Rundfunkstaatsvertrag geht davon aus, daß die Vermutung vorherrschender Meinungsmacht durch den Nachweis der Steigerung von qualitativer Meinungsvielfalt widerlegt werden kann[297]. Soweit ein Unternehmen also ein gewisses Maß an qualitativer Meinungsvielfalt nachweist, kann dies die Vermutung vorherrschender Meinungsmacht widerlegen.

So kann z. B. ein Unternehmen an verschiedenen Veranstaltern jeweils nur gering, aber eben gerade über dem Zurechnungsminimum liegend, beteiligt sein. Hierdurch würde also innerhalb des einzelnen Veranstalters nicht nur eine Meinungsrichtung für die Entscheidungen verantwortlich sein, sondern mehrere. Dies wäre insofern ein Indiz für eine gewisse Gruppen- und Meinungsrichtungenvielfalt. Eine gewisse Zahl unterschiedlicher Spartenprogramme könnte als Indiz für eine gewisse Gegenstandsvielfalt anzusehen sein, Regionalredaktionen könnten dann für regionale Vielfalt sprechen.

Qualitative Vielfalt ist demnach geeignet, vorherrschende Meinungsmacht zu widerlegen. Hierbei sind jedoch strenge Anforderungen zu erfüllen. Die neuen Vorschriften zur Sicherung der Meinungsvielfalt setzen auf ein neues Konzept bei der Konzentrationsbekämpfung. Bisher stand das Modell der Beteiligungsbegrenzung im Vordergrund. Danach durfte ein Unternehmen nur an einer bestimmten Anzahl von Programmveranstaltern beteiligt sein. Das neue Modell hingegen läßt grundsätzlich eine beliebige Anzahl von Programmbeteiligungen zu. Eine Kontrolle der Konzentration geschieht nun in erster Linie über den Zuschaueranteil eines Unternehmens. Dieses Modell erlaubt nun in der Praxis einen höheren Konzentrationsgrad als das bisherige Modell der Beteiligungsbegrenzung. Nur durch einen relativ harten Maßstab bei der Widerlegung der Vermutung vorherrschender Meinungsmacht kann der Unterschied im Grad der Konzentrations-

---

[297] Amtl. Begr. zu § 26 RStV, abgedruckt bei *Hartstein/Ring/Kreile/Dörr/Stettner*, Rundfunkstaatsvertrag, Bd. II, § 26.

bekämpfung zwischen dem alten und dem neuen Modell abgemildert werden.

d) *Einfluß des 10%-Fensters auf das Tatbestandsmerkmal vorherrschende Meinungsmacht*

Umstritten ist, in welchem Verhältnis einerseits das Fensterprogramm als Folge eines Zuschaueranteils von 10 %[298] und andererseits das Fensterprogramm als Maßnahme gegen vorherrschende Meinungsmacht[299] zueinander stehen. Problematisch ist insbesondere, wie sich das Fensterprogramm nach § 26 Abs. 5 RStV auf die vorherrschende Meinungsmacht und somit auf eine der Tatbestandsvoraussetzungen des § 26 Abs. 4 S. 1 Nr. 3 RStV auswirkt[300]. Hier wird erwogen, daß Veranstalter, die schon an ein Satellitenfensterprogramm Sendezeit abgeben, für sich jedenfalls nicht mehr die Meinungsvielfalt gefährden. Das Satellitenfensterprogramm stelle schließlich eine vielfaltssichernde Maßnahme nach §§ 30 ff. RStV dar, und nach der inneren Logik dieser Vorschriften müsse dann jedenfalls für diesen Veranstalter die Meinungsvielfalt als gesichert gelten.[301] Diese Veranstalter müßten dann aus dem Zuschaueranteil des betroffenen Unternehmens herausgerechnet werden. Der Zuschaueranteil von 30 % würde so weitgehend obsolet, denn ohne die Programme mit 10 % Zuschaueranteil wird dieser Wert kaum von einem Unternehmen erreicht werden[302]. Der einzelne Veranstalter könnte jedenfalls nur einmal die Verpflichtung auferlegt bekommen, Sendezeit an unabhängige Dritte abzugeben[303].

Bei dieser Ansicht wird jedoch eine Verknüpfung zwischen den beiden Satelliten-

---

[298] § 26 Abs. 5 RStV.

[299] § 26 Abs. 4 S. 1 Nr. 3 RStV.

[300] Nach dem 6. Rundfunkänderungsstaatsvertrag (Gesetz- und Verordnungsblatt für das Land Hessen, Teil I, Nr. 5 S. 38 - 49), der am 1. Juli 2002 in Kraft tritt, wird in § 26 Abs. 2 ein neuer Satz 3 eingefügt, der regelt, in welchem Umfang Fensterprogramme Einfluß auf den nach § 26 Abs. 2 RStV maßgeblichen Zuschaueranteil haben.

[301] *Stock*, Konzentrationskontrolle in: Stock/Röper/Holznagel, Medienmarkt und Meinungsmacht, S. 47.

[302] *Stock*, Meinungsvielfalt und Meinungsmacht, JZ 1997, S. 583, 592.

[303] *Hess*, Medienkonzentrationsrecht nach dem neuen Rundfunkstaatsvertrag, AfP 1997, S. 680, 686.

fensterprogrammregelungen hergestellt, die sich nicht aus dem Rundfunkstaatsvertrag ergibt[304]. Der Wortlaut des § 26 RStV fordert jedenfalls nicht eine solche inhaltliche Verknüpfung der beiden Regelungen. Wäre eine solche Verknüpfung beabsichtigt, dann hätte es nahe gelegen, daß die Regelungen auch inhaltlich Bezug auf einander nehmen. Das Fehlen einer solchen inhaltlichen Bezugnahme spricht gegen eine Verknüpfung der beiden Regelungen[305]. Aus der Systematik der Norm lassen sich keine Rückschlüsse auf das Verhältnis der Fensterprogramme zueinander ziehen. Auf der einen Seite handelt § 26 Abs. 1 - Abs. 4 RStV zunächst die Maßnahmen bei Erreichen eines Zuschaueranteils von 30 % im einzelnen ab, um sich dann erst mit § 26 Abs. 5 RStV dem 10 % - Fenster zuzuwenden. Hieraus wird ein systematisches Argument für die Unabhängigkeit der 10 % - Regelung zur 30 % - Regelung gezogen[306]. Andererseits verweisen beide Regelungen bezüglich der Einzelheiten der Vergabe und Ausgestaltung auf § 31 RStV. Beide Maßnahmen werden auch in § 30 Nr. 1 RStV als vielfaltssichernde Maßnahmen bezeichnet. Insofern ergibt sich aus der Systematik der Norm auch ein gewisser inhaltlicher Zusammenhang[307].

Beide Fenster haben aber unterschiedliche Zielrichtungen und spielen eine unterschiedliche Rolle im Medienkonzentrationsrecht[308]. Bei einem Zuschaueranteil von 30 % wird vorherrschende Meinungsmacht vermutet. Bei einem auf internem Wachstum beruhenden Zuschaueranteil[309] hat die KEK dann verschiedene Möglichkeiten zur Bekämpfung dieser Meinungsmacht zur Verfügung. Das Instrumentarium hierzu, zu dem auch die Fensterprogrammregelung gehört, steht im Zentrum der medienkonzentrationsrechtlichen Regelungen. Das 10 % - Fenster soll hingegen einen zusätzlichen Beitrag zur Verhinderung von Meinungsmacht bei potentiell stärker meinungsbeeinflussenden Programmen leisten. Es kommt im Vorfeld von Medienkonzentration zum Tragen, bevor vorherrschende Meinungs-

---

304 So auch der Konzentrationsbericht der KEK, S. 363.

305 *Hain*, Vorherrschende Meinungsmacht und Fensterprogramme, Afp 2000, S. 329, 330.

306 *Schlette*, Die Einrichtung eines Fensterprogramms, ZUM 1999, S. 802, 810.

307 *Hain*, Vorherrschende Meinungsmacht und Fensterprogramme, Afp 2000, S. 329, 331.

308 *Ossyra*, Konzentrationskontrolle über private Rundfunkveranstalter, S. 178.

309 Zur Unterscheidung zwischen internem und externem Wachstum siehe oben Kapitel 3 III.

macht bekämpft werden muß. Die flankierende Regelung des § 26 Abs. 5 RStV soll nicht die zentralen medienkonzentrationsrechtlichen Regelungen des § 26 Abs. 1 - Abs. 4 RStV außer Kraft setzen[310]. Außerdem beruht die Schlußfolgerung, daß ein Programm, welches ein 10 % - Fenster ausstrahle, aus dem Zuschaueranteil des Unternehmens herauszurechnen sei, weil dieses Programm wegen des Fensters nicht die Meinungsvielfalt gefährde, auf einer falschen Grundannahme. Das 10 % - Fenster bezieht sich auf ein einzelnes Programm, welches potentiell stärker meinungsbeeinflussend ist und zwingt diesem im Vorfeld vorherrschender Meinungsmacht einen zusätzlichen Vielfaltsbeitrag auf. Es kommt hierbei nicht darauf an, ob das einzelne Programm die Meinung gefährdet. Für das 30 % - Fenster ist wiederum nicht maßgeblich, aus welchen Programmen sich der Zuschaueranteil von 30 % zusammensetzt. Regelmäßig wird jedes einzelne Programm innerhalb dieses Zuschaueranteils für sich genommen nicht meinungsgefährdend sein. Es ist nicht ersichtlich, warum diese Zusammenhänge vermischt werden sollen und nun im Rahmen der 30 % - Regelung zu fragen ist, inwieweit das einzelne Programm wegen seines 10 % - Fensters nicht meinungsgefährdend ist. Dieser Gesichtspunkt ist möglicherweise bei der Argumentation zur Widerlegung der Vermutung hilfreich, es läßt sich jedoch daraus keine pauschale Regel herleiten, die die Vermutung vorherrschender Meinungsmacht in jedem Fall widerlegen würde[311].

Das Vorhandensein eines 10 % Fensters kann jedoch nicht völlig ohne Bedeutung für die Bestimmung der Zuschaueranteile eines Unternehmens sein. Schließlich sendet der Veranstalter des Fensterprogramms rundfunkrechtlich mit einer eigenen Lizenz. Er darf gem. § 31 Abs. 3 RStV nicht in einem Abhängigkeitsverhältnis zum Hauptprogrammveranstalter stehen und ist demnach nach der Regelung des § 28 RStV nicht dem betroffenen Unternehmen zuzurechnen. Folglich darf dann auch nicht der Zuschaueranteil des Fensterprogramms zum Zuschaueranteil

---

310 *Renck-Laufke*, Probleme der Konzentrationskontrolle im privaten Fernsehen, ZUM 2000, S. 105, 110; *Neft*, Meinungsdominanz im Fernsehen, ZUM 1998, S. 458, 461; *Hartstein/Ring/Kreile/Dörr/Stettner*, Rundfunkstaatsvertrag, Bd. II, § 26 Rn. 32.

311 So aber wohl *Neft*, Meinungsdominanz im Fernsehen, ZUM 1998, S. 458, 462; *Schlette*, Die Einrichtung eines Fensterprogramms, S. 802, S. 811; *Bornemann/Lörz*, Bayerisches Mediengesetz, Art. 27 Rn. 110.

des betroffenen Unternehmens hinzugerechnet werden[312].

Es ist also rechtlich möglich, daß ein Hauptprogrammveranstalter zwei mal zur Aufnahme eines Fensterprogramms verpflichtet ist, einmal nach § 26 Abs. 5 RStV und einmal nach § 26 Abs. 4 Nr. 3 RStV[313]. Diese mögliche Doppelbelastung ist auch tatsächlich nicht völlig unwahrscheinlich. Wenn ein Unternehmen einen Zuschaueranteil von 30 % hat, so ist diesem Unternehmen in der Regel auch ein Veranstalter mit einem Zuschaueranteil von 10 % im Jahresdurchschnitt zuzurechnen. Im Rahmen der Erörterung wird der dem Unternehmen zurechenbare Veranstalter festgelegt, den die Verpflichtung zur Sendezeitabgabe treffen soll. Diese Entscheidung wird unter dem Gesichtspunkt, der vorherrschenden Meinungsmacht entgegenzuwirken, getroffen. Folglich wird bei der Auswahl des dem Unternehmen zurechenbaren Veranstalters der Zuschaueranteil des Programms ein maßgebliches Kriterium sein. Dann ist aber wiederum die Wahrscheinlichkeit groß, daß es sich bei dem ausgewählten Veranstalter um den Veranstalter eines Vollprogramms oder Spartenprogramms mit dem Schwerpunkt Information und einem Zuschaueranteil von 10 % im Jahresdurchschnitt handelt. In den meisten Fällen des § 26 Abs. Abs. 4 Nr. 3 RStV kommt es also dann, wenn als vielfaltssichernde Maßnahme die Sendezeitabgabe an Dritte gewählt wird, zu einer Doppelbelastung eines Hauptprogrammveranstalters. Wenn aber im Falle einer drohenden Doppelbelastung auf eine andere Maßnahme der Vielfaltssicherung als die des § 26 Abs. 4 Nr. 3 RStV zurückgegriffen würde, dann würde die Regelung des § 26 Abs. 4 Nr. 3 praktisch ins Leere laufen. Zu einer Sendezeitabgabe nach § 26 Abs. 4 Nr. 3 RStV käme es dann nur in den Fällen, in denen dem Unternehmen kein Veranstalter mit einem Zuschaueranteil von 10 % zugerechnet werden kann. Aber gerade in solchen Konstellationen würde die Verpflichtung zur Sendezeitabgabe als Maßnahme der Vielfaltssicherung nur relativ geringe Wirkung haben,

---

312 *Hain*, Vorherrschende Meinungsmacht und Fensterprogramme, Afp 2000, S. 329, 331 f.

313 *Renck-Laufke*, Probleme der Konzentrationskontrolle im privaten Fernsehen, ZUM 2000, S. 105, 110; *Neft*, Meinungsdominanz im Fernsehen, ZUM 1998, S. 458, 461; *Hartstein/Ring/Kreile/Dörr/Stettner*, Rundfunkstaatsvertrag, Bd. II, § 26 Rn. 32; *Hain*, Vorherrschende Meinungsmacht und Fensterprogramme, Afp 2000, S. 329, 331 f.; *Vesting*, Prozedurales Rundfunkrecht, S. 331; *Ossyra*, Konzentrationskontrolle über private Rundfunkveranstalter, S. 178.

denn das Fensterprogramm würde dann potentiell von weniger Zuschauern aufgenommen.

Aus diesem Grund dürfte die Lösung der Doppelbelastungsproblematik auch nicht darin liegen, die Verpflichtung zur Abgabe von Sendezeit an unabhängige Dritte auf Programme zu beschränken, die keine 10 % Zuschaueranteil im Jahresdurchschnitt haben. Aufgrund des geringeren Zuschaueranteils des Hauptprogramms hätte dann auch das Fensterprogramm eine geringere Zuschauerresonanz. Ein solches geringer frequentiertes Fensterprogramm hätte aber zugleich eine geringere Wirkung auf die Meinungsvielfalt.

2. Die Abgabe von Sendezeit für unabhängige Dritte im Verhältnis zu den anderen möglichen Maßnahmen

Bei Vorliegen von vorherrschender Meinungsmacht hat die zuständige Landesmedienanstalt gem. § 26 Abs. 4 S. 1 RStV verschiedene Maßnahmen, die sie dem Unternehmen vorschlagen kann. Eine der Maßnahmen ist die Aufgabe von Beteiligungen an Veranstaltern, um hierdurch den zurechenbaren Zuschaueranteil und somit die Meinungsmacht zu senken[314]. Als weitere Maßnahme kann das Unternehmen die Meinungsmacht dadurch senken, daß es auf medienrelevanten verwandten Märkten die eigene Marktstellung verringert[315]. Diese beiden Maßnahmen lassen sich als markstellungsverringernde Maßnahmen zusammenfassen, einmal auf dem Medienmarkt selbst, einmal auf einem verwandten medienrelevanten Markt. Außerdem kann das Unternehmen eine der vielfaltssichernden Maßnahmen ergreifen, nämlich zum einen die Einrichtung eines Programmbeirats, zum anderen die Abgabe von Sendezeit an unabhängige Dritte[316].

Es stellt sich die Frage, welchen Stellenwert die Abgabe von Sendezeit an unabhängige Dritte, also an Satellitenfensterprogramme, innerhalb dieses Maßnahmekataloges hat.

---

[314] § 26 Abs. 4 S. 1 Nr. 1 RStV.

[315] § 26 Abs. 4 S. 1 Nr. 2 RStV.

[316] §§ 26 Abs. 4 S. 1 Nr. 3 iVm §§ 30, 32 bzw. §§ 30, 31 RStV.

Die Abgabe von Sendezeit an unabhängige Dritte zählt zu den beiden vielfaltssichernden Maßnahmen des Maßnahmekataloges. Daneben gibt es noch die beiden Maßnahmen, die die Marktstellung verringern. Zwar bewirkt auch die Abgabe von Sendezeit an unabhängige Dritte, daß der Veranstalter während der Drittsendezeit keine Zuschauer erreicht, daß insoweit also seine Markstellung verringert wird, dieser Effekt steht aber nicht im Vordergrund der Maßnahme. Es gibt demnach vielfaltssichernde und marktstellungsverringernde Maßnahmen. Die Bezeichnung "vielfaltssichernd" ist hierbei auf das Programmangebot des Unternehmers bezogen. Auf das gesamte Programmangebot bezogen sollen letztlich auch die marktstellungsverringernden Maßnahmen vielfaltssichernd wirken. Aber auf das einzelne Unternehmen bezogen wirken die vielfaltssichernden und die markstellungsverringernden Maßnahmen unterschiedlich. Diese unterschiedliche Wirkungsweise weist auf unterschiedliche Funktionen und somit unterschiedliche Intentionen bei der Auswahl der Maßnahmen hin.

Die Ursache für die Auswahl einer der Maßnahmen ist grundsätzlich vorherrschende Meinungsmacht eines Unternehmens aufgrund der ihm zurechenbaren Programme. Diese vorherrschende Meinungsmacht kann aber auf unterschiedliche Weise zustande gekommen sein. So sind 30 % Zuschaueranteil des einen Unternehmens nicht unbedingt vergleichbar mit 30 % Zuschaueranteil eines anderen Unternehmens. Der Zuschaueranteil des Programms eines Veranstalters wird einem Unternehmen schon dann voll zugerechnet, wenn es an dem Veranstalter mindestens zu 25 % beteiligt ist. Für die Vermutung vorherrschender Meinungsmacht macht die Höhe der Beteiligung an den einzelnen Veranstaltern also grundsätzlich keinen Unterschied. Bei der Auswahl der Maßnahme zur Bekämpfung der vorherrschenden Meinungsmacht können diese Unterschiede jedoch berücksichtigt werden. Einem Unternehmen mit einer relativ geringen Beteiligung an einem Veranstalter ist wahrscheinlich daran gelegen, die vorherrschende Meinungsmacht durch eine marktstellungsverringernde Maßnahme, also durch die Abgabe dieser geringen Beteiligung, zu bekämpfen. Im umgekehrten Fall ist einem Unternehmen mit einer hohen Beteiligung eher daran gelegen, diese Beteiligung grundsätzlich zu behalten, und dafür lieber eine vielfaltssichernde Maßnahme, also die Abgabe von Sendezeit an unabhängige Dritte oder die Einrichtung eines Programmbeirates, zu ergreifen.

Innerhalb der vielfaltssichernden Maßnahmen gibt es ebenfalls unterschiedliche Wirkungsweisen. Die Einrichtung eines Programmbeirates zeigt binnenplurale Züge. In diesem Programmbeirat haben die gesellschaftlich relevanten Gruppen die Möglichkeit, von innen auf die Vielfalt des Programms einzuwirken. Dem Programmbeirat ist wirksamer Einfluß auf das Programm des Veranstalters zu gewähren. Dem steht als Maßnahme die Abgabe von Sendezeit an unabhängige Dritte gegenüber. Diese Maßnahme zeigt außenplurale Züge, und zwar insofern, als das Programmangebot auf der von der Maßnahme betroffenen Frequenz durch das Programm des unabhängigen Dritten erhöht wird und es somit zu einer Vielfaltssteigerung von außen kommt. Im Rahmen der vielfaltssichernden Maßnahmen wird also im Kleinen fortgesetzt, was auch insgesamt das Rundfunkrecht bestimmt. Es findet keine Festlegung auf ein rundfunkordnungspolitisches Modell statt, sondern es ist eine Auswahl zwischen binnen- und außenpluralistischen Elementen gegeben.

Die binnen- oder außenplurale Wirkungsweise spielt bei der Auswahl der Maßnahme eine Rolle. Die binnenplurale Maßnahme der Einrichtung eines Programmbeirates hat Auswirkungen auf das gesamte Programm des Veranstalters. Der Programmbeirat ist über alle Fragen, die das veranstaltete Programm betreffen, zu unterrichten[317]. Bei wesentlichen Änderungen im Programm, also Änderungen der Programmstruktur, der Programminhalte oder des Programmschemas, oder bei Entscheidungen über Programmbeschwerden ist die Zustimmung des Programmbeirates einzuholen[318]. Durch die Einrichtung des Programmbeirates geht dem Programmveranstalter im Ergebnis ein Stück Programmautonomie verloren. Hierin liegt das Wesen des Binnenpluralismus. Die Programmautonomie soll nicht mehr völlig in der Hand einzelner liegen, sondern jedenfalls teilweise auch in der Hand pluralistisch zusammengesetzter Gremien. Andererseits behält der Veranstalter trotz des Programmbeirates grundsätzlich die Kontrolle über sein gesamtes Programm.

Bei der Abgabe von Sendezeit an unabhängige Dritte behält der Veranstalter die

---

317 § 32 Abs. 3 S. 1 RStV.

318 § 32 Abs. 5 S. 1 RStV.

volle Kontrolle über sein "Restprogramm". Sein Programm verliert aber Sendezeit, es verringert sich also insgesamt. Der Veranstalter wird somit gezwungen, einen Konkurrenten auf dem Fernsehmarkt, den Fensterprogrammveranstalter, zu fördern. Dieses System entspricht in Ansätzen der außenpluralistischen Grundidee. Im außenpluralistischen System sollen sich die einzelnen Konkurrenten durch Wettbewerb gegenseitig Marktpositionen streitig machen und Marktanteile gewinnen und verlieren. Durch die Abgabe von Sendezeit an unabhängige Dritte wird dieser Prozeß künstlich vollzogen.

II. Beachtung des Wesentlichkeitsgrundsatzes

§ 26 Abs. 2 RStV nennt die Voraussetzungen bei deren Vorliegen Maßnahmen zur Konzentrationsbekämpfung ergriffen werden müssen. Bei der Konzentrationsbekämpfung handelt es sich um eine der vordringlichsten Aufgaben der positiven Ordnung des privaten Rundfunks. Es stellt sich die Frage, ob angesichts der Bedeutung des Problemkreises der Wesentlichkeitsgrundsatz hinreichend beachtet wurde.

Der Wesentlichkeitsgrundsatz erfordert, daß die wesentlichen Entscheidungen über Eingriffe vom Gesetzgeber selbst getroffen werden müssen, und nicht an die Exekutive delegiert werden dürfen[319]. Wesentlich ist dabei das, was für die Verwirklichung des Grundrechts wesentlich ist[320]. Angesichts der Bedeutung der Konzentrationsbekämpfung für die Gewährleistung der Rundfunkfreiheit sind die Grundzüge der Eingriffsvoraussetzungen als wesentlich in diesem Sinne anzusehen.

Es ist unter diesem Gesichtspunkt unproblematisch, auf die vorherrschende Meinungsmacht abzustellen. Zwar handelt es sich bei dem Begriff der vorherrschenden Meinungsmacht um einen unbestimmten Rechtsbegriff, der noch durch Wertungen inhaltlich gefüllt werden muß. Aber der Inhalt des Begriffs ist anhand der Rechtsprechung des Bundesverfassungsgerichts hinreichend ausgefüllt, so daß

---

319 BverfGE **33**, 1, 10; seitdem ständige Rechtsprechung, in neuerer Zeit BVerfGE **88**, 103, 116. *Pieroth/Schlink*,Grundrechte, Rn. 266.

320 BVerfGE **47**, 46, 79.

durch die Verwendung dieses Begriffs die wesentlichen Inhalte feststehen.

Auch für die erste Vermutungsregelung sind die wesentlichen Voraussetzungen vom Gesetzgeber deutlich vorgegeben. Durch die Bezugnahme auf den festen Zuschaueranteil von 30 % sind Wertungen der Exekutive in diesem Bereich nicht vorgesehen. Die Ermittlung des Zuschaueranteils ist in den Grundzügen durch den Rundfunkstaatsvertrag vorgegeben[321]. Welche Programme einem Unternehmen zuzurechnen sind, ist in § 28 RStV ausführlich geregelt.

Bei der zweiten Vermutungsregelung bestehen keine größeren Bedenken darüber, ob der Wesentlichkeitsgrundsatz eingehalten wurde. Dies gilt auch dann, wenn man das Tatbestandsmerkmal der „geringfügigen Unterschreitung" nicht als absoluten Wert versteht[322]. Das Ausweichen auf das durch Wertungen auszufüllende Tatbestandsmerkmal „geringfügige Unterschreitung" ist angesichts der Komplexität der Materie noch zulässig. Durch die Bezugnahme auf die „marktbeherrschende Stellung auf medienrelevanten verwandten Märkten" und den Zuschaueranteil von 30 % andererseits wird ein Wertungsrahmen vorgegeben. Die KEK hat hierdurch einen Maßstab für die Bewertung der geringfügigen Unterschreitung des Zuschaueranteils. Je mehr Meinungsmacht die Stellung auf medienrelevanten verwandten Märkten ermöglicht, desto größer darf die Abweichung vom Richtwert 30 % Zuschaueranteil sein.

Problematisch stellt sich die Situation bei der dritten Vermutungsregelung dar. Dadurch, daß im Rahmen einer Gesamtbetrachtung auf den Meinungseinfluß eines Unternehmens mit einem Zuschaueranteil von 30 % abgestellt wird, scheint auf den ersten Blick ein Wertungsrahmen vorgegeben zu sein. Der Rundfunkstaatsvertrag gibt jedoch keine Anhaltspunkte dafür, wie hoch der Meinungseinfluß eines Unternehmens mit einem Zuschaueranteil von 30 % ist[323]. Es stellt sich

---

[321] § 27 RStV; siehe hierzu auch Kapitel 4 I. 2. a).

[322] Siehe hierzu Kapitel 5 I. 1. a) bb) (1).

[323] *Neft*, Meinungsdominanz im Fernsehen ZUM 1998, S. 458, 464; *Hess*, Medienkonzentrationsrecht nach dem neuen Rundfunkstaatsvertrag, AfP 1997, S. 680, 683; *Renck-Laufke*, Probleme der Konzentrationskontrolle im privaten Fernsehen, ZUM 2000, S. 105, 113.

somit die Frage, ob an dieser Stelle das für die Grundrechtsverwirklichung Wesentliche vom Gesetzgeber geregelt wurde. Falsch wäre es, als Maßstab für den Meinungseinfluß eines Unternehmens mit einem Zuschaueranteil von 30 % auf die vom BVerfG entwickelten Kriterien für vorherrschende Meinungsmacht abzustellen. Denn bei einem Unternehmen, das einen Meinungseinfluß wie ein Unternehmen mit 30 % Zuschaueranteil hat, wird vorherrschende Meinungsmacht erst vermutet. Die Vermutungsbasis, also das Kriterium, das zur Vermutung führt, muß gerade außerhalb des Tatbestands der Grundnorm liegen. Wenn vorherrschende Meinungsmacht festgestellt wird, muß vorherrschende Meinungsmacht nicht erst vermutet werden.

Dadurch, daß sich ein Maßstab für den Einfluß eines Unternehmens mit einem Zuschaueranteil von 30 % nicht finden läßt, ist diese dritte Vermutungsregelung in der Praxis nicht umzusetzen. Es ist nicht ersichtlich, wie der Nachweis eines Meinungseinflußes, vergleichbar dem eines Unternehmens mit 30 % Zuschaueranteil, erbracht werden soll, ohne dadurch auch zugleich vorherrschende Meinungsmacht darzulegen. Dann muß aber nicht auf die Vermutungsregelung ausgewichen werden.

Diese Unpraktikabilität der Regelung verstößt jedoch nicht gegen den Wesentlichkeitsgrundsatz. Zwar hat der Gesetzgeber mit dieser dritten Vermutungsregelung tatsächlich eine Nichtregelung getroffen, denn die Tatbestandsvorraussetzungen lassen sich nicht bestimmen. Aber der Gesetzgeber delegiert durch diese Regelung auch nicht für die Grundrechtsverwirklichung wesentliche Entscheidungen auf die Exekutive. Die Regelung eröffnet der Exekutive keinen eigenen Wertungsrahmen bezüglich der Frage, wann ein Unternehmen einen solchen vergleichbaren Einfluß hat. Die Grundrechtsverwirklichung ist durch die Regelung nicht beeinträchtigt. Das jeweilige Unternehmen muß aufgrund der Unpraktikabilität der Regelung gerade nicht befürchten, daß aufgrund der Vermutungswirkung konzentrationsbekämpfende Maßnahmen ergriffen werden.

III. Verfahrensfragen

Wenn ein Unternehmen mit den ihm zurechenbaren Programmen vorherrschende Meinungsmacht erlangt hat, dann schlägt die KEK als Organ der zuständigen Landesmedienanstalt dem Unternehmen eine der Maßnahmen zur Verhinderung vorherrschender Meinungsmacht, zu denen auch die Abgabe von Sendezeit an unabhängige Dritte zählt, vor[324]. Daraufhin findet zwecks Herbeiführung einer einvernehmlichen Regelung eine Erörterung zwischen dem Unternehmen und der KEK statt[325]. Falls eine Einigung nicht zustande kommt oder die Maßnahmen, auf die sich geeinigt wurde, nicht in angemessener Frist umgesetzt werden, sind von der zuständigen Landesmedienanstalt die Zulassungen von so vielen dem Unternehmen zurechenbaren Programmen zu widerrufen, bis keine vorherrschende Meinungsmacht mehr gegeben ist[326].

1. Vorschlag der Maßnahmen

Die drei grundsätzlich zur Verfügung stehenden Maßnahmen nach § 26 Abs. 4 S. 1 Nr. 1 bis Nr. 3 RStV stehen gleichberechtigt nebeneinander. Aus der Formulierung des § 26 Abs. 4 S. 1 RStV, wonach die KEK „folgende Maßnahmen" vorschlägt, wird der Schluß gezogen, daß die KEK dem betroffenen Unternehmen die Maßnahmen im Rahmen der Erörterung insgesamt anbieten muß[327]. Dies wird auch mit dem Grundsatz der Verhältnismäßigkeit begründet. Der Wortlaut des § 26 Abs. 4 S. 2 RStV, wonach die KEK mit dem Unternehmen „die in Betracht kommenden Maßnahmen" erörtert, spricht jedoch dafür, daß nicht alle Maßnahmen vorgeschlagen werden müssen. Wenn alle theoretisch möglichen Maßnahmen vom Vorschlag umfaßt werden müßten, gäbe es keine Einschränkung der Erörterung auf die „in Betracht kommenden Maßnahmen". Die amtliche Begründung geht ebenfalls davon aus, daß die KEK ihren Vorschlag auf die eine oder die

---

[324] § 26 Abs. 4 S. 1 Nr. 3 RStV.

[325] § 26 Abs. 4 S. 1 RStV.

[326] § 26 Abs. 4 S. 3 RStV.

[327] *Hartstein/Ring/Kreile/Dörr/Stettner*, Rundfunkstaatsvertrag, Bd. II, § 26 RN. 27.

andere Maßnahme beschränken kann[328]. Schließlich ist es auch keine Frage des Verhältnismäßigkeitsprinzips, sondern eine Frage des Ermessens, welche Maßnahmen vorgeschlagen werden. Die KEK muß ihr Auswahlermessen bezüglich der vorzuschlagenden Maßnahmen ermessensfehlerfrei ausüben.

2. Die Erörterung

Zwischen der KEK und dem betroffenen Unternehmen findet eine Erörterung statt, bei der versucht werden soll, sich auf eine der Maßnahmen zu einigen. Wenn im Rahmen der Erörterung keine Einigung zustande kommt, dann sind gem. § 26 Abs. 4 S. 3 RStV so vielen dem Unternehmen zurechenbaren Veranstaltern die Zulassungen zu entziehen, bis keine vorherrschende Meinungsmacht mehr gegeben ist.

Bezüglich der Maßnahmen gem. § 26 Abs. 4 S. 1 Nr. 1 und 2 RStV, der Abgabe von Unternehmensbeteiligungen, kann sich die Erörterung nur pauschal darauf beziehen, ob überhaupt eine solche Maßnahme durchgeführt werden soll. Die KEK hat hier nach den Regelungen des Rundfunkstaatsvertrags faktisch keine Möglichkeit, darauf Einfluß zu nehmen, welche Beteiligungen konkret abgegeben werden.

Das betroffene Unternehmen kann von sich aus entscheiden, welche Beteiligungen es abgibt, um unter die Vermutungsgrenze von vorherrschender Meinungsmacht zu kommen. Gleiches gilt für eine Maßnahme nach § 26 Abs. 4 S. 1 Nr. 2 RStV. Etwas anderes würde allenfalls dann gelten, wenn es dem Unternehmen nach Eintritt des Verfahrens nach § 26 Abs. 4 RStV verwehrt wäre, die vorherrschende Meinungsmacht von sich aus zu beheben. Eine Behebung der vorherrschenden Meinungsmacht könnte dann möglicherweise lediglich im Rahmen dieses Verfahrens möglich sein. Anhaltspunkte hierfür sind aber nicht ersichtlich.

Es kann aber dennoch zu Unstimmigkeiten zwischen der KEK und dem betroffenen Unternehmen bezüglich der Art der Maßnahme kommen. Im Zweifel hat ein

---

[328] Amtliche Begründung zu § 26 RStV, abgedruckt bei *Hartstein/Ring/Kreile/Dörr/Stettner*, Rundfunkstaatsvertrag, Bd. II, § 26

Unternehmen ein größeres Interesse daran, keine Beteiligungen abgeben zu müssen, sondern lieber eine der vielfaltssichernden Maßnahmen nach § 26 Abs. 4 S. 1 Nr. 3 RStV zu ergreifen. Es steht dem Unternehmen nach der amtlichen Begründung frei, auch solche Maßnahmen in die Erörterung einzubeziehen, die noch nicht von der KEK vorgeschlagen wurden[329]. Andererseits entspricht diesem Vorschlagsrecht kein korrespondierender Anspruch darauf, daß bezüglich dieses Vorschlags eine Einigung zwischen der KEK und dem Unternehmen stattfindet. Hierbei ist fraglich, welchen Spielraum die KEK im Rahmen dieser Erörterung hat und welchen Bindungen sie unterliegt. Der RStV trifft hierzu keine explicite Aussage.

Als Vorgabe ist anzusehen, daß im Rahmen der Erörterung nicht vollständig auf eine Maßnahme zur Bekämpfung der vorherrschenden Meinungsmacht verzichtet werden kann. Soweit vorherrschende Meinungsmacht vorliegt, muß diese auch behoben werden. Die KEK ist bei der Erörterung insoweit gebunden. Auf der anderen Seite muß ein gewisser Verhandlungsspielraum gegeben sein. Eine Erörterung mit anschließender Möglichkeit der Einigung ergibt nur dann einen Sinn, wenn Entscheidungsalternativen vorhanden sind. Wenn nur eine einzige Maßnahme möglich ist, dann muß diese nicht erörtert werden und es muß diesbezüglich keine Einigung stattfinden. Die KEK ist also im Rahmen der Erörterung nicht völlig frei, sie ist aber im Regelfall auch nicht derart gebunden, daß nur eine einzige Maßnahme in Betracht käme.

In diesen beiden Grenzen des Entscheidungsspielraums der KEK spiegeln sich die betroffenen Rechtsgüter wieder. Hier stehen sich auf der einen Seite die Sicherung der Meinungsvielfalt durch die Bekämpfung vorherrschender Meinungsmacht und auf der anderen Seite die Rundfunkfreiheit des einzelnen Unternehmers gegenüber. Diese Betrachtungsweise zeigt, in welche Richtung die KEK sich im Rahmen der Erörterung eher zu orientieren hat. Vordringliche Aufgabe der Rundfunkordnung ist es, die Meinungsvielfalt zu gewährleisten und vorherrschende Meinungsmacht einzelner zu verhindern.[330] Die KEK hat also in erster

---

[329] Siehe amtliche Begründung zu § 26 RStV abgedruckt bei *Hartstein/Ring/Kreile/Dörr/Stettner*, Rundfunkstaatsvertrag, Bd. II, § 26

[330] BVerfGE **97**, 228, 266 f.

Linie darauf hinzuwirken, daß die zur Bekämpfung der vorherrschenden Meinungsmacht notwendigen Maßnahmen ergriffen werden. Nur wenn innerhalb dieser Aufgabenumschreibung verschiedene Möglichkeiten offen stehen, hat die KEK Entscheidungsspielräume. Fraglich ist in diesem Fall, ob die KEK nur zwischen gleich geeigneten Möglichkeiten auswählen kann oder ob die Maßnahme nur überhaupt geeignet zur Bekämpfung der vorherrschenden Meinungsmacht sein muß.

Diese Frage stellt sich aber nur dann, wenn es überhaupt Unterschiede in der Geeignetheit der verschiedenen Maßnahmen gibt. Die aufgezählten Maßnahmen[331] könnten aber auch gleichwertig nebeneinander stehen. Aus dem Rundfunkstaatsvertrag ergibt sich jedenfalls keine unterschiedliche Wertigkeit der Maßnahmen. Innerhalb der einzelnen Maßnahmen sind aber grundsätzlich Unterschiede vorstellbar. So kann ein Unternehmen im Rahmen der Maßnahme nach § 26 Abs. 4 S. 1 Nr. 1 RStV eine Beteiligung an einem Unternehmen abgeben, die nur relativ gering über dem Zurechnungsminimum von 25 % liegt, oder aber eine sehr hohe Beteiligung. Auf beide Arten kann das Unternehmen unter die Zuschaueranteilsgrenze kommen und somit die vorherrschende Meinungsmacht beenden. Die KEK muß aber nicht darauf hinwirken, daß die geeignetste Maßnahme zur Verhinderung vorherrschender Meinungsmacht getroffen wird. Ziel der Rundfunkordnung ist die Erhaltung und Sicherung der Meinungsvielfalt. Wenn eine Maßnahme vorherrschender Meinungsmacht wirksam entgegenwirkt, dann wird diese Maßnahme diesem Ziel hinreichend gerecht. Ziel der Erörterung ist es, die geeignete Maßnahme zur Verhinderung vorherrschender Meinungsmacht zu finden, die im konkreten Fall die Interessen des Unternehmers am geringsten beeinträchtigt.

3. Die Fristsetzung

Wenn eine Einigung zwischen der KEK und dem Unternehmen zustande kommt, müssen die Maßnahmen in angemessener Frist umgesetzt werden. Andernfalls veranlaßt die KEK ebenfalls die Zulassungsentziehung von Veranstaltern, die

---

[331] § 26 Abs. 4 S. 1 Nr. 1 bis Nr. 3 RStV.

dem Unternehmen zurechenbar sind[332]. Hier stellt sich die Frage, was unter einer angemessenen Frist zu verstehen ist. In § 26 Abs. 5 RStV wird bezüglich der Einräumung von Sendezeit für unabhängige Dritte eine Frist von sechs Monaten eingeräumt. In § 26 Abs. 4 S. 3 RStV wird auf diese zeitliche Vorgabe aber deshalb verzichtet, weil die Maßnahmen, die innerhalb der angemessenen Frist umgesetzt werden müssen, verschieden sein können. Die Abgabe von Beteiligungen kann eine andere angemessene Frist verlangen, als die Einrichtung eines Programmbeirates oder die Einräumung von Sendezeit für unabhängige Dritte.

Dadurch, daß eine angemessene Frist eingeräumt wird, wird eine Abgrenzung in zwei Richtungen vorgenommen. Einerseits wird überhaupt eine Frist gesetzt. Nur auf diese Weise besteht Druck für das Unternehmen zur Umsetzung der Maßnahmen. Ohne die Vorgabe einer Frist könnte das Unternehmen beliebig lange damit warten, § 26 Abs. 4 RStV würde seine Funktion nicht erfüllen. Andererseits muß die Frist angemessen sein. Auf diese Weise wird also auch auf das Unternehmen Rücksicht genommen. Es kann so die Umsetzung der Maßnahmen besser in die allgemeine Unternehmenspolitik einplanen, und z. B. Verluste durch die zwangsweise Abgabe von Beteiligungen geringer halten. Die Einräumung der sechsmonatigen Frist in § 26 Abs. 5 S. 1 RStV gibt jedenfalls einen Anhaltspunkt dafür, wie lange die Frist zur Umsetzung der Maßnahme, Sendezeit an unabhängige Dritte einzuräumen, zu bemessen ist. Darüber hinaus gibt diese sechsmonatige Frist auch eine ungefähre Vorstellung davon, wie lange eine angemessene Frist in den anderen Fällen zu bemessen ist. Die Tatsache, daß die Frist ein halbes Jahr bemißt, zeigt, daß auch trotz vorherrschender Meinungsmacht dem ganzen Verfahren eine gewisse Zeitspanne gegeben wird. Übereiltes Vorgehen soll vermieden werden.

---

[332] Gem. § 26 Abs. 4 S. 3 RStV.

Kapitel 6: Das Verfahren zur Bestimmung des Fensterprogrammveranstalters

Wenn festgestellt ist, daß ein Hauptprogrammveranstalter Sendezeit an einen Fensterprogrammveranstalter abzugeben hat, dann muß ein Fensterprogrammveranstalter ausgewählt und diesem eine Zulassung erteilt werden. Bezüglich dieses Verfahrens zur Bestimmung des Fensterprogrammveranstalters haben die Landesmedienanstalten eine Richtlinie erlassen, die sog. Drittsendezeitrichtlinie.

I. Die Drittsendezeitrichtlinie

Die Landesmedienanstalten haben verschiedene Richtlinien für ihre unterschiedlichen Tätigkeitsfelder erlassen. Solche Richtlinien finden sich z. B. für die Bereiche Jugendschutz, Werbung und Offener Kanal. Speziell für den Bereich der Fensterprogramme haben die Landesmedienanstalten die Drittsendezeitrichtlinie (DSZR)[333] erlassen.

Bei der Drittsendezeitrichtlinie handelt es sich um eine gemeinsame Richtlinie der Landesmedienanstalten nach § 33 RStV zur näheren Ausgestaltung des § 31 RStV. Die Richtlinie enthält Erläuterungen über die Anforderungen an ein Fensterprogramm, die Sendezeit des Fensterprogramms, die Auswahl des Fensterprogrammveranstalters, das Verhältnis des Fensterprogrammveranstalters zum Hauptprogrammveranstalter und die Zulassung des Fensterprogramms.

Nach dem Wortlaut des § 33 RStV erlassen die Landesmedienanstalten die Richtlinien gemeinsam. Diese Formulierung läßt vermuten, daß die Richtlinien durch einen einzelnen Rechtsakt erlassen werden. Dieser einzelne Akt müßte durch ein die einzelnen Landesmedienanstalten gemeinsam repräsentierendes Organ getätigt worden sein. Der Wortlaut ist aber mißverständlich. Tatsächlich haben die einzelnen Landesmedienanstalten im Rahmen der ALM gemeinsame Stellen zur

---

[333] Gemeinsame Richtlinie der Landesmedienanstalten über die Sendezeit für unabhängige Dritte nach § 31 RStV - Drittsendezeitrichtlinie (DSZR) -

Kooperation gebildet[334]. Diese stimmen Richtlinienentwürfe ab, die dann von jeder einzelnen Landesmedienanstalt angenommen und umgesetzt werden müssen[335]. Es existiert insofern nicht eine gemeinsame Richtlinie, sondern für jede Landesmedienanstalt eine eigene aber mit den Richtlinien der anderen Landesmedienanstalten gleichlautende Richtlinie[336]. Fraglich ist, welche Rechtsnatur diese Richtlinie hat und davon abhängig, inwiefern ihr Außenwirkung zukommt[337].

Bei der Richtlinie handelt es sich nicht um eine Rechtsverordnung. Zu anderen Rechtssätzen wird eine Rechtsverordnung nach formalen Kriterien abgegrenzt[338]. Diese Kriterien erfüllt die Drittsendezeitrichtlinie nicht. Zwar zitiert sie das ermächtigende Gesetz, nämlich die §§ 31, 33 RStV, aber sie bezeichnet sich selbst nicht als Rechtsverordnung. Außerdem fehlt es jeweils an der Ausfertigung und der Veröffentlichung der Rechtsverordnung in dem Gesetz- und Verordnungsblatt des jeweiligen Landes.[339]

Vereinzelt wird die Drittsendezeitrichtlinie als Satzung der Landesmedienanstalt angesehen[340]. Das Selbstverwaltungsrecht der Landesmedienanstalten umfasse insoweit auch die Satzungsautonomie. Problembereiche des eigenen Wirkungskreises könnten die Landesmedienanstalten durch Satzungen regeln[341]. Unabhängig von der Frage, ob den Landesmedienanstalten tatsächlich eine Satzungs-

---

[334] Nach § 38 Abs. 2 S. 2 RStV; vorher nach § 30 Abs. 2 S. 2 RStV (1991).

[335] *Beucher/Leyendecker/v. Rosenberg*, Mediengesetze, § 46 Rn. 2.

[336] *Bornemann/Lörz,* Art. 12 Rn. 17

[337] Siehe hierzu umfassend *Oberländer*, Gemeinsame Richtlinien der Landesmedienanstalten als normkonkretisierende Verwaltungsvorschriften ?, ZUM 2001, S. 487 ff.

[338] Jarass/Pieroth - *Pieroth*, Art. 80, Rn. 2.

[339] Vgl. z. B. Art. 71 Abs. 2 LV NW.

[340] *Hesse*, Rundfunkrecht, 5. Kapitel S. 214, Rn. 17; *Bumke*, Die öffentliche Aufgabe der Landesmedienanstalten, S. 424 (bezüglich einer Programmbeiratsrichtlinie) sieht die Satzung als Gegenstück zur Verwaltungsvorschrift ohne Außenbindungswirkung und ordnet außenrechtsverbindliche Richtlinien als Satzung ein.

[341] § 35 Abs. 4 LRG SH und § 19 Abs. 5 S. 1 RGMV sprechen davon, daß die Richtlinien „in einer“ bzw. „durch eine“ Satzung festzulegen sind.

autonomie zukommt[342], ist die Einordnung der Drittsendezeitrichtlinie als Satzung aber auch aus einem anderen Grund problematisch. Die Drittsendezeitrichtlinie bezieht sich nicht nur auf den eigenen Wirkungskreis und die interne Organisation der jeweiligen Landesmedienanstalt, sondern betrifft darüber hinaus auch Außenstehende, nämlich die von der Fensterprogrammregelung betroffenen Veranstalter. Die Satzungsgewalt erfaßt aber grundsätzlich nur die eigenen, inneren Angelegenheiten der juristischen Person des öffentlichen Rechts und erstreckt sich nur auf die dem Autonomieträger angehörigen oder unterworfenen Personen[343]. An eine Geltungserstreckung der Satzung an Außenstehende sind strenge Anforderungen zu stellen. Sie ist nur dann vertretbar, wenn sie in einem engen Zusammenhang mit der Sachaufgabe der jeweiligen autonomen Körperschaft bzw. Anstalt steht und nach ihrem Gewicht und/oder dem erfaßten Personenkreis lediglich von nachgeordneter Bedeutung ist[344]. Die Drittsendezeitrichtlinie erfaßt jedoch hauptsächlich Außenstehende, so daß insofern kaum von nachgeordneter Bedeutung gesprochen werden kann. Gegen die Einordnung der Richtlinie als Satzung spricht zudem die äußere Form der Richtlinie. Sie bezeichnet sich selbst als „Richtlinie“ und nicht als „Satzung“. Zudem entspricht sie in der Gestaltung durch die deutliche Bezugnahme auf die jeweiligen Paragraphen des Rundfunkstaatsvertrags der Form von Verwaltungsvorschriften.

Überwiegend wird die Drittsendezeitrichtline auch als Verwaltungsvorschrift eingeordnet[345]. Die Richtlinie diene dem Vollzug der Bestimmungen des Rundfunkstaatsvertrags und fasse die Grundsätze der Landesmedienanstalten für die

---

342 Siehe zur Problematik der Satzungsautonomie von Anstalten *Ossenbühl*, Satzung, § 66 Rn. 25 in: HdBStR, Bd. III.

343 BVerfGE **33**, 125, 157; *Isensee*, Satzungsautonomie und Dispensbefugnis im Bereich der Arbeitskampf-Neutralität, Der Betrieb 1985, S. 2681, 2685.

344 *Ossenbühl*, Satzung, § 66 Rn. 33, in HdBStR Bd. III.

345 *Hartstein/Ring/Kreile/Dörr/Stettner*, Rundfunkstaatsvertrag, § 33 Rn. 1; *Beucher/Leyendecker/v. Rosenberg*, Mediengesetze, § 31 Rn. 1, § 46 Rn. 3; *Ladeur*, Normkonkretisierende Verwaltungsvorschriften, DÖV 2000,S. 217, 221; *Herkströter*, Werbebestimmungen für den privaten Rundfunk, ZUM 1992„ S. 395, 397; *Tschentscher/Klee*, Aktuelle Rechtsprobleme der Werbung im privaten Rundfunk, ZUM 1994, S. 146, 147;*v. d. Horst*, „Aufblasbare Gummi-Filme“ - Sittenwidrige Manipulation oder gelenkte Version, ZUM 1994, S. 239, 241; *Schuler-Harms*, Rundfunkaufsicht im Bundesstaat, S. 193.

Auslegung des Staatsvertrags zusammen. Es bestehen jedoch innerhalb dieser Ansicht Unterschiede bezüglich der Bindungswirkung der Richtlinie. Teilweise wird die Drittsendezeitrichtlinie als klassische Verwaltungsvorschrift eingeordnet, also als reines Verwaltungsinternum, welches lediglich über die Selbstbindung der Verwaltung rechtliche Außenwirkung erlange[346]. Die Richtlinie sei daher in vollem Umfang von den Gerichten darauf überprüfbar, ob die durch sie getroffene Auslegung mit dem Gesetz übereinstimmt[347].

Nach anderer Ansicht handelt es sich bei der Richtlinie um eine normkonkretisierende Verwaltungsvorschrift, die nur eingeschränkt von den Gerichten überprüfbar ist[348]. Für diese Ansicht spricht zum einen der Sinn der Richtlinienermächtigung durch § 33 RStV. Durch die Ermächtigung der Landesmedienanstalten, gemeinsame Richtlinien zu erlassen, soll die bundesweit einheitliche Anwendung der konzentrationsrechtlichen Regelungen des Rundfunkstaatsvertrags gewährleistet werden. Durch die Richtlinie wollen die Landesmedienanstalten somit die gemeinsame und einheitliche Regelung des § 31 RStV verwirklichen. Von der einmal in Kraft gesetzten Richtlinie soll gerade nicht mehr abgewichen werden, um für den bundesweiten Rundfunk in diesem Bereich überall die gleichen Voraussetzungen zu schaffen[349]. Wenn die Gerichte an diese Richtlinie aber nicht gebunden sind, dann sind die bundesweit gleichen Voraussetzungen nicht mehr

---

346 *Beucher/Leyendecker/v. Rosenberg*, Mediengesetze § 31 Rn. 1; *Tschentscher/Klee*, Aktuelle Rechtsprobleme der Werbung im privaten Rundfunk, ZUM 1994, S. 146, 147; *Schuler-Harms*, Rundfunkaufsicht im Bundesstaat, S. 195 nimmt dies bei ermessenslenkenden Richtlinien an;*Hartstein/Ring/Kreile/Dörr/Stettner*, Rundfunkstaatsvertrag, Bd. II, § 33 Rn. 1;siehe aber auch *Hartstein/Ring/Kreile/Dörr/Stettner*, Rundfunkstaatsvertrag, Bd. II, § 49 Rn. 37, mit der Anregung, den Streit um die Rechtsnatur der Gemeinsamen Richtlinien neu zu überdenken.

347 So auch VG Hannover, Urteil v. 8. 7. 1997, Az: 6 A 1647/94, 12, 16 AU.

348 *Ladeur*, Normkonkretisierende Verwaltungsvorschriften, DÖV 2000,, S. 217, 221; *Herkströter*, Werbebestimmungen für den privaten Rundfunk, ZUM 1992,, S. 395, 397; *v. d. Horst*, „Aufblasbare Gummi-Filme“ - Sittenwidrige Manipulation oder gelenkte Version, ZUM 1994,, S. 239, 241; *Schuler-Harms*, Rundfunkaufsicht im Bundesstaat, S. 195 f. nimmt bei einem eigenfunktionellem Bereich der Landesmedienanstalten insoweit auch eine Bindungswirkung der Richtlinien an.

349 *Ladeur*, Normkonkretisierende Verwaltungsvorschriften, DÖV 2000,, S. 217, 221; *Herkströter*, Werbebestimmungen für den privaten Rundfunk, ZUM 1992,, S. 395, 396 (in Bezug auf die Werberichtlinien).

gewährleistet. Dies wird besonders dort deutlich, wo der Rundfunkstaatsvertrag keine Anhaltspunkte für das Verfahren gibt, sondern wo diese Gesetzeslücken durch die gemeinsame Richtlinie ausgefüllt werden. Eine Norminterpretation der Gerichte scheitert dann mangels Anhaltspunkten im Rundfunkstaatsvertrag[350]. Die Entscheidung des Gesetzgebers, die Landesmedienanstalten zum Erlaß der Richtlinien zu ermächtigen, zeigt aber, daß diese Gesetzeslücken in erster Linie nicht durch die Gerichte, sondern gerade durch diese Richtlinien ausgefüllt werden sollen. Die Landesmedienanstalten sind hierzu aufgrund ihrer pluralistischen Zusammensetzung, aber auch aufgrund ihrer größeren Sachnähe und des damit verbunden größeren Sachverstandes besser in der Lage, als die Gerichte[351].

Schließlich spricht das Vorhandensein der Regelung des § 33 RStV dafür, daß die Richtlinien Bindungswirkung haben sollen[352]. Gem. § 33 RStV werden die Landesmedienanstalten zum Erlaß der Richtlinie „ermächtigt". Auch nach der amtlichen Begründung zu § 33 RStV[353] sollen die Landesmedienanstalten zum Erlaß der Richtlinien ermächtigt werden. § 33 RStV soll damit nach dem Willen des Gesetzgebers eine Ermächtigungsgrundlage darstellen. Eine solche Ermächtigungsgrundlage ist aber nur für eine Regelung mit Bindungswirkung erforderlich, nicht jedoch für ein Verwaltungsinternum[354].

Bei der Drittsendezeitrichtlinie handelt es sich im Ergebnis um eine normkonkretisierende Verwaltungsvorschrift mit Bindungswirkung auch für die Gerichte und nicht um ein Verwaltungsinternum[355]. Die Drittsendezeitrichtlinie füllt in

---

[350] *Ladeur*, Normkonkretisierende Verwaltungsvorschriften, DÖV 2000,, S. 217, 220.

[351] *Herkströter*, Werbebestimmungen für den privaten Rundfunk, ZUM 1992,, S. 395, 397; *Wagner*, Die Landesmedienanstalten, S. 171, beschränkt diese Kompetenz auf vielfaltsbezogene Wertungen, *Oberländer*, Gemeinsame Richtlinien der Landesmedienanstalten als normkonkretisierende Verwaltungsvorschriften ?, ZUM 2001, S. 487, 495.

[352] So auch *Oberländer*, Gemeinsame Richtlinien der Landesmedienanstalten als normkonkretisierende Verwaltungsvorschriften ?, ZUM 2001, S. 487, 494.

[353] Abgedruckt bei *Hartstein/Ring/Kreile/Dörr/Stettner*, Rundfunkstaatsvertrag, Bd. II, § 33 RStV.

[354] *Jarass*, Der rechtliche Stellenwert technischer und wissenschaftlicher Standards, NJW 1987, S. 1225, 1229.

[355] So auch *Oberländer*, Gemeinsame Richtlinien der Landesmedienanstalten als normkonkretisierende Verwaltungsvorschriften ?, ZUM 2001, S. 487, 499.

ihrem Geltungsbereich unbestimmte Rechtsbegriffe verbindlich aus und entzieht diese der gerichtlichen Überprüfung. Gerichtlich überprüft werden kann insoweit noch, ob die durch die Richtlinie getroffene Auslegung noch durch § 31 RStV gedeckt ist, oder ob es sich um eine Umgestaltung der Regelung handelt. Für eine Umgestaltung würde § 33 RStV keine Ermächtigungsgrundlage darstellen, so daß die Richtlinie diesbezüglich nicht verbindlich wäre.

II. Die Auswahl eines Bewerbers für den Fensterprogrammsendeplatz

Das Verfahren zur Auswahl eines Bewerbers für einen Fensterprogrammsendeplatz ist in § 31 Abs. 4 RStV und in der Drittsendezeitrichtlinie (DSZR)[356] geregelt. Das Fensterprogramm wird von der zuständigen Landesmedienanstalt zur Erteilung einer Zulassung ausgeschrieben. Die zulassungsfähigen Anträge werden dann dem Hauptprogrammveranstalter mitgeteilt. Der Hauptprogrammveranstalter und die Landesmedienanstalt erörtern die Anträge, mit dem Ziel sich zu einigen. Wenn eine Einigung fehlschlägt und mehr als drei zulassungsfähige Anträge vorliegen, wählt die Landesmedienanstalt den Bewerber aus einem Dreiervorschlag des Hauptprogrammveranstalters aus. Bei weniger als drei zulassungsfähigen Anträgen sucht die Landesmedienanstalt den Bewerber direkt aus. Dieses Verfahren soll nun eingehender untersucht werden.

1. Erörterung der Landesmedienanstalt mit dem Hauptprogrammveranstalter

Zwischen dem Hauptprogrammveranstalter und der Landesmedienanstalt hat vor der Ausschreibung des Fensterprogramms eine Erörterung stattzufinden[357]. Im Rahmen dieser Erörterung sollen die genaueren Modalitäten bezüglich der Abgabe der Sendezeit an unabhängige Dritte abgestimmt werden. So hat der Hauptprogrammveranstalter z. B. mitzuteilen, inwieweit er dieser Verpflichtung durch "anrechenbare" Regionalfensterprogramme nach § 31 Abs. 2 S. 2 RStV nachzukommen gedenkt. Dann ist zu klären, ob die Sendezeit auf einen oder auf

[356] Siehe zur DSZR Kapitel 6, I.

[357] § 31 Abs. 4 S. 1 RStV.

mehrere Fenstersendeplätze aufgeteilt werden soll und zu welchen Sendezeiten die Fenster gesendet werden sollen[358]. Solange der Hauptprogrammveranstalter sich hierbei im Rahmen der Bestimmungen des Rundfunkstaatsvertrages hält, insbesondere was die Dauer und den Sendeplatz betrifft[359], ist er in seinen Entscheidungen über die Modalitäten grundsätzlich frei. Der Landesmedienanstalt kommt aber insoweit eine Kontrollfunktion zu, als die Modalitäten der einzelnen Fenster nicht dazu führen dürfen, daß das einzelne Fenster seinen Zweck nicht mehr erfüllen kann. So ist z. B. eine zu starke Aufsplitterung der Fenstersendeplätze zu vermeiden. Ziel der Erörterung ist es, die genauen Daten für die Ausschreibung der Fenster zu ermitteln.

2. Die Ausschreibung des Fensterprogramms

Die Landesmedienanstalt schreibt das Fensterprogramm gem. § 31 Abs. 4 S. 1 RStV zur Erteilung einer Zulassung aus. Wenn die an unabhängige Dritte abzugebende Sendezeit auf mehrere unterschiedliche Fenster verteilt werden soll, findet für jedes Fenster eine eigene Ausschreibung statt. Für die Ausschreibung gelten die jeweiligen landesrechtlichen Vorschriften. Die zuständige Landesmedienanstalt hat gem. Ziffer 5.2 DSZR die anderen Landesmedienanstalten von der Ausschreibung zu unterrichten. Inhaltlich orientiert sich die Ausschreibung an den Modalitäten, die im Rahmen der Erörterung mit dem Hauptprogrammveranstalter herausgearbeitet wurden.

3. Die Überprüfung der Anträge durch die Landesmedienanstalt

Die Landesmedienanstalt überprüft die eingegangenen Anträge gem. § 31 Abs. 4 S. 2 RStV auf ihre Vereinbarkeit mit den Regelungen des Staatsvertrags sowie sonstigen landesrechtlichen Regelungen. Gem. Ziffer 5.3 DSZR unterrichtet sie die KEK und die anderen Landesmedienanstalten über die eingegangenen Anträge.

---

[358] So DSZR 5.1.

[359] Hierzu § 31 Abs. 2 S. 1 RStV.

a) Anforderungen nach den Vorschriften des Rundfunkstaatsvertrags

Zum einen muß der Bewerber für den Fenstersendeplatz die allgemeinen vom Rundfunkstaatsvertrag vorgeschriebenen Voraussetzungen erfüllen, die für alle Rundfunkveranstalter gelten. Er hat die nach § 21 Abs. 1 RStV erforderlichen Auskünfte zu geben und Unterlagen vorzulegen. Hierzu gehören gem. § 21 Abs. 2 RStV insbesondere Informationen über die unmittelbaren und mittelbaren Beteiligungen an dem Antragsteller, die Angehörigenverhältnisse unter diesen Beteiligungen, den Gesellschaftsvertrag und die satzungsrechtlichen Bestimmungen sowie mögliche Vereinbarungen des Antragstellers mit am Antragsteller unmittelbar oder mittelbar Beteiligten.

Darüber hinaus muß das Programm aber auch die vom Rundfunkstaatsvertrag speziell an Fensterprogramme gestellten Anforderungen erfüllen. Das Fensterprogramm muß gem. § 31 Abs. 1 S. 1 RStV zum einen die Programmautonomie des Hauptprogrammveranstalters wahren, zum anderen aber auch einen zusätzlichen Beitrag zur Vielfalt in dessen Programm leisten, insbesondere in den Bereichen Kultur, Bildung und Information. Außerdem hat das Fensterprogramm nach § 31 Abs. 1 S. 2 RStV redaktionell unabhängig zu sein, und es darf nach § 31 Abs. 3 RStV nicht in einem rechtlichen Abhängigkeitsverhältnis zum Hauptprogrammveranstalter stehen.

aa) Kultur, Bildung und Information

Das Fensterprogramm hat nach § 31 Abs. 1 S. 1 RStV insbesondere einen Vielfaltsbeitrag in den Bereichen Kultur, Bildung und Information zu leisten. Den Hinweis darauf, in welchen Bereichen der Vielfaltsbeitrag erbracht werden soll, liefert der Rundfunkstaatsvertrag aufgrund der überwiegend den Unterhaltungsbereich pflegenden Struktur privater Programme[360]. Das Fensterprogramm soll hierzu einen Gegenpol bilden. Es soll Defizite im umgebenden massenattraktiven

---

[360] Amtl. Begründung zu § 31 RStV, abgedruckt bei *Hartstein/Ring/Kreile/Dörr/Stettner*, Rundfunkstaatsvertrag, Bd. II § 31.

Hauptprogramm kompensieren und damit die Meinungsvielfalt fördern[361]. Auch Ziffer 2.2 DSZR führt hierzu aus, daß ein zusätzlicher Vielfaltsbeitrag des Fensterprogramms regelmäßig in den Bereichen Kultur, Bildung und Information zu liegen habe. Diese Anforderungen an das Fensterprogramm korrespondieren mit den allgemeinen in den Programmgrundsätzen nach § 41 RStV festgelegten Forderungen an Rundfunkvollprogramme. Nach § 41 Abs. 2 RStV sollen Rundfunkvollprogramme ebenfalls zur Vielfaltsdarstellung mit einem angemessenen Anteil an Information, Kultur und Bildung beitragen. Die unterschiedliche Reihenfolge der Aufzählung in § 31 Abs. 1 S. 1 RStV und in § 41 Abs. 2 RStV hat keine inhaltliche Bedeutung. Die Information hat in den Fensterprogrammen im Verhältnis zur Kultur und zur Bildung keinen geringeren Stellenwert. Die unterschiedliche Reihenfolge beruht vielmehr darauf, daß § 41 RStV inhaltsgleich aus § 23 RStV (1991) übernommen wurde, wohingegen § 31 RStV neu gefaßt ist. Oftmals läßt sich eine eindeutige Abgrenzung zwischen den einzelnen Inhalten auch gar nicht treffen.

bb) Unabhängigkeit des Fensterprogramms

Das Fensterprogramm muß sowohl inhaltlich als auch organisatorisch unabhängig vom Hauptprogramm sein. Nach § 31 Abs. 1 S. 2 RStV muß das Fensterprogramm redaktionell unabhängig gestaltet werden. Ziffer 2.3 DSZR führt hierzu aus, daß der Hauptprogrammveranstalter keine programmliche Mitsprache haben darf. Er darf sich keine Mitwirkungs- oder Zustimmungsrechte vorbehalten.

Zwischen dem Bewerber auf das Fensterprogramm und dem Hauptprogrammveranstalter darf gem. § 31 Abs. 3 RStV auch keine rechtliche Abhängigkeit bestehen. Für die Zurechnung zueinander gilt auch hier die Regelung des § 28 RStV. Diese besonderen, nur für Fensterprogrammveranstalter geltenden Zulassungsvoraussetzungen sollen sicherstellen, daß das Fensterprogramm auch tatsächlich einen Vielfaltsbeitrag leistet, daß ihm also wirklich vielfaltssichernde Wirkung zukommt.

---

[361] *Stock*, Konzentrationskontrolle in: Stock/Röper/Holznagel, Medienmarkt und Meinungsmacht, S. 51 f.

cc) Wahrung der Programmautonomie

Das Fensterprogramm hat gem. § 31 Abs. 1 S. 1 RStV die Programmautonomie des Hauptprogrammveranstalters zu wahren. Diese Anforderung dient dem Schutz des Hauptprogrammveranstalters. Das Fensterprogramm und das Hauptprogramm teilen sich dieselbe Frequenz. Der Fernsehzuschauer wird deshalb nicht ohne weiteres erkennen, daß es sich um unterschiedliche Veranstalter handelt, sondern beide zusammen als Einheit bewerten[362]. Ein zu starker Kontrast des Fensterprogramms zum Hauptprogramm kann dazu führen, daß durch diesen Einschnitt im Programmfluß auch die Quoten des Hauptprogramms zurückgehen[363]. Untersuchungen haben ergeben, daß die Zuschauerakzeptanz der Programme ein einheitliches Programmangebot voraussetzt[364]. Auf den Quotenrückgang müßte der Hauptprogrammveranstalter seinerseits durch eine Veränderung des Programms reagieren, so daß das Fensterprogramm dann indirekt auf die Programmautonomie des Hauptprogrammveranstalters einwirken würde[365].

Das Fensterprogramm befindet sich somit in einem Spannungsfeld zwischen dem Auftrag, einen unabhängigen Vielfaltsbeitrag zu leisten, der gerade Defizite im Hauptprogramm kompensieren soll, und der Wahrung der Programmautonomie des Hauptprogrammveranstalters[366]. Aus der Anforderung, die Programmautonomie zu wahren, ergibt sich, daß sich das Fensterprogramm nicht als schädliches Kontrastprogramm zum Hauptprogramm darstellen darf. Es hat sich in die Programmstruktur und das Erscheinungsbild des Hauptprogramms einzufügen[367]. Hierzu gehört auch, daß sich die Inhalte im Fensterprogramm an der bundes-

---

362 *Dörr*, Maßnahmen zur Vielfaltssicherung gelungen ?, Media Perspektiven 1996, S. 621, 627.

363 *Schlette*, Die Einrichtung eines Fensterprogramms, ZUM 1999, S. 802, 807.

364 Ricker/Schiwy-*Ricker*, Rundfunkverfassungsrecht, Abschn. E, RN. 38.

365 *Schlette*, Die Einrichtung eines Fensterprogramms, ZUM 1999, S. 802, 807.

366 *Stock*, Konzentrationskontrolle in: Stock/Röper/Holznagel, Medienmarkt und Meinungsmacht, S. 51 f.

367 *Hartstein/Ring/Kreile/Dörr/Stettner*, Rundfunkstaatsvertrag, Bd. II, § 31 RN. 4; a. A. Ricker/Schiwy-*Ricker*, Rundfunkverfassungsrecht, E RN. 61; F RN. 65, ohne auf die Staatsvertragsforderung nach „Wahrung der Programmautonomie" einzugehen.

weiten Ausrichtung des Hauptprogramms orientieren[368].

Es dürfte aber zu weit gehen, den Inhalt des Fensterprogramms danach ausrichten zu müssen, daß das Hauptprogramm ein Massenprogramm mit 10 % Zuschaueranteil ist[369]. Eine inhaltliche Aufgabe des Fensterprogramms ist vielmehr auch darin zu sehen, Nischen im Hauptprogramm zu besetzen, die dann gerade nicht die gesamte Zuschaueranzahl des Hauptprogramms erreichen. Denn die Funktion des Fensterprogramms ist es auch, Konturlosigkeit und Verflachung des Hauptprogramms entgegenzuwirken[370].

b) Voraussetzungen nach sonstigen landesrechtlichen Vorschriften

Die Fensterprogramme müssen wie andere Programme auch die von den einzelnen Landesmediengesetzen vorgegebenen Voraussetzungen erfüllen. Hierbei sind eine Reihe von persönlichen und sachlichen Voraussetzungen zu erfüllen, die von Bundesland zu Bundesland differieren können[371].

4. Die Erörterung der Anträge mit dem Hauptprogrammveranstalter

Die Landesmedienanstalt erörtert gem. § 31 Abs. 4 S. 3 RStV die eingegangenen Anträge mit dem Hauptprogrammveranstalter, um nach Möglichkeit zu einer einvernehmlichen Auswahl zu kommen. In der Erörterung soll versucht werden, sowohl dem Interesse der Landesmedienanstalt als auch dem Interesse des Hauptprogrammveranstalters gerecht zu werden. Die Landesmedienanstalt hat das Interesse, durch das Fenster eine Steigerung der Vielfalt zu erreichen. Das beinhaltet natürlich auch, Programme mit potentiell geringeren Zuschauerquoten zu berücksichtigen. Der Hauptprogrammveranstalter hat dagegen das Interesse, sein Programmschema und seine "Programmfarbe" möglichst wenig verändert zu sehen. Diese beiden Interessen sind aber nicht notgedrungen gegenläufig und

---

368 *Hartstein/Ring/Kreile/Dörr/Stettner*, Rundfunkstaatsvertrag, Bd. II, § 31 RN. 4.

369 So aber *Schlette*, Die Einrichtung eines Fensterprogramms, ZUM 1999, S. 802, 809.

370 *Stock*, Konzentrationskontrolle, in: Stock/Röper/Holznagel, Medienmarkt und Meinungsmacht, S. 51 f.

371 *Herrmann*, Rundfunkrecht, § 18 Rn. 24 ff.

sollten im Rahmen der Erörterung in einen angemessenen Ausgleich gebracht werden können[372]. Es besteht aber für beide Seiten keine Verpflichtung zur Einigung. Das Fehlschlagen der Erörterungsbemühungen wird gem. Ziffer 5.4 DSZR von der zuständigen Landesmedienanstalt festgestellt.

5. Der Dreiervorschlag des Hauptprogrammveranstalters

Wenn der Hauptprogrammveranstalter und die Landesmedienanstalt sich im Rahmen der Erörterung nicht auf einen Bewerber einigen und mehr als drei zulassungsfähige Anträge vorliegen, dann muß der Hauptprogrammveranstalter gem. § 31 Abs. 4 S. 4 RStV aus diesen Anträgen drei auswählen, um diesen Dreiervorschlag der Landesmedienanstalt vorzulegen.

Der Hauptprogrammveranstalter ist bei der Auswahl der drei Bewerber frei. Die grundsätzliche Zulassungsfähigkeit jedes einzelnen Bewerbers wurde zuvor von der Landesmedienanstalt schon festgestellt.

6. Die Auswahl eines Bewerbers durch die Landesmedienanstalt

Liegt ein Dreiervorschlag des Hauptprogrammveranstalters vor oder waren von vornherein nur drei oder weniger zulassungsfähige Anträge vorhanden, dann wählt die Landesmedienanstalt aus diesen Anträgen gem. § 31 Abs. 4 S. 4, S. 5 RStV den Fensterprogrammveranstalter aus. Als Auswahlkriterium ist hierbei vorgegeben, welcher Antragsteller den größtmöglichen Beitrag zur Vielfalt im Programm des Hauptprogrammveranstalters erwarten läßt.

Dieser Vielfaltsbeitrag bezieht sich zum einen auf die schon in § 31 Abs. 1 S. 1 RStV angesprochenen Vielfaltsaspekte. Der Vielfaltsbeitrag muß sich insbesondere auf die Bereiche Kultur, Bildung und Information beziehen. Darüber hinaus sind aber auch andere Aspekte noch zu berücksichtigen. Ziffer 5.5 DSZR nennt insbesondere die innere Ausrichtung des Fensterprogramms im Verhältnis zum Hauptprogramm und die Leistungsfähigkeit des Bewerbers. Ebenfalls relevant für

---

[372] Zum Ganzen siehe auch amtliche Begründung des RStV, abgedruckt bei *Hartstein/Ring/Kreile/Dörr/Stettner*, Rundfunkstaatsvertrag, Bd. II, § 31.

die Auswahlentscheidung ist die Frage, ob der Bewerber schon andere Programmzulassungen hat.

Die Auswahlentscheidung selbst ist von der Erteilung der Zulassung zu unterscheiden. Insofern ist der Wortlaut des § 31 Abs. 4 S. 4 RStV, in welchem von der Erteilung der Zulassung die Rede ist, mißverständlich. Die Erteilung der Zulassung ist zunächst noch davon abhängig, daß der Fensterprogrammbewerber und der Hauptprogrammveranstalter eine Vereinbarung bezüglich der Ausstrahlung des Fensterprogramms treffen. Die Zulassung wird dann erst gem. § 31 Abs. 6 S. 1 RStV erteilt. Zuständig für die Auswahlentscheidung ist gem. § 36 Abs. 2 S. 1 RStV das für die Zulassung zuständige Organ der zuständigen Landesmedienanstalt.

III. Die Erteilung der Zulassung an den Fensterprogrammveranstalter

Bevor dem ausgewählten Antragsteller für den Fensterprogrammsendeplatz die Zulassung erteilt werden kann, müssen gem. § 31 Abs. 5 RStV der Bewerber und der Hauptprogrammveranstalter eine Vereinbarung bezüglich der Ausstrahlung des Fensterprogramms im Rahmen des Hauptprogramms schließen. In diese Vereinbarung sind die gegenseitigen Verpflichtungen des Haupt- und des Fensterprogrammveranstalters aufzunehmen. Auf der Grundlage einer angemessenen Vereinbarung wird dem Bewerber gem. § 31 Abs. 6 RStV die Zulassung für das Fensterprogramm erteilt. Die wesentlichen Verpflichtungen aus der Vereinbarung werden hierbei in die Zulassung aufgenommen.

1. Die Vereinbarung zwischen dem Hauptprogrammveranstalter und dem Fensterprogrammveranstalter

a) Inhalt der Vereinbarung

Der Hauptprogrammveranstalter und der ausgewählte Bewerber treffen eine Vereinbarung über die Ausstrahlung des Fensterprogramms im Rahmen des Hauptprogramms. Diese Vereinbarung hat notwendige Inhalte, die von § 31 Abs. 5 S. 2, S. 3 RStV vorgegeben sind. Die Verpflichtung des Hauptprogrammveranstalters, dem Fensterprogrammveranstalter eine hinreichende Finanzierung zu ermöglichen, muß Bestandteil der Vereinbarung sein. Weiterhin muß in die Vereinbarung aufgenommen werden, daß eine Kündigung während der Dauer der Zulassung nur wegen schwerwiegender Vertragsverletzungen oder aus einem wichtigen Grund mit einer Frist von sechs Monaten zulässig ist.

Die Vereinbarung hat auch andere notwendige Inhalte, die zwar nicht vom Rundfunkstaatsvertrag vorgegeben sind, die sich aber aus dem Nebeneinander von Hauptprogrammveranstalter und Fensterprogrammveranstalter ergeben. So muß nach Ziffer 6.1 DSZR z. B. die organisatorische Einpassung des Fensterprogramms in das Hauptprogramm geklärt werden. Mögliche Ausnahmeregelungen bezüglich der Sendezeit, z. B. wegen Sportübertragungen, sollten hier im Vorfeld schon getroffen werden. Zudem ist die technische Abwicklung abzustimmen, denn Fensterprogrammveranstalter haben in der Regel keine eigenen Sendeanlagen.

Von diesen Inhalten scheint insbesondere die Regelung der hinreichenden Finanzierung des Fensterprogrammveranstalters Problematiken zu beinhalten. Die Sendezeit und Sendedauer sind grundsätzlich schon vorgegeben und auch in den anderen Fragen sind keine Interessenkonflikte offensichtlich. Aber bezüglich der Frage der Finanzierung ist der Rundfunkstaatsvertrag sehr weit und interpretationsfähig. So ist lediglich von einer "ausreichenden" Finanzierung die Rede. Anhaltspunkte dafür, wie dieser Begriff genauer zu definieren ist, werden im Rundfunkstaatsvertrag nicht gegeben. Dies ist aber insofern problematisch, als die Finanzausstattung, ähnlich wie die Erteilung der Zulassung und die Zuteilung der Übertragungskapazitäten zu den Grundvoraussetzungen des Rundfunks gehört[373]. Ziffer 6.2 DSZR nimmt als Maßstab dafür, welche Finanzierung hinreichend ist, die durchschnittlichen Programmkosten des Hauptprogrammveranstalters für vergleichbare Sendeplätze. Ob dieser Maßstab den wirklichen Kosten gerecht wird, ist jedoch fraglich. Es ist zu bedenken, daß das Fenster einen höheren Anspruch erfüllen soll. Die qualitative Vielfalt soll durch das Fensterprogramm gesteigert werden. Insofern sind die Fensterprogrammbeiträge im Prinzip nicht

---

373 BVerfGE **90**, 60, 93.

mit den Beiträgen des Hauptprogramms zu vergleichen. Dann erscheint es aber zweifelhaft, ob die Kosten der beiden Arten von Beiträgen miteinander vergleichbar sind. Der Bezugspunkt der "ausreichenden" Finanzierung ist vom Rundfunkstaatsvertrag nicht ausdrücklich gegeben. Die Finanzierung könnte einerseits ausreichend für ein "durchschnittliches" Fensterprogramm sein, wobei allerdings wiederum fraglich wäre, was ein "durchschnittliches" Fensterprogramm ist. Andererseits könnte auch das ausgewählte Fensterprogramm Bezugspunkt für die ausreichende Finanzierung sein. Bezüglich dieses Fensterprogramms stehen schon das Programmschema und ungefähre Programmvorstellungen aufgrund des Antragsverfahrens fest. Aufgrund dieser Daten wurde der Fensterprogrammbewerber letztlich auch ausgewählt. Dann spricht einiges dafür, daß die Finanzierung auch für die Umsetzung genau dieser Programmvorstellungen ausreichend sein muß. Bezugspunkt ist also das konkret ausgewählte Fenster und nicht ein "durchschnittliches". Die Vereinbarung ist darüber zu treffen, welche Finanzierung dem Fensterprogramm im konkreten Fall ausreicht.

Für die Art der Finanzierung schlägt Ziffer 6.2 DSZR verschiedene Möglichkeiten vor, über die ebenfalls Einigung erzielt werden muß. Vorstellbar ist hier zum einen die Eigenvermarktung des Fensterveranstalters, zum anderen die Fremdvermarktung des Fensterveranstalters durch den Hauptprogrammveranstalter oder aber auch eine direkte Finanzierung des Fensterveranstalters durch den Hauptprogrammveranstalter gegen die Abtretung des Vermarktungsrechts.

b) Abschluß der Vereinbarung

Nach § 31 Abs. 5 S. 1 RStV schließen der Hauptprogrammveranstalter und der Bewerber die Vereinbarung ab. Es wird jedoch nichts darüber gesagt, was passiert, wenn diese Vereinbarung nicht zustande kommt. Gerade die Frage der ausreichenden Finanzierung läßt jedoch Spielraum für Konflikte zwischen dem Hauptprogrammveranstalter und dem Fensterprogrammveranstalter.

Für diesen Fall trifft Ziffer 6.3 DSZR eine Regelung. Falls der Fensterprogrammbewerber ein angemessenes Angebot des Hauptprogrammveranstalters innerhalb einer von der Landesmedienanstalt gesetzten Frist nicht annimmt, dann wird erneut in das Auswahlverfahren nach § 31 Abs. 4 RStV eingetreten. Falls kein weiterer zulassungsfähiger Antrag vorliegt, hat das eine Neuausschreibung des Fenstersendeplatzes zur Konsequenz. Macht der Hauptprogrammveranstalter kein Angebot zu angemessenen Bedingungen, dann stellt die zuständige Landesmedienanstalt das Scheitern der Umsetzung der vielfaltssichernden Maßnahme fest und teilt dies der KEK mit. Dem Hauptprogrammveranstalter wird dann gem. § 26 Abs. 4 S. 3 oder Abs. 5 S. 2 RStV die Zulassung entzogen.

Angesichts der weitreichenden Konsequenzen bezüglich der Frage, ob das Angebot des Hauptprogrammveranstalters angemessen ist oder nicht, scheint es geboten, daß die Landesmedienanstalt tendenziell schon im Vorfeld eine Beurteilung über die Angemessenheit abgibt. Dem Hauptprogrammveranstalter bleibt dann die Möglichkeit, noch einmal nachzubessern, bzw. dem Fensterprogrammbewerber die Möglichkeit, sich das Angebot doch noch einmal zu überlegen. Hierdurch könnte Zeit gespart werden, was letztlich auch der Vielfaltssicherung zu Gute käme.

2. Die Überprüfung der Vereinbarung durch die Landesmedienanstalt

Gem. § 31 Abs. 5 S. 1 RStV ist Grundlage der Erteilung der Zulassung eine Vereinbarung zu angemessenen Bedingungen. Bevor also die Landesmedienanstalt die Zulassung erteilen kann, muß sie prüfen, ob die Bedingungen der Vereinbarung angemessen sind.

Eine allgemeine Überprüfung der Angemessenheit hat die Landesmedienanstalt nur dann zu treffen, wenn eine Vereinbarung nicht zustande gekommen ist. Dann muß die Landesmedienanstalt feststellen, ob das Angebot des Hauptprogrammveranstalters angemessen war. Wenn aber der Fensterprogrammbewerber selbst das Angebot für angemessen hält und es angenommen hat, unterliegen die Bedingungen der Vereinbarung grundsätzlich dem autonomen Willen der Parteien, also des Haupt- und des Fensterprogrammveranstalters. Eine Kontrollfunktion kann der Landesmedienanstalt nur in Bezug auf diejenigen Teile der Vereinbarung zufallen, die unmittelbar oder mittelbar die Funktion des Fensterprogramms betreffen. Die Landesmedienanstalt hat demnach in erster Linie zu kontrollieren, daß die

Bedingungen der Vereinbarung den Beitrag des Fensterprogramms zur Vielfaltssicherung nicht einschränken[374].

Diese Überprüfung ist Bestandteil der Erwägungen bei der Zulassungserteilung. Daher ist innerhalb der Landesmedienanstalt für die Überprüfung der Vereinbarung das Organ zuständig, das auch für die Erteilung der Zulassung zuständig ist. Es ist jedoch gem. § 36 Abs. 2 S. 1 RStV zuvor das Benehmen mit der KEK herzustellen.

3. Die Aufnahme der wesentlichen Bestimmungen der Vereinbarung in die Zulassungen von Haupt- und Fensterprogrammveranstalter

Die wesentlichen Bestimmungen der Vereinbarung sind gem. § 31 Abs. 6 S. 2 RStV in die Zulassungen des Haupt- und des Fensterprogrammveranstalters aufzunehmen. Hierbei handelt es sich um zwei unterschiedliche Akte. Die Aufnahme der wesentlichen Bestimmungen in die Zulassung des Hauptprogrammveranstalters ist sowohl rechtlich als auch inhaltlich anders zu beurteilen, als die Aufnahme in die Zulassung des Fensterprogrammveranstalters.

Durch die Aufnahme der wesentlichen Verpflichtungen der Vereinbarung in die Zulassung soll die Einhaltung dieser Verpflichtungen sichergestellt werden. Die Vereinbarung als solche betrifft lediglich das Innenverhältnis zwischen Haupt- und Fensterprogrammveranstalter. Der Landesmedienanstalt werden durch die Vereinbarung keine Rechte eingeräumt. Die Landesmedienanstalt kann somit grundsätzlich nicht dafür Sorge tragen, daß die Vereinbarung auch eingehalten wird. Die Aufnahme gewisser Bestimmungen der Vereinbarung in die Zulassung ermöglicht der Landesmedienanstalt nun aber eine solche Kontrolle. Für die Einhaltung der Kriterien der Zulassung ist sie zuständig. Aus dieser Zielrichtung der Regelung ergibt sich auch, welche Teile der Vereinbarung als wesentliche Teile in die Zulassung aufzunehmen sind. Ein Kontrollinteresse der Landesmedienanstalt besteht nur für solche Bestandteile der Vereinbarung, bei denen es um die Funktion der Fensterprogramme geht, nämlich um die Verhinderung vorherr-

---

[374] So auch Ziffer 7.2 DSZR.

schender Meinungsmacht und die Vielfaltssicherung. So sind nach Ziffer 7.4 DSZR in die Zulassung des Hauptprogramms insbesondere die Regelungen über die regelmäßige Sendezeit für das Fensterprogramm und die Sendezeit in Ausnahmefällen sowie die Finanzierungsregelungen für das Fensterprogramm aufzunehmen. Nach Ziffer 7.3 DSZR sind in die Zulassung des Fensterprogramms insbesondere die vielfaltssichernden Programmteile und eine Sendeverpflichtung für das Fensterprogramm festzuschreiben.

Genauer zu klären ist, auf welche Weise die Bestimmungen der Vereinbarung in die jeweilige Zulassung aufgenommen werden. Auch hierbei ist zwischen dem Haupt- und dem Fensterprogrammveranstalter zu unterscheiden. Der Hauptprogrammveranstalter hat grundsätzlich schon eine bestehende Zulassung, zu der die Bestimmungen der Vereinbarung hinzukommen. Die Zulassung des Fensterprogrammveranstalters wird diesem hingegen neu erteilt, eine schon bestehende Zulassung ist demzufolge nicht zu berücksichtigen. Die Aufnahme der Vereinbarung in die Zulassung ist beim Fensterprogrammveranstalter daher unproblematisch. Bei der Erteilung der Zulassung für den Fensterprogrammveranstalter werden die wesentlichen Bestimmungen der Vereinbarung in diese Zulassung mit aufgenommen.

Problematischer ist die Aufnahme der wesentlichen Bestimmungen der Vereinbarung in die Zulassung des Hauptprogrammveranstalters. Der Hauptprogrammveranstalter hat selbst schon eine Zulassung zur Veranstaltung seines Programms. Diese schon bestehende Zulassung wird durch die Aufnahme der Verpflichtungen eingeschränkt. Insoweit liegt in der Aufnahme der Vereinbarung ein teilweiser Widerruf der bisherigen Zulassung.

Durch diesen Widerruf kann dem Hauptprogrammveranstalter ein Vermögensnachteil entstehen. Gem. § 31 Abs. 6 S. 3 RStV wird eine Entschädigung für solche Vermögensnachteile durch den teilweisen Widerruf der Zulassung nicht gewährt. Hierzu führt die amtliche Begründung zum Rundfunkstaatsvertrag aus, daß diese Regelung lediglich deklaratorisch eine ohnehin nicht bestehende Entschädigungspflicht ausschließe. Der teilweise Widerruf der Zulassung sei keine Enteignung durch Auflegung eines Sonderopfers, sondern eine für alle betroffenen Kreise geltende Ausgestaltung der positiven Rundfunkordnung. Im Übrigen handele es sich bei den entsprechenden Regelungen zur Sicherung der Meinungsvielfalt um Schranken des Eigentums im Sinne des Art. 14 Abs. 1 S. 2 GG. Handlungen eines Eigentümers und ihm zurechenbare tatsächliche Umstände, die außerhalb dieser Grenze lägen, seien damit von vornherein nicht mehr von der grundrechtlich verbürgten Eigentümerbefugnis umfaßt.

IV. Die Rolle der KEK bei der Auswahl und Zulassung des Fensterprogrammveranstalters

Bei der Auswahl und Zulassung der Fensterprogrammveranstalter ist gem. § 36 Abs. 2 S. 2 RStV „das Benehmen mit der KEK herzustellen". Diese Formulierung ist unglücklich gewählt. Es werden die rechtstechnischen Begriffe des „sich ins Benehmen setzen" und die „Herstellung des Einvernehmens" miteinander vermischt[375]. Abzustellen ist auf den Begriff des Benehmens. Es soll durch § 36 Abs. 2 S. 2 RStV gerade kein Einvernehmens- oder Zustimmungserfordernis begründet werden[376]. Das Benehmen gebietet, daß die Vorstellungen der KEK berücksichtigt werden, und daß sich das für die Zulassung zuständige Organ der zuständigen Landesmedienanstalt mit diesen Vorstellungen sachlich auseinandersetzt[377].

Das Benehmen soll bei der Auswahl und der Zulassung hergestellt werden. Daher ist das Benehmen noch nicht bei dem Ausschreibungsverfahren, das dem Auswahlverfahren vorangeht, herzustellen. Es muß also nicht auf die Vorstellungen der KEK bezüglich der Eckpunkte des Ausschreibungsverfahrens für den Fensterprogrammsendeplatz eingegangen werden[378]. Im Rahmen des Auswahlverfahrens muß sich das für die Zulassung zuständige Organ der Landesmedienanstalt zugleich bezüglich der Zulassungsfähigkeit der einzelnen Anträge mit der KEK ins

---

375 *Hartstein/Ring/Kreile/Dörr/Stettner*, Rundfunkstaatsvertrag, Bd. II, § 36 Rn. 5.

376 *Hess*, Medienkartellrecht, AfP 2000, S. 61, S. 63.

377 *Dörr*, Die KEK - ein taugliches Instrument zur Bekämpfung der Medienkonzentration ? Media Perspektiven 1998, S. 54, S. 58.

378 *Hess*, Medienkartellrecht, AfP 2000, S. 61, S. 63.

Benehmen setzen[379]. Teil der Beurteilung der Zulassungsfähigkeit sind Fragestellungen, die in den Zuständigkeitsbereich der KEK gehören, wie z. B. die Beurteilung der rechtlichen Unabhängigkeit des Fensterprogrammbewerbers vom Hauptprogrammveranstalter nach §§ 31 Abs. 3, 28 RStV.[380] Das Benehmenserfordernis bezieht sich ebenfalls darauf, ob die zuständige Landesmedienanstalt versucht hat, sich mit dem Hauptprogrammveranstalter oder dem betroffenen Unternehmen einvernehmlich zu einigen[381]. Im Rahmen des Zulassungsverfahrens bezieht sich das Benehmenserfordernis auch auf die zeitliche Fixierung des jeweiligen Sendeplatzes[382] und die nähere Ausgestaltung der Vereinbarung zwischen Haupt- und Fensterprogrammveranstalter[383]. Das Erfordernis, die Auswahl und die Zulassung des Fensterprogrammveranstalters im Benehmen mit der KEK zu treffen, soll dafür sorgen, daß ein hohes Maß an Standortunabhängigkeit den Entscheidungsprozeß begleitet[384].

V. Die Fensterprogrammsendezeit

§ 31 Abs. 2 S. 1 RStV enthält Mindestvorgaben für die Fensterprogrammsendezeit. Die Gesamtsendezeit pro Woche beträgt mindestens 260 Minuten. 75 Minuten müssen in der Sendezeit zwischen 19.00 Uhr und 23.30 Uhr liegen, der sog. „prime time". Durch die garantierte Sendezeit in der „prime time" wird zum einen dafür gesorgt, daß das Fensterprogramm von einer potentiell größeren Zuschaueranzahl bemerkt wird, zum anderen ist zu dieser Sendezeit mit höheren Werbeeinnahmen zu rechnen, so daß eine finanzielle Grundlage für ein qualitätsvolles Fensterprogramm gegeben wird[385].

---

379 *Dörr*, Die KEK - ein taugliches Instrument zur Bekämpfung der Medienkonzentration ? Media Perspektiven 1998, S. 54, S. 58.

380 Konzentrationsbericht der KEK, S. 364.

381 *Hess*, Medienkartellrecht, AfP 2000, S. 61, S. 63.

382 KEK, Beschluß v. 23. März 1999, KEK 037 (Sendeplatztausch bei SAT.1), S.4

383 KEK, Beschluß v. 23 September 1999, KEK 041 - „RTL Television/DCTP", S. 3.

384 *Hess*, Medienkartellrecht, AfP 2000, S. 61, S. 63

385 Siehe amtliche Begründung zu § 31 RStV, abgedruckt bei *Hartstein/Ring/Kreile/Dörr/Stettner*, Rundfunkstaatsvertrag, Bd. II, § 31 RStV.

Ziffer 3 DSZR konkretisiert die Mindestvorgaben für die Fensterprogrammsendezeit. Nach Ziffer 3.2 DSZR schließt die Dauer des Fensterprogramms die zulässige Werbezeit mit ein. Es gilt somit das Bruttoprinzip[386]. Nach Ziffer 3.3 DSZR erhalten die Fensterprogramme feste wiederkehrende Programmplätze zugewiesen. Außerdem wird als Mindestdauer für das einzelne Fensterprogramm 30 Minuten festgesetzt. Die Mindestdauer für das Programm und der fest wiederkehrende Programmplatz dienen der besseren eigenständigen Erkennbarkeit des Fensterprogramms[387].

---

386 *Beucher/Leyendecker/v. Rosenberg*, Mediengesetze, § 31 Rn. 10.

387 Siehe amtliche Begründung zu § 31 RStV, abgedruckt bei *Hartstein/Ring/Kreile/Dörr/Stettner*, Rundfunkstaatsvertrag, Bd. II, § 31 RStV.

Kapitel 7: Die einfachen regionalen Fenster (§ 25 Abs. 4 RStV)

§ 25 Abs. 4 RStV enthält eine Regelung über regionale Fensterprogramme. Bei diesen Fensterprogrammen handelt es sich nicht um eine Regelung zur Sendezeit für unabhängige Dritte als vielfaltssichernde Maßnahme gem. § 31 i. V. m. § 26 Abs. 4 Nr. 3, Abs. 5 RStV[388].

I. Die Tatbestandsvoraussetzungen des § 25 Abs. 4 S. 1 RStV

Gem. § 25 Abs. 4 S. 1 RStV sollen in bundesweit verbreiteten Fernsehvollprogrammen bei terrestrischer Verbreitung nach Maßgabe des jeweiligen Landesrechts Fensterprogramme aufgenommen werden[389].

1. Bundesweit verbreitetes Fernsehvollprogramm

Bei dem Programm muß es sich um ein bundesweit verbreitetes Fernsehvollprogramm handeln[390].

Die Bezeichnung eines "bundesweit verbreiteten" oder eines "bundesweit empfangbaren" Fernsehprogramms kommt schon im Rundfunkstaatsvertrag (1991) vor (§§ 18 Abs. 3, 19 Abs. 1 S. 2, 20 Abs. 2 S. 1 und Abs. 6 S. 1, 21 Abs. 1 S. 1 und 2, Abs. 2 und Abs. 3, 35 Abs. 1 S. 1). Die Begriffe "bundesweit verbreitet" und "bundesweit empfangbar" sind hierbei gleichzusetzen. Das Abstellen auf die Verbreitung bezieht sich eher auf die Veranstalterperspektive, das Abstellen auf die Empfangbarkeit eher auf die der Rezipienten. "Bundesweit verbreitet" bedeutet grundsätzlich, daß in allen Bundesländern die Möglichkeit bestehen muß, das Programm auch tatsächlich zu empfangen und daß dies vom Veranstalter auch gewollt ist. Die Verbreitungstechnik des Programms muß also so geschaffen sein,

---

[388] Siehe hierzu unten dieses Kapitel II.

[389] Siehe zu den journalistischen Inhalten von Regionalfensterprogrammen, *Volpers/Salwiczek/Schnier*, Regionalfenster im Programm von RTL und SAT.1, passim.

[390] Zur Abgrenzung Vollprogramm/Spartenprogramm siehe oben Kapitel 4 I 1.

daß die Einspeisung des Programms in die Kabelanlagen aller Länder theoretisch möglich ist. Falls die notwendigen Empfangsanlagen in einem Land noch nicht errichtet sind oder die zuständige Landesstelle die Einspeisung des Programms in die Kabelanlage noch nicht genehmigt, so ist dies für die bundesweite Verbreitung irrelevant. Die bundesweite Verbreitung muß vom Veranstalter auch beabsichtigt sein. Seine Absicht macht ein Veranstalter dadurch kenntlich, daß er die Einspeisung des Programms in die Kabelanlagen des jeweiligen Landes beantragt oder anzeigt. Falls ein Veranstalter die Einspeisung nicht in jedem Land beantragt oder anzeigt, obwohl aufgrund der Bedeckungszone des von ihm benutzten Satelliten die Empfangbarkeit technisch möglich wäre, so ist zu untersuchen, ob das Programm von seiner Machart tatsächlich nur für einen Teil des Bundesgebietes verbreitet werden soll, oder ob es sich lediglich um eine Umgehung der Vorschriften zur bundesweiten Verbreitung handelt[391]. Angesichts von immer mehr Haushalten, die ihr Fernsehprogramm über Satellitendirektempfang erhalten, sind an diese Untersuchung strenge Anforderungen zu stellen. Dennoch ist auch unter diesen technischen Voraussetzungen ein nur für einen Teil des Bundesgebietes konzipiertes Programm z. B. in Form eines „Mundart-Programms" etwa auf Plattdeutsch denkbar.

2. Terrestrische Verbreitung

Betroffen sind von § 25 Abs. 4 RStV nur terrestrisch verbreitete Programme[392].

Terrestrische Verbreitung findet technisch so statt, daß der Fernseh- oder Hörfunksender elektromagnetische Schwingungen über Sendeanlagen abstrahlt. Diese Schwingungen oder Funkwellen werden von den Rundfunkteilnehmern über Antennen empfangen. Hierbei werden die verschiedenen Programme auf unterschiedlichen Frequenzen gesendet. Die Frequenz in diesem Sinne ist der für die Übertragung eines Programms vorgesehene Wellenbereich. Für diese Frequenzen

---

[391] Siehe zum Ganzen *Hartstein/Ring/Kreile/Dörr/Stettner*, Rundfunkstaatsvertrag, Bd. I § 19 Rn. 11a.

[392] Nach dem 6. Rundfunkänderungsstaatsvertrag (Gesetz- und Verordnungsblatt für das Land Hessen, Teil I, Nr. 5 S. 38 - 49), der am 1. Juli 2002 in Kraft tritt, werden in § 25 Abs. 4 S. 1 die Worte „bei terrestrischer Verbreitung" gestrichen.

gibt es mehr Bewerber als Frequenzen verfügbar sind, es herrscht also Frequenzknappheit. Die Frequenzen sind deshalb so begehrt, weil die technischen Voraussetzungen zum Empfang von auf diese Weise ausgestrahlter Programme gering und die Reichweiten somit sehr hoch sind[393].

Die anderen beiden Verbreitungsarten für Rundfunk sind die Verbreitung über Satelliten und die Verbreitung über Kabel. Gegenüber diesen beiden Verbreitungsformen stellt die terrestrische Verbreitung insofern eine Sonderform dar, als hierfür nicht die sonst üblichen Weiterverbreitungsregelungen gelten[394]. Ein Veranstalter eines terrestrisch verbreiteten Programms muß in dem betreffenden Bundesland jeweils eine eigene rundfunkrechtliche Genehmigung beantragen. Hier findet also jedesmal eine eigene Zulassungsentscheidung statt. Diese Zulassungsentscheidung wird von der zuständigen Landesmedienanstalt des betreffenden Landes getroffen.

Die terrestrische Verbreitung der Programme ist der maßgebliche Grund für die Regelung des § 25 Abs. 4 RStV. Anfangs kam der terrestrischen Verbreitungsart durch die hohe Reichweite in Bezug auf die Pluralität der Fernsehlandschaft und die Förderung der Meinungsvielfalt eine besondere Bedeutung zu[395]. Inzwischen empfangen nur noch lediglich 8, 6 % der Fernsehhaushalte ihr Fernsehprogramm ausschließlich terrestrisch[396]. Dennoch spielt die terrestrische Verbreitung gerade wegen ihrer geringen technischen Voraussetzungen auf der Empfängerseite weiterhin eine bedeutende Rolle, denn terrestrisch verbreitete Programme haben dadurch wenigstens noch die potentiell höchste Verbreitung.

---

393 Zum Ganzen Ricker/Schiwy-*Ricker*, Rundfunkverfassungsrecht, G Rn. 8; *Herrmann*, Rundfunkrecht, § 2 Rn. 56 ff.

394 Ricker/Schiwy-*Ricker*, Rundfunkverfassungsrecht, G Rn. 17.

395 Ricker/Schiwy-*Ricker*, Rundfunkverfassungsrecht, G, Rn. 13.

396 35, 7 % über Satellit, 55,7 % über Kabel; siehe hierzu *Keinath*, Fernsehempfang und PC/Online-Ausstattung in Europa, MP 10/2000, S. 452.

3. Das jeweils maßgebliche Landesrecht

Die Regelung des § 25 Abs. 4 RStV soll nur nach Maßgabe des jeweiligen Landesrechts gelten. Das Landesrecht hat aber entweder die Formulierung des § 25 Abs. 4 RStV inhaltsgleich übernommen, oder es enthält sich zu der Frage völlig. Jedenfalls gibt es keine eigenen landesrechtlichen Regelungen zu diesem Komplex.[397]

II. Regionale Fenster als "Fensterprogramme" i. S. v. § 25 IV 1 RStV

§ 25 Abs. 4 S. 1 RStV bezieht sich auf Regionalfensterprogramme und nicht auf Satellitenfensterprogramme, auch wenn der Wortlaut der Norm nicht erkennen läßt, welche Art von Fensterprogramm von § 25 Abs. 4 S. 1 RStV umfaßt ist. Der Rundfunkstaatsvertrag kennt zwei Arten von Fensterprogrammen, die beide in § 2 Abs. 2 RStV legaldefiniert sind. Ein Satellitenfensterprogramm ist danach ein zeitlich begrenztes Rundfunkprogramm mit bundesweiter Verbreitung im Rahmen eines weiterreichenden Programms[398]. Ein Regionalfensterprogramm wird als zeitlich und räumlich begrenztes Rundfunkprogramm mit im wesentlichen regionalen Inhalten im Rahmen eines Hauptprogramms definiert[399]. Der von § 25 Abs. 4 S. 1 RStV verwendete Begriff "Fensterprogramm" könnte vom Wortlaut sowohl das Regionalfensterprogramm als auch das Satellitenfensterprogramm bezeichnen. Der Rundfunkstaatsvertrag in der aktuellen Fassung enthält jedenfalls keine Legaldefinition des Begriffs Fensterprogramm.

Auch an anderer Stelle wird im Rundfunkstaatsvertrag nicht einer der beiden legaldefinierten Begriffe Regional- oder Satellitenfensterprogramm, sondern lediglich der Begriff "Fensterprogramm" verwendet[400]. § 31 RStV, der sich mit der Sendezeit für unabhängige Dritte befaßt, verwendet den Begriff Satellitenfen-

---

[397] Siehe zum Landesrecht *Beucher/Leyendecker/v. Rosenberg*, Mediengesetze, § 25 Rn. 17.

[398] § 2 Abs. 2 Nr. 3 RStV.

[399] § 2 Abs. 2 Nr. 4 RStV.

[400] Siehe auch *Beucher/Leyendecker/v. Rosenberg*, Mediengesetze § 2 Rn. 19, die ein Redaktionsversehen annehmen.

sterprogramm gar nicht und den Begriff Regionalfensterprogramm kaum. § 31 Abs. 2 RStV stellt dem "Fensterprogramm" das "Regionalfensterprogramm" gegenüber. In diesem Zusammenhang scheint das "Fensterprogramm" also ein aliud zum "Regionalfensterprogramm" zu sein. Der Zusammenhang des § 31 RStV als Regelung über den Komplex der Abgabe von Sendezeit an unabhängige Dritte deutet daraufhin, daß der Begriff Fensterprogramm im § 31 RStV als Synonym für den Begriff "Satellitenfensterprogramm" gebraucht wird. Der Begriff Fensterprogramm scheint vom Wortlaut her zumindest Oberbegriff zu Regional- und Satellitenfensterprogramm zu sein.

Der Wortlaut von § 25 Abs. 4 RStV ist aber identisch mit dem des § 20 Abs. 6 S. 1 RStV (1991). Im damaligen Rundfunkstaatsvertrag war der Begriff Fensterprogramm nach § 2 Abs. 2 Nr. 3 RStV (1991) legaldefiniert als zeitlich begrenztes Rundfunkprogramm mit regionalem Verbreitungsgebiet, also nach heutigem Verständnis als Regionalfensterprogramm. Historisch betrachtet bezieht sich der Begriff des Fensterprogramms in § 25 Abs. 4 S. 1 RStV also lediglich auf Regionalfensterprogramme. Hierfür spricht auch die Überschrift von § 25 RStV: "Meinungsvielfalt, regionale Fenster". Diese Überschrift bringt zum Ausdruck, daß § 25 RStV eben keine bundesweiten Fenster im Sinne von Satellitenfensterprogrammen, sondern regionale Fenster regeln will. Nach der amtlichen Begründung zum Rundfunkstaatsvertrag soll die Regelung des § 25 Abs. 4 S. 1 RStV die bisherige Regelung des § 20 Abs. 6 fortführen. Eine Änderung war nicht bezweckt[401].

III. "Sollen" als Rechtsfolge

§ 25 Abs. 4 S. 1 RStV spricht keine unbedingte Verpflichtung zur Aufnahme von Fensterprogrammen aus, es handelt sich lediglich um eine "Soll-Vorschrift". Es ist also eine Bindung für den Regelfall vorgesehen, bei atypischen Ausnahmetatbeständen kann jedoch von der vorgesehenen Rechtsfolge abgewichen werden[402]. Als solche atypischen Fälle sind z. B. vorstellbar, daß ein besonders kleines Land

---

[401] Amtliche Begründung zu § 25 RStV, abgedruckt bei *Hartstein/Ring/Kreile/Dörr/Stettner*, Rundfunkstaatsvertrag, Bd. II, § 25.

[402] *Stelkens/Bonk/Sachs*, Verwaltungsverfahrensgesetz, § 40 Rn. 13.

von der Verpflichtung absieht oder daß eine terrestrische Frequenz mit geringer Reichweite befreit wird.

IV. Die Umsetzung durch die Landesmedienanstalten

Die Landesmedienanstalten haben sich untereinander darüber abgestimmt, wie die Regelung des § 25 Abs. 4 RStV anzuwenden ist. Sie haben einen gemeinsamen Beschluß zum Thema Regionale TV-Fensterprogramme gefaßt[403]. In diesem Beschluß haben die Landesmedienanstalten die Zeiten für die Regionalfensterprogramme festgelegt[404], sowie Ausnahmeregelungen für Feiertage, Sportereignisse, etc. zugestimmt. Außerdem enthält der Beschluß eine Aufforderung an die betroffenen Veranstalter, über das Fensterprogramm hinaus täglich jeweils 30 Minuten Programm mit vorrangig regionaler und lokaler Berichterstattung zu senden.

V. Die redaktionell selbständigen Regionalfenster als Anrechnungsmöglichkeit für an Dritte abzugebende Sendezeit

Wenn ein Hauptprogrammveranstalter Sendezeit an unabhängige Dritte abzugeben hat, dann kann er dieser Verpflichtung teilweise dadurch nachkommen, daß er Sendezeit an Regionalfensterprogramme abgibt. Die Abgabe dieser Sendezeit wird jedoch gem. § 31 Abs. 2 S. 2 RStV nur teilweise und auch nur bis zu einer bestimmten Höhe auf die insgesamt abzugebende Sendezeit angerechnet. Außerdem müssen die Regionalfensterprogramme bestimmten in § 31 Abs. 2 S. 3 RStV festgelegten Anforderungen genügen.

1. Anforderungen an das Regionalfensterprogramm

An die anrechenbaren Regionalfensterprogramme werden spezielle Anforderungen gestellt und die Anrechnung erfolgt nach einem speziellen System. Fraglich

---

403 Beschluß der 54. Sitzung der Direktorenkonferenz der Landesmedienanstalten am 25. 5. 1993, abgedruckt bei *Hartstein/Ring/Kreile/Dörr/Stettner*, Rundfunkstaatsvertrag, Bd. II, § 25 Rn.15.

404 Montags - Freitags : SAT.1 17.30 - 18.00 Uhr; RTL 18.00 - 18.30.

ist, inwieweit auch die allgemeinen Anforderungen an Fensterprogramme erfüllt werden müssen.

a) Spezielle Anforderungen nach § 31 Abs. 2 S. 3 RStV

Nach § 31 Abs. 2 S. 3 RStV ist die Anrechnung nur dann zulässig, wenn die Regionalfensterprogramme in redaktioneller Unabhängigkeit veranstaltet werden und insgesamt bundesweit mindestens 50 % der Fernsehhaushalte erreichen.

aa) Veranstaltung in redaktioneller Unabhängigkeit

Um auf die an unabhängige Dritte abzugebende Sendezeit angerechnet werden zu können, muß das Fenster nach § 31 Abs. 2 S. 3 RStV redaktionell unabhängig veranstaltet werden.

Um redaktionelle Unabhängigkeit bejahen zu können, darf der Hauptprogrammveranstalter keinen oder nur sehr begrenzten Einfluß auf Inhalt und Gestaltung des Programms haben. Ziffer 3.5.2 DSZR führt aus, was unter redaktioneller Selbständigkeit zu verstehen ist. Die Programmverantwortlichen des Regionalfensterprogramms müssen ihre Programmentscheidungen ohne Mitwirkungs- oder Zustimmungsbefugnisse des Hauptprogrammveranstalters treffen können. Sie müssen für die Einstellung des redaktionellen Personals verantwortlich sein und ihnen selbst darf nur aus wichtigem Grunde gekündigt werden.[405] Die inhaltlichen Entscheidungsmöglichkeiten des Hauptprogrammveranstalters erschöpfen sich also weitgehend in der Auswahl des Programmverantwortlichen. Hinweise auf redaktionelle Unabhängigkeit ergeben sich auch daraus, ob für das Programm ein Programmbeirat besteht oder die inhaltliche Unabhängigkeit durch ein Redaktionsstatut abgesichert ist[406].

Redaktionelle Unabhängigkeit erfordert aber nicht zugleich rechtliche Unabhängigkeit. Der Hauptprogrammveranstalter kann also grundsätzlich gleichzeitig

---

[405] Siehe hierzu Ziffer 3.5.2 Satz 3 DSZR.

[406] Ziffer 3.5.2 Satz 4 DSZR.

Veranstalter des redaktionell unabhängigen Fensterprogramms oder auch an diesem beteiligt sein[407].

bb) Erreichen von insgesamt 50 % der Fernsehhaushalte

Die Anrechnung der Regionalfensterprogramme ist gem. § 31 Abs. 2 S. 3 RStV nur zulässig, wenn diese bundesweit mindestens 50 % der Fernsehhaushalte erreichen. Was unter dieser Reichweite zu verstehen ist wird in Ziffer 3.5.3 DSZR näher erläutert.

Zu dieser Berechnung ist zunächst einmal die Zahl aller Fernsehhaushalte festzustellen. Diese sog. "Grundreichweite" besteht aus allen Haushalten, die öffentlich-rechtliche oder private Fernsehprogramme über terrestrische Sender, Breitbandkabelnetze oder Satellitendirektempfang erhalten[408]. Für die Mindestreichweite von 50 % dieser Grundreichweite müssen alle Haushalte zusammengezählt werden, die ein den Anforderungen genügendes Regionalfensterprogramm empfangen können.

Bei der Berechnung der Mindestreichweite von 50 % ist zu berücksichtigen, daß es sich bei einem Regionalfensterprogramm gem. § 2 Abs. 2 Nr. 4 RStV definitionsgemäß um ein räumlich begrenztes Programm handelt. Also ist nach Ziffer 3.5.3 S. 2 DSZR auch nur die Mindestreichweite in dem räumlich begrenzten Gebiet zu berücksichtigen, für welches das Regionalfensterprogramm zugelassen ist. Wenn ein Regionalfensterprogramm z. B. wegen seiner Verbreitungsweise über Satellit in sehr viel größerem Umfang zu empfangen ist, dann finden nur die Haushalte Berücksichtigung, die in dem Verbreitungsgebiet liegen, für das das Programm zugelassen ist. Gegen diese Regelung der Ziffer 3. 5. 3 DSZR wird eingewendet, sie sei nicht mit § 31 Abs. 2 S. 3 RStV zu vereinbaren, der eine Einschränkung auf das Zulassungsgebiet nicht vorsehe[409]. Die Anrechnungsmöglichkeit für regionale Fensterprogramme soll jedoch nach Sinn und

---

407 Ziffer 3.5.2 Satz 2 DSZR.

408 Definiert in Ziffer 3.5.3 DSZR.

409 *Beucher/Leyendecker/v. Rosenberg*, Mediengesetze, § 31 Rn. 15.

Zweck der Regelung die Aufnahme von Regionalfensterprogrammen für den Hauptprogrammveranstalter attraktiver machen und damit die regionale Vielfalt fördern. Eine Förderung regionaler Vielfalt ist aber nur dann gegeben, wenn ein Programm auch inhaltlich auf eine bestimmte Region abgestimmt ist. Das ist bei Regionalfensterprogrammen, die wegen ihrer Verbreitungstechnik über das eigentliche Gebiet hinaus verbreitet werden, aber nicht der Fall. Ziffer 3. 5. 3 DSZR stellt daher eine zulässige Konkretisierung der Anforderungen des § 31 Abs. 2 RStV dar.

Die Regionalfensterprogramme zusammengenommen müssen 50 % der bundesweiten Fernsehhaushalte erreichen. Über die erforderliche Reichweite des einzelnen Regionalfensterprogramms wird hierdurch keine Aussage getroffen. Ein einzelnes Regionalfensterprogramm kann in seinem Verbreitungsgebiet auch eine Reichweite von weniger als 50 % haben. Dennoch wird die Reichweite dieses Fensters zu der Reichweite aller Regionalfenster hinzugezählt.

b) Allgemeine Anforderungen an das Regionalfensterprogramm

§ 31 Abs. 2 S. 3 RStV stellt spezielle Anforderungen an das anrechenbare Regionalfensterprogramm. Fraglich ist, ob auch die allgemeinen Anforderungen für Fensterprogramme von den Regionalfensterprogrammen erfüllt werden müssen.

§ 31 Abs. 3 RStV fordert von einem Fensterprogrammanbieter nach § 31 Abs. 1 RStV, daß dieser zum Hauptprogrammveranstalter nicht in einem rechtlichen Abhängigkeitsverhältnis stehen darf. Zu überlegen ist, ob diese Anforderung auch an ein Regionalfensterprogramm gestellt werden muß. Dies wäre dann der Fall, wenn ein solches anrechenbares Regionalfensterprogramm unter § 31 Abs. 1 RStV fallen würde.

Um unter § 31 Abs. 1 RStV zu fallen, müßte es sich um ein Fensterprogramm handeln, welches aufgrund der Verpflichtung zur Einräumung von Sendezeit nach den dem § 31 RStV vorstehenden Bestimmungen ausgestrahlt wird. Bei diesen Bestimmungen handelt es sich entweder um § 26 Abs. 4 S. 1 Nr. 3 RStV oder um

§ 26 Abs. 5 RStV, also entweder darum, daß ein Unternehmen vorherrschende Meinungsmacht erlangt hat, oder darum, daß ein Vollprogramm oder Spartenprogramm mit Schwerpunkt Information einen Zuschaueranteil von 10 % im Jahresdurchschnitt hat. Ein Regionalfensterprogramm wird dagegen grundsätzlich nicht aufgrund der Verpflichtung zur Einräumung von Sendezeit nach den den § 31 RStV vorstehenden Bestimmungen ausgestrahlt, sondern wegen der Verpflichtung aus § 25 Abs. 4 S. 1 RStV. Im Regelfall handelt es sich bei Regionalfensterprogrammen also nicht um solche Programme, die unter § 31 Abs. 1 RStV fallen.

§ 25 Abs. 4 S. 1 RStV schreibt aber keine Gesamtsendezeit für das Regionalfensterprogramm vor. Die Sendezeit, die die beiden derzeit dazu verpflichteten Veranstalter[410] an Regionalfensterprogramme abgeben, entspricht genau der maximal für Regionalfensterprogramme anrechenbaren Zeit von 150 Minuten in der Woche. Denkbar ist, daß ein Teil dieser Regionalfensterprogrammsendezeit nicht aufgrund der Verpflichtung aus § 25 Abs. 4 S. 1 RStV, sondern freiwillig als Anrechnungsmöglichkeit auf die an Dritte abzugebende Sendezeit gesendet wird. Bei diesem „freiwilligen" Regionalfensterprogramm könnte man daran denken, daß dieses Programm nicht aufgrund der Verpflichtung nach § 25 Abs. 4 S. 1 RStV ausgestrahlt wird, sondern aufgrund der Verpflichtung zur Einräumung von Sendezeit für unabhängige Dritte, denn es soll genau diese Verpflichtung teilweise erfüllen. Bei diesem „freiwilligen" Regionalfensterprogramm stellt sich dann die Frage, ob es unter § 31 Abs. 1 RStV fällt und somit die Anforderung der rechtlichen Unabhängigkeit nach § 31 Abs. 3 RStV erfüllen muß.

Nach dem Wortlaut bezieht sich § 31 Abs. 1 RStV auf Fensterprogramme. Dies läßt sich grundsätzlich als Oberbegriff zu Regionalfensterprogrammen gem. § 2 Abs. 2 Nr. 4 RStV einerseits und Satellitenfensterprogrammen gem. § 2 Abs. 2 Nr. 3 RStV andererseits verstehen. Wenn die Regelung des § 31 Abs. 3 RStV lediglich für Satellitenfensterprogramme Geltung haben sollte, dann hätte es nahe gelegen, dies auch durch die Verwendung der Legaldefinition „Satellitenfensterprogramm" deutlich zu machen. Andererseits ist der Rundfunkstaatsvertrag auch

---

[410] RTL und SAT 1.

an anderer Stelle bei der Verwendung des Begriffs „Fensterprogramm“ sprachlich ungenau. § 25 Abs. 4 RStV, der sich nur mit regionalen Fenstern befaßt, bezeichnet diese Programme auch als Fensterprogramme und nicht als Regionalfensterprogramme[411]. Ein eindeutiger Schluß läßt sich demnach aus dem Wortlaut nicht ziehen[412].

Dafür, daß das Regionalfensterprogramm nicht den Anforderungen des § 31 Abs. 3 RStV unterfällt, spricht, daß die nach § 31 Abs. 2 RStV anrechenbaren Regionalfensterprogramme bei der Anrechnung auf die an unabhängige Dritte abzugebende Sendezeit eine sehr viel geringere Wertigkeit als das "andere" Fensterprogramm haben. Der Gesetzgeber geht also davon aus, daß es sich bei den Regionalfensterprogrammen und den Fensterprogrammen nach § 31 Abs. 1 RStV um unterschiedliche Fensterprogramme handelt. Als Argument hierfür läßt sich auch die Formulierung in § 31 Abs. 3 RStV anführen, welcher von Fensterprogrammanbietern nach Absatz 1 spricht. Eine solche Formulierung ist jedoch nur dort nötig, wo gegenüber einem anderen Fensterprogrammanbieter abgegrenzt werden muß. Aus dem Zusammenhang des § 31 Abs. 2 RStV ergibt sich, daß es sich hierbei um die Abgrenzung von Fensterprogrammen einerseits und Regionalfensterprogrammen andererseits handelt.

Bei den Regionalfensterprogrammen nach § 31 Abs. 2 S. 2 RStV, die sich auf die an unabhängige Dritte abzugebende Sendezeit anrechnen lassen, handelt es sich also nicht um Fensterprogramme nach § 31 Abs. 1 RStV. Demzufolge müssen die anrechenbaren Regionalfensterprogramme nicht rechtlich unabhängig vom Hauptprogrammanbieter sein, sondern nur gem. § 31 Abs. 2 S. 3 RStV redaktionell unabhängig.

2. Die Anrechnung von Regionalfensterprogrammen

Regionalfensterprogramme können auf die an unabhängige Dritte abzugebende Sendezeit angerechnet werden. Die Anrechnung erfolgt aber nur eingeschränkt.

---

411 Siehe oben in diesem Kapitel

412 Siehe auch *Beucher/Leyendecker/v. Rosenberg*, Mediengesetze, § 2 Rn. 19, die ein Redaktionsversehen annehmen.

Die Regelungen hierzu finden sich in § 31 Abs. 2 S. 2, S. 3 RStV. Darin sind jedoch finden keine Hinweise darauf enthalten, wie die Anrechnung von Regionalfensterprogrammen verfahrensmäßig vonstatten geht.

In dem Verfahren der Abgabe von Sendezeit an unabhängige Dritte muß zu einem gewissen Zeitpunkt feststehen, wieviel Sendezeit tatsächlich an unabhängige Dritte abgegeben werden muß. Hierzu muß eine Entscheidung darüber getroffen werden, ob und inwiefern ein Regionalfensterprogramm auf die abzugebende Sendezeit angerechnet werden kann. Es stellt sich hierbei die Frage, zu welchem Zeitpunkt die Anrechenbarkeit der Regionalfensterprogramme verbindlich festgestellt sein muß und wer diese Entscheidung trifft.

a) Eingeschränkte Anrechnung der Regionalfensterprogrammsendezeit

Die Regelung über die eingeschränkte Anrechnung von Regionalfensterprogrammen findet sich in § 31 Abs. 2 S. 2 RStV. Regionalfensterprogramme werden hiernach auf die wöchentlich an unabhängige Dritte abzugebende Sendezeit nur im Verhältnis 8/15 angerechnet. 150 Minuten Regionalfensterprogrammsendezeit werden also so gewertet, wie 80 Minuten Sendezeit für unabhängige Dritte. Mehr als 150 Minuten Regionalfensterprogrammsendezeit werden auf die Drittsendezeit nicht angerechnet. Zudem wird die Regionalfensterprogrammsendezeit auch nur auf die außerhalb der Kernzeit von 19.00 Uhr bis 23.30 Uhr liegende Drittsendezeit angerechnet.

Die 150 Minuten anrechenbarer Regionalfensterprogrammsendezeit wurden nicht willkürlich bestimmt. Sie entsprechen der aktuellen Sendezeit der Regionalfensterprogramme bei RTL und SAT 1.

b) Beurteilung der Anrechenbarkeit

Es ist zu überlegen, wer dafür zuständig ist zu beurteilen, ob und wieweit die Regionalfensterprogrammsendezeit auf die insgesamt an unabhängige Dritte abzugebende Sendezeit angerechnet werden kann. Für diese Beurteilung kommt zum einen die KEK als Organ der zuständigen Landesmedienanstalt in Frage. Sie ist gem. § 36 Abs. 1 S. 1 RStV zuständig für die abschließende Beurteilung von solchen Fragestellungen, die die Sicherung der Meinungsvielfalt bei der bundesweiten Veranstaltung von Fernsehprogrammen betreffen. Die Beurteilung der Frage, ob und wieweit die Regionalfensterprogramme angerechnet werden können, könnte zu diesem Zuständigkeitsbereich zu zählen sein.

Andererseits könnte auch das Organ der zuständigen Landesmedienanstalt, das für die Zulassung von Rundfunkveranstaltern zuständig ist, zugleich für diese Fragestellung zuständig sein. Dieses Organ ist jedenfalls grundsätzlich gem. § 36 Abs. 2 S. 1 RStV für die Auswahl und die Zulassung von Fensterprogrammveranstaltern zuständig. Fragen im Zusammenhang mit der Anrechenbarkeit von Regionalfensterprogrammen lassen sich auch in diesen allgemein die Fensterprogramme betreffenden Bereich einordnen.

Hier scheinen sich also zwei Zuständigkeitsbereiche zu überschneiden. Nach den jeweiligen Zuständigkeitsregelungen könnten sowohl die KEK als auch das für die Zulassung zuständige Organ der Landesmedienanstalt für Fragestellungen der Anrechenbarkeit von Regionalfensterprogrammen auf die an Dritte abzugebende Sendezeit zuständig zu sein.

Bei dem Verfahren der Abgabe von Sendezeit an unabhängige Dritte ist zwischen zwei verschiedenen Phasen zu unterscheiden. In der ersten Phase wird festgestellt, bzw. festgelegt, daß überhaupt Sendezeit an unabhängige Dritte abzugeben ist[413]. Hier wird über das „ob“ entschieden, über die Frage der Sendezeitabgabe als solche. In dieser Phase ist die KEK für das Verfahren zuständig. Die nächste Phase betrifft das Verfahren der Auswahl und der Zulassung der Fensterprogrammveranstalter für diese abzugebende Sendezeit[414]. In dieser Phase wird über das „wie“ entschieden, also darüber, auf welche Weise Sendezeit an unabhängige Dritte abzugeben ist. Hier ist das Organ zuständig, daß auch für die Erteilung der Zulassung zuständig ist. Es stellt sich demnach die Frage, welcher dieser beiden Phasen Fragestellungen bezüglich der Anrechenbarkeit der Regionalfenster-

---

[413] Die Verfahren nach §§ 26 Abs. 4, Abs. 5 RStV.

[414] Verfahren nach § 31 RStV.

programme zuzuordnen sind.

Ob ein Regionalfensterprogramm auf die an unabhängige Dritte abzugebende Sendezeit angerechnet werden kann, hat schon in der ersten Phase eine gewisse Relevanz. So kann z. B. das Vorhandensein eines solchen Fensters bei der Beurteilung der Frage vorherrschender Meinungsmacht von Bedeutung sein. Zwar steht hier der Zuschaueranteil im Vordergrund, aber im Rahmen der Gesamtbeurteilung der Aktivitäten eines Unternehmens im Fernsehen und auf medienrelevanten verwandten Märkten[415] kann das Vorhandensein anrechenbarer regionaler Fenster berücksichtigt werden. Andererseits erfordert die Berücksichtigung der regionalen Fenster im Rahmen der Gesamtbeurteilung nicht, daß die KEK hier eine bindende Entscheidung über die Anrechenbarkeit der regionalen Fenster trifft. Bei der Gesamtbeurteilung spielen viele Faktoren eine Rolle. Die Feststellung der Anrechenbarkeit eines Regionalfensters würde weder verbindlich für noch gegen vorherrschende Meinungsmacht sprechen. Ob ein vorhandenes regionales Fenster auf die an Dritte abzugebende Sendezeit anzurechnen ist, ist für die Gesamtbeurteilung nicht entscheidend.

Bei der Auswahl der Maßnahmen, mit denen ein Unternehmen vorherrschende Meinungsmacht bekämpfen kann[416], könnten anrechenbare Regionalfensterprogramme zu berücksichtigen sein. Im Rahmen der hierzu erfolgenden Erläuterung ist es für ein Unternehmen mit einem regionalen Fenster mit Sicherheit von Interesse, ob dieses Fenster auf die an Dritte abzugebende Sendezeit angerechnet werden kann oder nicht. Bei einer möglichen Anrechnung könnte sich dieses Unternehmen dann eher darauf einigen, zur Bekämpfung der vorherrschenden Meinungsmacht Sendezeit an unabhängige Dritte abzugeben. Aber auch dieses Interesse des betroffenen Unternehmers erfordert noch keine bindende Entscheidung der KEK über die Anrechenbarkeit. Denn wenn ein Veranstalter ein Regionalfensterprogramm in seinem Programm hat, dann hat er es selbst in der Hand, die Anrechnungskriterien zu erfüllen. Und auch für die KEK spielt es zu diesem Zeitpunkt keine Rolle, ob das Regionalfensterprogramm anrechenbar ist oder

---

[415] Gem. § 26 Abs. 2 S. 2, 2. Alt. RStV.

[416] Gem. § 26 Abs. 4 S. 1 Nr. 1 bis Nr. 3 RStV.

nicht. Nach den Wertungen des Rundfunkstaatsvertrags sind ein anrechenbares Regionalfensterprogramm mit einer dadurch verringerten Satellitenfensterprogrammsendezeit und eine uneingeschränkte Satellitenfensterprogrammsendezeit in ihrer Bedeutung für die Bekämpfung vorherrschender Meinungsmacht als gleichrangig einzustufen.

Die zweite Phase, in welcher darüber entschieden wird, auf welche Weise Sendezeit an unabhängige Dritte abzugeben ist, beginnt mit der Erörterung der Eckdaten, die für die Ausschreibung des Fensterprogrammsendeplatzes erforderlich sind[417]. Als Ergebnis dieser Erörterung müssen die für die Ausschreibung notwendigen Informationen gewonnen worden sein. Eine dieser Informationen ist die Frage, ob es ein anrechenbares Regionalfensterprogramm gibt, oder ob ein solches geplant ist. In diesem Falle wird nämlich nur die dann entsprechend geringere Fensterprogrammsendezeit ausgeschrieben. Wenn keine Regionalfensterprogramme auf die an unabhängige Dritte abzugebende Sendezeit angerechnet werden, dann wird die gesamte Sendezeit ausgeschrieben. Vor der Ausschreibung muß demnach geklärt sein, inwieweit Regionalfensterprogramme auf die an Dritte abzugebende Sendezeit angerechnet werden können.

In dieser zweiten Phase ist das für die Zulassung zuständige Organ der zuständigen Landesmedienanstalt für das Verfahren zuständig. Dies deutet darauf hin, daß dieses Organ dann auch für die Entscheidung über die Anrechenbarkeit des Regionalfensterprogramms zuständig ist. Hierfür spricht neben der Tatsache, daß erst in dieser Phase eine verbindliche Entscheidung über die Anrechenbarkeit der Regionalfensterprogramme getroffen werden muß, auch, daß die Kriterien für die Anrechenbarkeit der Regionalfensterprogramme in § 31 RStV aufgezählt sind. § 31 RStV bezieht sich aber auf die zweite Phase, nämlich die Auswahl und Zulassung des Fensterprogrammveranstalters. Zudem läßt sich die Frage der Anrechenbarkeit von Regionalfensterprogrammen inhaltlich der Frage des „wie" zuordnen und nicht der Frage des „ob". Die Anrechenbarkeit ist nicht entscheidend dafür, ob Sendezeit an unabhängige Dritte abzugeben ist, sondern dafür, auf welche Art und Weise dies geschieht. Für die Frage des „wie" ist aber nicht die

---

[417] Gem. § 31 Abs. 4 S. 1 RStV.

KEK zuständig, sondern das für die Zulassung zuständige Organ der zuständigen Landesmedienanstalt. Im Ergebnis überprüft die jeweilige Landesmedienanstalt, ob die Programme die Anforderungen an die Anrechenbarkeit erfüllen[418].

c) Bindung des Veranstalters

Es kommt allerdings die Möglichkeit in Betracht, daß ein Hauptprogrammveranstalter nach der Ausschreibung der Fensterprogrammsendeplätze seine Meinung bezüglich der Ausstrahlung von Regionalfensterprogrammen ändert. Dies kann z. B. gerade eine Reaktion auf die Ergebnisse der Ausschreibung sein. Fraglich ist, ob diese Meinungsänderung des Hauptprogrammveranstalters in dieser Phase noch beachtlich ist. Das würde bedeuten, daß die für die Ausschreibung maßgeblichen Daten, insbesondere die den Fensterprogrammen zur Verfügung stehende Sendezeit, nachträglich verändert würden. Es wäre mehr Fensterprogrammsendezeit ausgeschrieben worden, als hinterher zugeteilt werden könnte. Hierdurch würde also das Ausschreibungsverfahren hinfällig, und es müßte erneut ausgeschrieben werden. Das Verfahren der Abgabe von Sendezeit an unabhängige Dritte würde hierdurch verzögert, die vorherrschende Meinungsmacht würde also länger als nötig bestehen bleiben. Zudem könnte der Hauptprogrammveranstalter durch nochmalige Änderungen auch das neue Ausschreibungsverfahren obsolet machen. Wenn die Ausschreibung erfolgt, muß demnach feststehen, ob anrechenbare Regionalfensterprogramme bestehen. Nach diesem Zeitpunkt kann eine Meinungsänderung des Hauptprogrammveranstalters nicht mehr berücksichtigt werden. Der Hauptprogrammveranstalter ist ab diesem Zeitpunkt an die im Rahmen der Erörterung festgelegten Eckpunkte gebunden.

3. Die Zulassung der Regionalfensterprogramme

Um Regionalfensterprogramme auf die an unabhängige Dritte abzugebende Sendezeit anrechnen zu können, müssen sie gewisse Anforderungen erfüllen. Die Wirksamkeit der Maßnahme, Sendezeit an Dritte abzugeben, muß erhalten bleiben. Deshalb muß die Einhaltung der Anforderungen an Regionalfensterprogram-

---

[418] Konzentrationsbericht der KEK, S. 34.

me gesichert werden. Der Rundfunkstaatsvertrag sieht direkt keine Maßnahmen vor, die ein Unterlaufen der Anforderungen ausschließen oder jedenfalls ahnden würden. Im Rahmen der Zulassungserteilung für die Fensterprogrammveranstalter werden aber auch die Zulassungen der Hauptprogrammveranstalter teilweise widerrufen und mit neuem Inhalt neu erlassen. Hier wäre es also denkbar, auch die Beibehaltung der Anforderungen an die Regionalfensterprogramme in die Zulassungen der Hauptprogrammveranstalter aufzunehmen. Inwieweit dies rechtlich zu bewerkstelligen ist, soll genauer untersucht werden.

Eine Zulassung, die dem Hauptprogrammveranstalter rechtliche Auflagen bezüglich der Regionalfensterprogramme macht, brächte den Hauptprogrammveranstalter in eine rechtlich ungünstigere Position, als er vorher war. Hierfür bedürfte es einer Ermächtigungsgrundlage. Ermächtigungsgrundlage für die Rücknahme der alten und die Erteilung der neuen, mit bestimmten Auflagen versehenen Zulassung ist § 31 Abs. 6 S. 2 RStV, wonach die Zulassungen mit Auflagen versehen werden dürfen. Die Auflagen, mit denen die Zulassungen nach § 31 Abs. 6 S. 2 RStV versehen werden dürfen, beziehen sich allerdings auf die wesentlichen Verpflichtungen der Vereinbarung, die der Hauptprogrammveranstalter mit dem bundesweiten Fensterprogrammveranstalter trifft. Insofern ist die Ermächtigungsgrundlage für die Erteilung der Auflagen im Prinzip beschränkt.

Von ihrer Funktion sollen die Auflagen nach § 31 Abs. 6 S. 2 RStV allerdings die Einhaltung der Teile der Vereinbarung garantieren, die die Sicherung der Meinungsvielfalt durch die Fenster betreffen. Dies umfaßt insbesondere auch die redaktionelle Freiheit. Die Ermächtigungsgrundlage beinhaltet also die Festschreibung der redaktionellen Freiheit der bundesweiten Fenster in der Zulassung des Hauptprogrammveranstalters. Die Ermächtigungsgrundlage bezieht sich jedoch nicht auf die Regionalfensterprogramme.

Wenn aber ein Hauptprogrammveranstalter keine Regionalfensterprogramme in seinem Programm hätte, dann wäre für die gesamte an Dritte abzugebende Sendezeit die redaktionelle Freiheit durch die Zulassung gesichert. Die Anrechnungsmöglichkeit für regionale Fensterprogramme soll jedoch nicht dazu führen, daß innerhalb der an Dritte abzugebenden Sendezeit weniger redaktionelle Freiheit herrscht. Die Wahrung der redaktionellen Freiheit ist sogar wesentliches Kriterium für die Anrechenbarkeit der Regionalfensterprogramme. Dadurch, daß ein Hauptprogrammveranstalter Sendezeit an anrechenbare Regionalfensterprogramme abgibt, soll nicht der Schutz der redaktionellen Freiheit aufgelockert werden. Die Ermächtigungsgrundlage des § 31 Abs. 6 S. 2 RStV ist folglich dahingehend auszulegen, daß sie sich auch auf solche Auflagen bezieht, die die regionalen Fensterprogramme betreffen. Hierfür spricht auch die Systematik des § 31 RStV. In § 31 Abs. 6 RStV sind die Zulassungsfragen geregelt, die sich auf die im § 31 RStV insgesamt angesprochenen Fensterprogramme beziehen. Zu diesen Fragen gehören dann auch solche, die die Sicherung der Anrechenbarkeitskriterien der regionalen Fenster betreffen.

Es läßt sich als Ergebnis also festhalten, daß im Rahmen der Zulassung des Hauptprogrammveranstalters auch solche inhaltlichen Auflagen festgelegt werden können, die die Beibehaltung der Anforderungen an anrechenbare Regionalfensterprogramme sicherstellen.

Kapitel 8: Der Zulassungsentzug bei mangelhafter Umsetzung bei Maßnahmen zur Sicherung der Meinungsvielfalt

Der Rundfunkstaatsvertrag sieht im Zusammenhang mit den Fensterprogrammregelungen den Entzug der Zulassung von Programmveranstaltern vor. Wenn ein Unternehmen vorherrschende Meinungsmacht erlangt hat und sich nicht mit der KEK auf eine vielfaltssichernde Maßnahme einigt oder eine solche Maßnahme nicht in angemessener Frist umsetzt, dann werden gem. § 26 Abs. 4 S. 3 RStV von so vielen dem Unternehmen zurechenbaren Veranstaltern die Zulassungen entzogen, bis vorherrschende Meinungsmacht nicht mehr gegeben ist. Einem Veranstalter wird auch dann die Zulassung entzogen, wenn er jahresdurchschnittlich einen Zuschaueranteil von mindestens 10 % erreicht und die zur Abgabe von Sendezeit an unabhängige Dritte erforderlichen Maßnahmen nicht innerhalb einer Frist von sechs Monaten trifft (gem. § 26 Abs. 5 S. 2 RStV).

I. Zulassungsentzug nach § 26 Abs. 4 S. 3 RStV

Zunächst einmal ist es fraglich, ob es zu diesem Verfahren realistischerweise überhaupt kommen kann. Bevor Zulassungen von Veranstaltern entzogen werden, die dem Unternehmen zurechenbar sind, wird ein Unternehmen von sich aus Beteiligungen von Veranstaltern abgeben, um so die vorherrschende Meinungsmacht zu beheben. Dieses Vorgehen hat für ein Unternehmen zum einen den Vorteil, daß es selbst den Veranstalter aussuchen kann, zum anderen kann bei der Abgabe der Beteiligungen noch ein Gewinn erwirtschaftet werden, der durch den Entzug der Zulassung verloren ginge. Dennoch soll das Verfahren im Einzelnen dargestellt werden.

1. Voraussetzungen

Der Zulassungsentzug nach § 26 Abs. 4 S. 3 RStV setzt voraus, daß ein Unternehmen vorherrschende Meinungsmacht erlangt hat und sich nicht mit der KEK auf eine vielfaltssichernde Maßnahme einigt oder eine solche Maßnahme nicht in angemessener Frist umsetzt.

a) Einigung kommt nicht zustande

Das Unternehmen und die KEK erörtern die verschiedenen in Betracht kommenden Maßnahmen. Ziel dieser Erörterung ist es, die geeignete Maßnahme zur Verhinderung vorherrschender Meinungsmacht herauszuarbeiten, die im konkreten Fall die Interessen des betroffenen Unternehmens am wenigsten beeinträchtigt[419]. Unter mehreren gleich geeigneten Maßnahmen hat der Unternehmer grundsätzlich ein Wahlrecht. Eine Einigung scheitert dann, wenn der Unternehmer lediglich solche Maßnahmen treffen will, die nach Ansicht der KEK nicht zur Verhinderung vorherrschender Meinungsmacht geeignet sind. Die Frage des Scheiterns der Einigung hängt somit davon ab, wie die KEK die Geeignetheit einer Maßnahme zur Verhinderung vorherrschender Meinungsmacht beurteilt. Die KEK stellt in diesem Fall nach § 26 Abs. 4 S. 3 RStV fest, daß eine Einigung nicht zustande gekommen ist.

b) Fehlende fristgemäße Umsetzung

Wenn sich das Unternehmen und die KEK auf eine Maßnahme geeinigt haben, dann muß diese Maßnahme in angemessener Frist durchgeführt werden. Der Rundfunkstaatsvertrag bestimmt nicht, wie lange die angemessene Frist ist[420]. Die Länge der Frist ist abhängig von der zu ergreifenden Maßnahme. Sie wird von der KEK festgesetzt. Die KEK stellt gem. § 26 Abs. 4 S. 3 RStV auch fest, ob die Maßnahme innerhalb der Frist umgesetzt wurde oder nicht.

2. Entziehung der Zulassung

Nach Feststellung der KEK, daß entweder eine Einigung nicht zustande gekommen ist oder daß eine Maßnahme nicht fristgemäß umgesetzt wurde, wird von so vielen dem Unternehmen zurechenbaren Veranstaltern die Zulassung entzogen, bis vorherrschende Meinungsmacht nicht mehr gegeben ist.

---

[419] Siehe hierzu oben Kapitel 5 II 2.

[420] Zur Frist siehe oben Kapitel 5 II 3.

a) Auswahl durch die KEK

Ein Unternehmen mit vorherrschender Meinungsmacht hat regelmäßig mehrere ihm zurechenbare Programmveranstalter. Unter diesen Veranstaltern muß ausgewählt werden, wem die Zulassung zu entziehen ist. Nach § 26 Abs. 4 S. 4 RStV trifft die KEK die Auswahl unter Berücksichtigung der Besonderheiten des Einzelfalls.

Bei der Auswahl der Programme, bei denen die Zulassungen zu entziehen sind, hat die KEK die Besonderheiten des Einzelfalls in ihre Überlegungen einzubeziehen. Es ist aber nicht vorgegeben, welche Kriterien die KEK bei der Auswahl zu berücksichtigen hat. Dies erscheint insofern bedenklich, als auch Dritte von dem Widerruf der Zulassung betroffen sein könnten. Dies wäre z. B. dann der Fall, wenn die Zulassung eines Programms entzogen würde, bei dem das Unternehmen mit der vorherrschenden Meinungsmacht nicht alleiniger Veranstalter, sondern mit anderen Unternehmen zusammen Veranstalter wäre. Diese anderen Unternehmen könnten auf das Verfahren des § 26 Abs. 4 RStV keinen Einfluß ausüben, wären aber von einem Entzug der Zulassung ebenso betroffen, wie das Unternehmen mit der vorherrschenden Meinungsmacht. Die Interessen solcher Unternehmen sind bei der Auswahl in Betracht zu ziehen und besonders zu berücksichtigen. Der Entzug der Zulassung muß auch solchen Unternehmen gegenüber noch verhältnismäßig sein.

Andererseits müssen die Interessen des Unternehmens mit der vorherrschenden Meinungsmacht nicht mehr in der gleichen Weise berücksichtigt werden. Hier muß in die Überlegungen einbezogen werden, daß das Unternehmen im Vorfeld schon Maßnahmen zur Abwehr hätte ergreifen können.

b) Zuständigkeit für den Zulassungsentzug

Nach § 26 Abs. 4 S. 3 RStV soll die zuständige Landesmedienanstalt die Zulassungen widerrufen. Welche Landesmedienanstalt aber die zuständige Landesmedienanstalt ist, wird nicht gesagt. Es kann dabei entweder auf das Unternehmen als solches abzustellen sein, oder die Regelung bezieht sich auf den einzelnen zu dem Unternehmen gehörenden Veranstalter. So kommt auf der einen Seite die Landesmedienanstalt in Betracht, in deren Bereich das Unternehmen seinen Hauptsitz hat (gem. § 3 Abs. 1 Nr. 3b VwVfG) oder betrieben wird (gem. § 3 Abs. 1 Nr. 2 VwVfG). Hierfür spricht, daß sich die Regelung des § 26 Abs. 4 RStV auf das Unternehmen als solches bezieht und nicht auf den einzelnen Veranstalter. Andererseits könnte für den Zulassungsentzug auch die Landesmedienanstalt zuständig sein, in deren Bereich der Veranstalter, dessen Programm die Zulassung entzogen werden soll, seinen Sitz hat. Diese Landesmedienanstalt hat die Zulassung schließlich erteilt. Die Frage nach der zuständigen Landesmedienanstalt stellt sich also nur dann, wenn das Unternehmen und der Veranstalter des Programms ihren Sitz in unterschiedlichen Bundesländern haben.

Dagegen, daß die jeweils für den Veranstalter zuständige Landesmedienanstalt auch die zuständige Landesmedienanstalt für den Entzug der Zulassung ist, spricht der Wortlaut des § 26 Abs. 4 S. 3 RStV. Hier ist von einer zuständigen Landesmedienanstalt die Rede, die mehrere Programmzulassungen entziehen soll. Also soll nach dem Wortlaut eine Landesmedienanstalt für den Entzug mehrerer Zulassungen zuständig sein. Die verschiedenen Veranstalter haben ihre Zulassungen aber oft von unterschiedlichen Landesmedienanstalten erhalten. Im Prinzip müßten dann also für den Entzug der Zulassungen ebenfalls mehrere Landesmedienanstalten, nämlich die jeweils für den Veranstalter zuständigen Landesmedienanstalten, zuständig sein. Dies scheint vom Wortlaut des § 26 Abs. 4 S. 3 RStV aber nicht vorgesehen zu sein. Auch in § 26 Abs. 4 S. 1 RStV ist schon von der zuständigen Landesmedienanstalt die Rede und zwar deutlich auf die für das Unternehmen zuständige Landesmedienanstalt bezogen.

Andererseits könnte eine möglicherweise bestehende sprachliche Ungenauigkeit in § 26 Abs. 4 S. 1 RStV damit zu erklären sein, daß in diesem Stadium des Verfahrens die KEK im Mittelpunkt steht. Die KEK trifft in diesem Verfahrensstadium die Entscheidung. Für die Zuständigkeit der KEK ist es jedoch nicht maßgeblich, als Organ welcher Landesmedienanstalt sie tätig wird. Sie kann grundsätzlich auch Organ mehrerer Landesmedienanstalten gleichzeitig sein.[421] Eine trennscharfe Unterscheidung zwischen verschiedenen Landesmedienanstalten ist in § 26 Abs. 4 S. 1 RStV somit noch nicht notwendig.

Für § 26 Abs. 4 S. 3 RStV ist jedoch eine Unterscheidung zwischen der für das Unternehmen und der für den einzelnen Veranstalter zuständigen Landesmedienanstalt erforderlich, denn die Zulassungen werden im Außenverhältnis nicht von der KEK sondern von der zuständigen Landesmedienanstalt widerrufen.

Dafür, daß mit der „zuständigen Landesmedienanstalt" in § 26 Abs. 4 S. 3 RStV die jeweils für den Veranstalter zuständige Landesmedienanstalt gemeint ist, spricht die Kompetenzverteilung im föderalistischen Bundesstaat. Die für das Unternehmen zuständige Landesmedienanstalt hätte die Zulassung, die sie widerrufen will, nicht notwendig selbst erteilt. Das ist zwar grundsätzlich nicht problematisch, denn auch ansonsten kann eine Behörde einen Verwaltungsakt widerrufen, den sie nicht selbst erlassen hat[422]. Im vorliegenden Fall würde aber möglicherweise eine Behörde eines Landes eine nach Landesrecht eines anderen Landes erteilte Zulassung widerrufen. Für diesen Zulassungsentzug würde der Landesmedienanstalt aber die Verbandskompetenz fehlen. Die einzelne Landesmedienanstalt wurde aufgrund eines landesrechtlichen Rechtsaktes mit der dem einzelnen Land zustehenden Hoheitsgewalt gegründet. Die Hoheitsgewalt, die diese Landesmedienanstalt ausüben kann, kann nicht weiter reichen, als die Hoheitsgewalt des Landes selber. Die Hoheitsgewalt des Landes ist aber auf das eigene Landesgebiet beschränkt[423]. Also kann sich die Hoheitsgewalt der Landesmedienanstalten grundsätzlich auch nicht auf fremdes Landesgebiet erstrecken. Bei der Ausübung von Bundesgesetzen durch die Länder ist dieser Grundsatz zwar eingeschränkt[424], bei den Regelungen des Rundfunkstaatsvertrags handelt es sich jedoch nicht um Bundesrecht sondern um Landesrecht. Bei der Anwendung von Landesrecht

[421] *Renck-Laufke*, Was ist und was kann die KEK ?, ZUM 2000, S. 369.

[422] Siehe nur § 49 Abs. 4, 2. HS VwVfG.

[423] BVerfGE **11**, 6, 19; v. Mangoldt/Klein, 2. Auflage Bd. III, Art. 83, S. 2104.

[424] OVG Hamburg, NWwZ-RR 1999, 633, 634; *Isensee*, Idee und Gestalt des Föderalismus im Grundgesetz, in HdBStR, § 98 Rn. 35.

erschöpft sich die Hoheitsgewalt eines Landes auf das eigene Territorium[425]. Der Zulassungsentzug einer von einer anderen Landesmedienanstalt nach deren Landesrecht erteilten Zulassung greift dann unzulässig in die Hoheitsgewalt dieses Landes ein.

Etwas anderes gilt dann, wenn das entsprechende Land durch Öffnungsklauseln die Ausübung fremder Hoheitsgewalt auf seinem eigenen Gebiet zuläßt[426]. Ausdrücklich ist die Ausübung fremder Hoheitsgewalt durch die Landesmedienanstalten nicht geregelt. Auch § 26 Abs. 4 S. 3 RStV läßt sich nicht als solche Öffnungsklausel interpretieren. Der Wortlaut läßt zwar die Auslegung zu, daß lediglich eine Landesmedienanstalt für den Zulassungsentzug zuständig ist und damit auch von anderen Landesmedienanstalten erteilte Zulassungen widerrufen darf. Eine ausdrückliche Unterscheidung zwischen der zulassenden Landesmedienanstalt und der die Zulassung widerrufenden Landesmedienanstalt wird jedoch in § 26 Abs. 4 S. 3 RStV nicht getroffen. Es wird also nicht deutlich, daß die Ausübung fremder Hoheitsgewalt gestattet werden soll.

Weil eine Öffnungsklausel für den Zulassungsentzug durch eine Landesmedienanstalt fehlt, ist § 26 Abs. 4 S. 1 RStV so zu interpretieren, daß die für die jeweiligen Veranstalter zuständige Landesmedienanstalt die Zulassung widerruft.[427]

3. Entschädigung

Nach § 26 Abs. 4 S. 5 RStV wird eine Entschädigung für Vermögensnachteile durch den Widerruf der Zulassungen nicht gewährt.

---

425 *Isensee*, Idee und Gestalt des Föderalismus im Grundgesetz, in HdBStR, § 98 Rn. 36; Oldiges, Verbandskompetenz, DÖV 1989, 873, 877 f.; Knack-Klappstein, VwVFG, Vor § 3 1.1.

426 Oldiges, Verbandskompetenz, DÖV 1989, S. 873, 878f.

427 So auch im Ergebnis *Bornemann/Lörz*, Bayerisches Mediengesetz, Art. 27 Rn. 123, die auf die Erteilung der Satellitenzulassung abstellen.

II. Zulassungsentzug nach § 26 Abs. 5 S. 2 RStV

Nach § 26 Abs. 5 S. 2 RStV wird einem Veranstalter die Zulassung entzogen, wenn er einen Zuschaueranteil von jahresdurchschnittlich 10 % hat und er die zur Einräumung von Sendezeit an unabhängige Dritte erforderlichen Maßnahmen nicht innerhalb der Frist von sechs Monaten trifft. Eine Auswahlproblematik stellt sich hier nicht. Für den Zulassungsentzug kommt nur jeweils ein Veranstalter in Betracht. Zuständig ist die Landesmedienanstalt, die die Zulassung erteilt hat. Bezüglich der Entschädigung wird auf § 26 Abs. 4 S. 5 RStV verwiesen. Eine Entschädigung wird also ebenfalls nicht gewährt.

Kapitel 9: Verfassungsmäßigkeit der Fensterprogrammregelungen

Nachdem nunmehr untersucht wurde, welche Zielsetzungen die Fensterprogrammregelungen haben, wie sie eingesetzt werden und welche Auswirkungen sie im Detail auf die Betroffenen haben, soll nun die Frage der Verfassungsmäßigkeit der Regelungen wieder aufgegriffen werden. Wie oben dargestellt, ist die Rundfunkfreiheit des Art. 5 Abs. 1 S. 2 GG nicht nur als objektiv-rechtliche institutionelle Gewährleistung zu verstehen, sondern sie beinhaltet auch ein subjektives Recht auf Rundfunkveranstaltung[428]. Die Fensterprogrammregelungen stellen demnach Eingriffe in dieses subjektive Recht der Rundfunkveranstalter dar. Es stellt sich somit die Frage, ob diese Eingriffe in die Rundfunkfreiheit verfassungsrechtlich gerechtfertigt sind.

Die Fensterprogrammregelungen lassen sich hierbei unter zwei Gesichtspunkten als zulässige Schranken einordnen[429]. Zum einen könnten sie den Anforderungen des Art. 5 Abs. 2 GG genügen. Hierbei können die Schranken zum Schutz der Jugend und zum Schutz der Ehre außer acht bleiben, denn die Fensterprogrammregelungen dienen weder dem Jugend- noch dem Ehrenschutz. Die Fensterprogrammregelungen lassen sich aber als allgemeines Gesetz verstehen. Sie beeinträchtigen weder die Äußerung oder Verbreitung bestimmter Meinungen noch den Prozeß freier Meinungsbildung als solchen, sondern sie dienen dem Schutz eines anderen, ohne Rücksicht auf bestimmte Meinungen zu schützendem Rechtsgut[430], nämlich der objektiv-rechtlichen Dimension der Rundfunkfreiheit und ihrer Bedeutung für den in der demokratischen Ordnung wichtigen Prozeß der öffentlichen Meinungsbildung. Der zweite Rechtfertigungsansatz liegt darin, die objektivrechtliche Dimension der Rundfunkfreiheit als sonstiges verfassungsrechtlich geschütztes Gut anzusehen, das die Rundfunkfreiheit verfassungsimmanent beschränkt.

---

428 Siehe hierzu Kapitel 2 IV.

429 Siehe zu dieser Problematik ausführlich oben Kapitel 2 III. 3).

430 Ständige Rechtsprechung des BVerfG zu den Anforderungen an ein allgemeines Gesetz; BVerfGE **7**, 198, 209; **62**, 230, 244; **71**, 162, 175; **74**, 297, 343; **93**, 266, 291.

Zu prüfen bleibt, ob die einzelnen Beschränkungen der Rundfunkfreiheit den Anforderungen des Verhältnismäßigkeitsprinzips genügen. Da die Ziele und auch die Wirkungen der drei im Rundfunkstaatsvertrag vorgesehenen Konstellationen für die Verpflichtung zur Aufnahme von Fenstern in ein Hauptprogramm nicht gleich sind, muß die Verhältnismäßigkeit für jedes von ihnen selbständig geprüft werden.

I. Das Fensterprogramm bei vorherrschender Meinungsmacht

Dieses Fensterprogramm ist eine der Möglichkeiten, die die KEK bei Vorliegen von vorherrschender Meinungsmacht eines Unternehmens ergreifen kann[431].

1. Legitimes Ziel

Das Fensterprogramm dient zur Bekämpfung vorherrschender Meinungsmacht. Es soll dann, wenn vorherrschende Meinungsmacht gegeben ist, repressiv auf das betroffene Unternehmen einwirken. Das ist ein legitimes Ziel, denn die Funktion des Rundfunks für die freie individuelle und öffentliche Meinungsbildung und damit für das demokratische System ist bei vorherrschender Meinungsmacht einzelner gefährdet. Die Verhinderung und Bekämpfung vorherrschender Meinungsmacht ist eine der dringlichsten Aufgaben der positiven Ordnung des Rundfunks[432]. Der objektiv-rechtliche Gehalt von Art. 5 Abs. 1 S. 2 GG verpflichtet den Gesetzgeber zur Bekämpfung vorherrschender Meinungsmacht. Insofern ist ein legitimes Ziel gegeben.

2. Geeignetheit

Eine Regelung ist dann geeignet im Sinne des Verhältnismäßigkeitsprinzips, wenn sie die Erreichung des legitimen Ziels fördert[433]. In diesem Sinne ist die Fensterprogrammregelung zur Bekämpfung vorherrschender Meinungsmacht

---

[431] Siehe zu den Einzelheiten Kapitel 5.

[432] BVerfGE **97**, 228, 266 f.

[433] Jarass/Pieroth-*Jarass*, Art. 20 Rn. 39; BVerfGE **92**, 262, 273.

ersichtlich geeignet[434]. Wenn ein Unternehmen ein Fensterprogramm in das Programm von einem seiner Veranstalter aufnehmen und ihm Sendezeit zur Verfügung stellen muß, dann steht diesem Unternehmen insgesamt weniger Sendezeit zur Verfügung und es hat dann insgesamt einen niedrigeren Zuschaueranteil, der ja als Indiz für vorherrschende Meinungsmacht gilt. Die Meinungsmacht des Unternehmens wird also durch die Sendezeitabgabe verringert.

Über diese die Sendezeit und den Zuschaueranteil verringernde Wirkung hinaus bewirkt die Fensterprogrammregelung, daß mit dem Fensterprogrammveranstalter ein neuer Veranstalter und damit eine neue Meinungsrichtung auf dem Meinungsmarkt auftritt. Dies wird auch nicht dadurch eingeschränkt, daß der Hauptprogrammveranstalter eine gewisse Vorauswahl unter den Bewerbern für ein Fensterprogramm treffen darf.[435] Denn letztlich findet eine Auswahl des Fensterprogrammveranstalters immer noch aus zumindest drei vom Hauptprogrammveranstalter unabhängigen Fensterveranstaltern statt. Hierdurch erhöht sich die Vielfalt der auf dem Meinungsmarkt repräsentierten unterschiedlichen Meinungsrichtungen. Je mehr unterschiedliche Meinungsrichtungen auf dem Meinungsmarkt repräsentiert sind, desto schwerer wird es aber für das einzelne Unternehmen, eine dominante Stellung einzunehmen. Insofern fördert die Erhöhung der Vielfalt an unterschiedlichen Meinungsrichtungen auch die Bekämpfung vorherrschender Meinungsmacht.

Unter dem Gesichtspunkt der Geeignetheit wird auch diskutiert, ob ein Fensterprogramm zu einem möglicherweise heterogenen Programm insgesamt führt und damit negative Auswirkungen auf die Akzeptanz des Programms bei den Zuschauern hat. Ein solches Programm würde dann weniger Zuschauer ansprechen und dadurch nur noch in geringerem Maße der Information und Meinungsbildung dienen. Das Fensterprogramm würde damit die Sicherung des Pluralismus nicht

---

434 *Ossyra*, Konzentrationskontrolle über private Rundfunkveranstalter, S. 180, sieht die Regelung am Rande der Inneffektivität.; in diese Richtung auch der Konzentrationsbericht der KEK, S. 368.

435 Siehe hierzu oben Kapitel 6 II 5; dies wird kritisiert von *Clausen-Muradian*, Konzentrationskontrolle im privaten Rundfunk, ZUM 1996, S. 932, 946.

fördern, sondern behindern.[436] Unabhängig von den Fragen, inwieweit Fensterprogramme tatsächlich zu einem Akzeptanzverlust bei den Zuschauern führen und inwieweit ein Mangel an Akzeptanz des einzelnen Programms die Sicherung des Pluralismus beeinträchtigt, ist dies jedoch keine Frage der Geeignetheit. Die Verhinderung vorherrschender Meinungsmacht ist neben der Vielfaltsförderung nur ein Teilbereich des Pluralismusgebots. Zu dem legitimen Ziel der Verhinderung vorherrschender Meinungsmacht ist das Fensterprogramm auch dann ein geeignetes Mittel, wenn dadurch tatsächlich ein Akzeptanzverlust des Programms eintreten sollte und das Programm tatsächlich bei insgesamt weniger Zuschauern zur Information und Meinungsbildung beitragen würde.

3. Erforderlichkeit

Die Fensterprogrammregelung muß auch erforderlich sein, um das Ziel zu erreichen. Die Verhinderung vorherrschender Meinungsmacht darf nicht durch ein mindestens genau so geeignetes, aber weniger belastendes Mittel zu erreichen sein. Eine andere Ausgestaltung der Fensterprogrammregelung z. B. durch eine stärkere Einflußnahmemöglichkeit des Hauptprogrammveranstalters auf das Fensterprogramm wäre nicht genau so geeignet, denn eine größere Unabhängigkeit des Fensterprogrammveranstalters gegenüber dem Hauptprogrammveranstalter stellt auch einen stärkeren Gegenpol zur Meinungsmacht des Hauptprogrammveranstalters dar.

Denkbar wäre auch eine lediglich finanzielle Förderung kleiner unabhängiger Veranstalter durch den Hauptprogrammveranstalter. Aber auch diese Maßnahme wäre nicht genau so geeignet, denn neben der Schaffung eines Gegenpols durch die Fensterprogrammveranstalter geht es in der Fensterprogrammregelung auch darum, durch Sendezeitabgabe die Meinungsmacht des Hauptprogrammveranstalters einzudämmen.

Die Elemente der Fensterprogrammregelung, die die Meinungsmacht des Unternehmens verringern sollen, nämlich die Pflicht, etwas „Fremdes" im eigenen

---

436 So Ricker/Schiwy-*Ricker*, Rundfunkverfassungsrecht, F, Rn. 62 ff.

Gesamtprogramm aufzunehmen und die damit verbundene Verringerung der Gesamtsendezeit des betroffenen Veranstalters sind auch die Elemente, durch die das betroffene Unternehmen beeinträchtigt wird. Weniger beeinträchtigende Maßnahmen hätten daher auch einen geringeren die Meinungsmacht reduzierenden Effekt. Deshalb sind genau so geeignete, aber weniger belastende Maßnahmen nicht ersichtlich[437].

4. Angemessenheit

Die Fensterprogrammregelung muß einen angemessenen Ausgleich der betroffenen Interessen darstellen, um verhältnismäßig zu sein. Hierbei sind auf der einen Seite die Belastungen durch das Fensterprogramm zu berücksichtigen, auf der anderen Seite die hohe verfassungsrechtliche Bedeutung der Verhinderung vorherrschender Meinungsmacht.

Das Fensterprogramm stellt eine finanzielle Belastung für den Hauptprogrammveranstalter dar. Durch die Abgabe von Sendezeit an den Fensterprogrammveranstalter kann der Hauptprogrammveranstalter in dieser Zeit kein Geld durch den Verkauf von Werbezeiten einnehmen. Außerdem wird der mögliche Akzeptanzverlust des mit dem Fensterprogramm belasteten Hauptprogramms angeführt. Bei weniger Akzeptanz des Programms sei auch der Zuschaueranteil niedriger und damit auch der sich am Zuschaueranteil orientierende Werbeminutenpreis. Ein solcher Akzeptanzverlust drohe insbesondere deshalb, weil die Regelungen bezüglich der Fensterprogramme keine Pflicht für das Fensterprogramm enthielten, sich in das Hauptprogramm einzuordnen[438]. § 31 Abs. 1 S. 1 RStV enthält jedoch gerade eine solche Pflicht für das Fensterprogramm, die Programmautonomie des Hauptprogramms zu wahren. Das Fensterprogramm darf daher nicht als Fremdkörper störend aus dem Hauptprogramm herausragen.[439] Sollte tatsächlich ein Akzeptanzverlust eintreten, wird dieser demnach eher gering ausfallen und sich nicht erheblich auf den Werbeminutenpreis auswirken.

---

[437] So auch *Ossyra*, Konzentrationskontrolle über private Rundfunkveranstalter, S. 183.

[438] Ricker/Schiwy-*Ricker*, Rundfunkverfassungsrecht, F, Rn. 65.

[439] Siehe hierzu oben Kapitel 6 II 3 a) cc).

Die Fensterprogrammregelung bewirkt aber auch eine publizistische Einschränkung für den betroffenen Unternehmer. Während der Fensterprogrammsendezeit kann der Hauptprogrammveranstalter keine eigenen Programme verbreiten. Damit wird der Hauptprogrammveranstalter kurzfristig an der Veranstaltung von Rundfunk gehindert. Das Fensterprogramm führt zudem dazu, daß der Veranstalter seine eigenen Programmteile, die das Fensterprogramm umrahmen, trotz der Autonomiewahrungspflicht des Fensterprogrammveranstalters, seinerseits an das Fensterprogramm anpassen muß. Um einen Akzeptanzverlust so gering wie möglich zu halten, muß der Hauptprogrammveranstalter versuchen, den Programmfluß durch das Fensterprogramm so wenig wie möglich stören zu lassen. Dies gelingt ihm nur durch eine Anpassung seines eigenen Programms. Er wird in der Ausübung seiner publizistischen Freiheit damit durch das Fensterprogramm eingeschränkt. Ein dennoch eintretender Akzeptanzverlust führt neben der finanziellen Belastung auch zu einem Rückgang an publizistischem Einfluß bei der Meinungsbildung. Außerdem haben finanzielle Einbußen auch mittelbar Einfluß auf die Finanzierung publizistischer Programminhalte.

Auch wenn die angeführten Belastungen der Qualität nach gegeben sind, ist doch die Quantität eher gering. Die 260 Minuten Sendezeit machen nur knapp 2, 6 % der gesamten Wochensendezeit aus. Die davon in der „prime time" liegenden 75 Minuten machen knapp 4 % der gesamten „prime time" pro Woche aus[440]. Deshalb stellen sich die daraus resultierenden finanziellen Belastungen letztlich auch nur als gering dar. Auch die Möglichkeit eines Akzeptanzverlusts des Programms erscheint angesichts der verhältnismäßig geringen Sendezeitabgabe und der Pflicht des Fensterprogramms, die Programmautonomie des Hauptprogramms zu wahren, als nicht sehr wahrscheinlich.

Zudem ist die hohe verfassungsrechtliche Bedeutung des Zwecks der Fensterprogrammregelungen in die Beurteilung der Angemessenheit mit einzubeziehen. Die Verhinderung vorherrschender Meinungsmacht ist zwingender aus Art. 5 Abs. 1 S. 2 GG folgender Gestaltungsauftrag an den Gesetzgeber. Denn vorherrschende Meinungsmacht einzelner kann für politische Zwecke instrumentalisiert

---

[440] Siehe zur Fensterprogrammsendezeit Kapitel 6 V.

werden und dann eine Gefahr für die demokratische Grundordnung bilden. In Anbetracht dieses hohen Schutzgutes sind die Fensterprogrammregelungen angemessen[441].

II. Das Fensterprogramm bei einem Zuschaueranteil von 10 %

Das Fensterprogramm bei einem Zuschaueranteil von 10 % ist in der rechtlichen Ausgestaltung nahezu identisch mit dem Fensterprogramm bei vorherrschender Meinungsmacht. Es gelten jedoch unterschiedliche Tatbestandsvoraussetzungen, denn hier wird nicht auf das durch einen Zuschaueranteil von 30 % indizierte Bestehen vorherrschender Meinungsmacht abgestellt[442], sondern die Obliegenheit, ein Fensterprogramm in sein Programm aufzunehmen entsteht für einen Hauptprogrammveranstalter schon bei dem festen Wert von 10 % Zuschaueranteil[443]. Bezüglich dieses Fensterprogramms werden in der Literatur deutlichere Bedenken bezüglich der Verfassungsmäßigkeit geäußert, als bei dem Fensterprogramm bei vorherrschender Meinungsmacht[444].

1. Legitimes Ziel

Das 10 %-Fensterprogramm hat im Gegensatz zum 30 %-Fensterprogramm nicht unmittelbar das Ziel, vorherrschende Meinungsmacht zu verhindern[445]. Das 10%-Fensterprogramm setzt schließlich bei einem Zuschaueranteil von 10 % an. Dieser Zuschaueranteil liegt jedoch weit unter dem Wert von 30 %, bei dem vorherrschende Meinungsmacht vermutet wird. Die Diskrepanz zu dem Wert, bei dem vorherrschende Meinungsmacht vermutet wird, wird auch nicht durch ein anderes die Meinungsmacht indizierendes Kriterium wieder aufgehoben. Insbesondere die Tatsache, daß das 10%-Fensterprogramm auf den einzelnen Veranstalter abstellt, und das 30%-Fensterprogramm auf das Unternehmen als solches, kann auf die

---

441 So auch *Ossyra*, Konzentrationskontrolle über private Rundfunkveranstalter, S. 83 f; S. 183.

442 Einzelheiten hierzu in Kapitel 5.

443 Einzelheiten hierzu in Kapitel 4.

444 Insbesondere *Engel*, Sonderlasten, ZUM 2000, 345 ff.

445 *Engel*, Sonderlasten, ZUM 2000, S. 345, 351.

Bewertung bezüglich vorherrschender Meinungsmacht keinen Einfluß haben[446]. In Abkehr von der früheren Regelung stellt die Neuordnung des Medienkonzentrationsrechts bezüglich der Konzentrationskontrolle gerade nicht mehr auf das einzelne Programm ab, sondern auf die Zuschauerkontakte, also auf den Zuschaueranteil der Programme eines Unternehmens insgesamt.

Art. 5 Abs. 1 S. 2 GG stellt an die positive Ordnung des Rundfunks aber nicht nur die Anforderung, vorherrschende Meinungsmacht zu verhindern. Die positive Ordnung hat auch dafür Sorge zu tragen, daß der Rundfunk in ihr auch seiner verfassungsrechtlich vorausgesetzten Aufgabe im Dienst der Meinungsbildung gerecht wird[447]. Die Vielfalt der bestehenden Meinungen und Gegenstände muß im Rundfunk umfassend zum Ausdruck kommen[448]. Die Förderung einer solchen Meinungsvielfalt ist Aufgabe und somit legitimes Ziel von Rundfunkregelungen.

Diesem legitimen Ziel dient die 10 %-Fensterprogrammregelung. Durch diese Regelung soll einem unabhängigem Dritten, also einer potentiell neuen Meinungsrichtung, eine schon etablierte Plattform zur Verfügung gestellt werden. Die inhaltliche Ausgestaltung der Fensterprogrammregelung soll dafür sorgen, daß sich die Inhalte des Fensterprogrammveranstalters von den Inhalten des Hauptprogrammveranstalters unterscheiden. Die Regelung soll also sowohl die Meinungsrichtungsvielfalt als auch die Gegenstandsvielfalt im privaten Rundfunk fördern.

2. Geeignetheit

Die 10 %-Fensterprogrammregelung müßte zur Verbesserung der Meinungsvielfalt in einer ihren beiden Ausprägungen - der Meinungsrichtungsvielfalt oder der Gegenstandsvielfalt - geeignet sein.

Durch die Zuteilung von Sendezeit an das Fensterprogramm erhält der Fenster-

---

446 *Engel*, Sonderlasten, ZUM 2000, S. 345, 351.

447 BVerfGE **97**, 228, 267.

448 BVerfGE **57**, 295, 320.

programmveranstalter die Möglichkeit, eigene Inhalte aus seinem eigenen Blickwinkel darzustellen. Auf dem Rundfunkmeinungsmarkt tritt mit dem unabhängigen Dritten damit ein zusätzlicher Veranstalter auf. Dieser unabhängige Dritte war auf dem Rundfunkmeinungsmarkt zuvor entweder noch überhaupt nicht, oder jedenfalls nur in geringem Umfang vertreten[449]. Durch das Hinzutreten dieses neuen Veranstalters wird die Vielfalt der unterschiedlichen Meinungsrichtungen also gefördert. Die Regelung ist somit zumindest zur Erhöhung der Meinungsrichtungsvielfalt geeignet.

Hiergegen wird eingewendet, daß die Regelung dem Fensterprogrammveranstalter im Verhältnis zum Hauptprogrammveranstalter nur in so geringem Umfang Wirkungschancen einräumen würde, daß sich das Fensterprogramm kaum auf das Meinungsklima auswirken könnte und nicht die Möglichkeit hätte, langfristig Mentalitäten zu verändern[450]. Dieser Einwand spricht jedoch nicht gegen die grundsätzliche Eignung der Fensterprogrammregelung zur Erhöhung der Meinungsrichtungsvielfalt. Denn auch eine nur zeitlich geringe Möglichkeit für eine neue Meinungsrichtung erhöht doch die Vielfalt, wenn eben auch nur gering. Eine Auswirkung auf das Meinungsklima und eine Veränderung von Mentalitäten ist keine Voraussetzung, um von einer Vielfaltserhöhung zu sprechen. Noch viel weniger ist es unter dem Gesichtpunkt der Erhöhung der Meinungsrichtungsvielfalt erforderlich, daß das Fensterprogramm einen wahrnehmbaren politischen Gegenpol zum Hauptprogramm bilden können muß[451]. Maßnahmen gegen massive Politisierung eines Programms oder einer Programmgruppe sind der Gruppe der Maßnahmen gegen vorherrschende Meinungsmacht zuzuordnen. Das ist jedoch gerade nicht das Ziel der 10 % - Fensterprogrammregelung[452].

Über die Erhöhung der Meinungsrichtungsvielfalt hinaus ist die Fensterprogrammregelung auch zur Erhöhung der Gegenstandsvielfalt geeignet. Das Fensterprogramm hat nach § 31 Abs. 1 S. 1 RStV insbesondere einen Vielfaltsbeitrag

---

[449] So z. B. mehrfach zugelassene Fensterprogrammveranstalter.

[450] *Engel*, Sonderlasten, ZUM 2000, S. 345, S. 352.

[451] So aber wohl *Engel*, Sonderlasten, ZUM 2000, S. 345, S. 351 f.

[452] Siehe dieses Kapitel Abschn. II, 1.

in den Bereichen Kultur, Bildung und Information zu leisten. Es soll damit die in diesen Bereichen oftmals bestehenden Defizite des Hauptprogramms ausgleichen und einen inhaltlichen Gegenpol zum Hauptprogramm bilden[453].

3. Erforderlichkeit

Die 10 %-Fensterprogrammregelung müßte auch erforderlich zur Erreichung des legitimen Ziels sein. Es dürfte keine weniger belastende Maßnahme geben, die zur Erreichung des Ziels genau so gut geeignet ist.

Als Alternative zur Fensterprogrammregelung werden Programmauflagen für die jeweiligen Programme vorgeschlagen, in denen Mindestanteile für kulturelle oder sonstige unterrepräsentierte Inhalte vorgeschrieben werden. Diese seien weniger belastend und zur Erreichung von Gegenstandsvielfalt sogar besser geeignet. Wenn der Hauptprogrammveranstalter selber darüber entscheiden könne, wie er diese Inhalte in sein Programm integriere, könne er besser darauf achten daß der Programmfluß durch diese Inhalte nicht gestört werde. Dies führe dazu, daß mehr Zuschauer diese Inhalte auch tatsächlich wahrnehmen würden.[454]

Prinzipiell ist Gegenstandsvielfalt als solche zwar nicht davon abhängig, daß die im Rundfunk dargebotenen Inhalte auch tatsächlich wahrgenommen werden. Andererseits steht hinter der Forderung nach Gegenstandsvielfalt im Rundfunk auch der Bildungsauftrag des Rundfunks. Der Rundfunk ist nach der Rechtsprechung des Bundesverfassungsgerichts nicht nur ein Medium, um dem einzelnen und gesellschaftlichen Gruppen Gelegenheit zu meinungsbildendem Wirken zu geben. Der Rundfunk ist auch selbst an der Meinungsbildung beteiligt. Er ist Faktor der Meinungsbildung in einem umfassenden Sinn und hierbei nicht nur auf Nachrichtensendungen und ähnliches beschränkt, sondern er wirkt in allen Lebensbereichen.[455]Es sollen nicht nur schon interessierte Minderheiten in ihren Interessen bedient werden, sondern es soll gerade auch das Interesse der Mehrheit

---

453 *Stock*, Konzentrationskontrolle, in: Stock/Röper/Holznagel, Medienmarkt und Meinungsmacht, S. 55 f.

454 *Engel*, Sonderlasten, ZUM 2000, S. 345, S. 353.

455 Ständige Rechtsprechung, z. B. BVerfGE **97**, 228, 257; **83**, 238, 296 ff.

geweckt werden. Je mehr Zuschauer mit den unterschiedlichen dargebotenen Gegenständen konfrontiert werden, desto mehr informiert der Rundfunk die Gesellschaft als solche.

Programmauflagen erreichen dieses Ziel jedoch nicht besser als die Fensterprogrammregelung. Der Hauptprogrammveranstalter ist voraussichtlich bei der Auswahl der Themengebiete zu sehr durch wirtschaftliche Interessen beeinflußt. Sein Interesse, nicht den Programmfluß zu unterbrechen und dadurch Zuschauer zu verlieren, führt für ihn zu dem Problem, massenattraktive kulturelle oder sonstige unterrepräsentierte Inhalte finden zu müssen. Die Themenauswahl ist dadurch sehr begrenzt. Der Fensterprogrammveranstalter, der in seiner Finanzierung quotenunabhängiger ist, ist in seiner Themenauswahl weniger eingeschränkt. Außerdem führen Programmauflagen nicht zu einer Erhöhung der Meinungsrichtungsvielfalt, so daß sie schon aus diesem Grund nicht genau so geeignet zur Erreichung des Ziels sind, wie die Fensterprogramme.

Eine andere Möglichkeit, unabhängige Programmveranstalter mit eigenem Themenprofil zu fördern, wird darin gesehen, solchen Veranstaltern aus einem von allen Rundfunkveranstaltern finanzierten Fond Anschubbeihilfen zu geben[456]. Hierdurch könnte möglicherweise langfristig die Veranstaltervielfalt und damit die Meinungsrichtungsvielfalt gefördert werden. Aber diese durch Anschubbeihilfen finanzierten Veranstalter hätten sich dem Wettbewerb um Werbeeinnahmen zu stellen. Sie wären abhängig von der Zuschauerquote. Diese Quotenabhängigkeit würde die Veranstalter aber zwingen, auf massenattraktive Inhalte zu setzen[457]. Die Gegenstandsvielfalt würde so nicht gefördert.

Eine genau so geeignete, aber weniger belastende Maßnahme ist nicht ersichtlich. Die Fensterprogrammregelung ist zur Vielfaltserhöhung also erforderlich.

---

456 *Engel*, Sonderlasten, ZUM 2000, S. 345, S. 354.

457 So *Engel*, Sonderlasten, ZUM 2000, S. 345, S. 352 f. selbst.

4. Angemessenheit

Bezüglich der durch die Fensterprogrammregelungen verursachten Belastungen kann zunächst auf die Ausführungen bezüglich des Fensterprogramms bei vorherrschender Meinungsmacht verwiesen werden.[458] Die Fensterprogrammregelungen wirken sich in gleicher Weise auf den Veranstalter eines Fernsehprogramms mit 10 % Zuschaueranteil aus, wie auf einen Programmveranstalter, der das Fensterprogramm wegen vorherrschender Meinungsmacht in sein Programm aufnimmt.

Der Einwand, die Fensterprogrammregelungen stellten eine ungerechtfertigte Ungleichbehandlung der Programmveranstalter mit einem Zuschaueranteil von 10 % gegenüber anderen Programmveranstaltern dar[459], geht fehl. Die Anknüpfung an den Zuschaueranteil von 10 % ist legitim. Ein Programm mit einem solchen Zuschaueranteil kann zum einen die Abgabe von Sendezeit besser verkraften, weil es im Übrigen hohe Werbeeinnahmen verbuchen kann. Zum anderen hat das Fensterprogramm aufgrund des hohen Zuschaueranteils einen höheren Wirkungsgrad.

Die sich für den Hauptprogrammveranstalter ergebenden Belastungen sind hier im Gegensatz zum Fensterprogramm bei vorherrschender Meinungsmacht nicht an dem Schutzgut der Verhinderung vorherrschender Meinungsmacht zu messen, sondern an dem Schutzgut der Sicherung der Meinungsvielfalt. Aber das Schutzgut der Sicherung der Meinungsvielfalt ergibt sich ebenfalls als Gestaltungsauftrag an den Gesetzgeber aus Art. 5 Abs. 1 S. 2 GG. Die freie öffentliche und individuelle Meinungsbildung durch den Rundfunk ist gefährdet, wenn der Rundfunk nicht die Vielfalt der Meinungsrichtungen und Themengebiete widerspiegelt. Auch insoweit fordert die dienende Funktion des Rundfunks die Gestaltung der Rundfunkordnung. Wenngleich zuzugestehen ist, daß der Gesetzgeber hinsichtlich der Förderung von Meinungsvielfalt einen größeren Spielraum hat, so daß bei hinreichenden öffentlich-rechtlichen Rundfunkprogrammen kaum eine Verfas-

---

458 Siehe dieses Kapitel Abschn. I, 4.

459 So *Engel*, Sonderlasten, ZUM 2000, S. 345, S. 351.

sungspflicht des Gesetzgebers zur Schaffung von 10%-Fenstern oder vergleichbarer Regelungen anzunehmen ist, bleibt es doch beim Verfassungsrang auch des mit dieser Regelung verfolgten Ziels.[460] Hinzu kommt, daß auch die 10%-Fenster einen Bezug zur Verhinderung vorherrschender Meinungsmacht haben. Die Förderung vielfältiger Meinungsrichtungen kann nämlich als Maßnahme im Vorfeld zur Verhinderung vorherrschender Meinungsmacht verstanden werden. Deshalb sind die 10%-Fensterprogrammregelungen angesichts der zeitlich nur geringen Belastung angemessen.

III. Das regionale Fensterprogramm

1. Legitimes Ziel

Das Regionalfensterprogramm dient der Förderung regionaler Vielfalt. Die regionale Vielfalt ist Teil der Vielfaltsanforderungen des Art. 5 Abs. 1 S. 1 GG. Auch im lokalen Bereich dient der Rundfunk der freien individuellen und öffentlichen Meinungsbildung[461]. Der Rundfunk muß nach der Rechtsprechung des Bundesverfassungsgerichts „die durch die politische, wirtschaftliche und kulturelle Entwicklung geprägte individuelle Besonderheit des regionalen und lokalen Bereichs zur Darstellung ... bringen“[462]. Damit ist die Förderung regionaler Vielfalt ein legitimes Ziel.

2. Geeignetheit

Die Verpflichtung bei bundesweit verbreiteten Fernsehvollprogrammen bei terrestrischer Verbreitung Regionalfensterprogramme aufzunehmen, ist geeignet, die regionale Vielfalt zu fördern. Hierdurch wird für eine gewisse Sendezeit ausschließlich über die jeweilige Region berichtet. Der Anteil der regionalen Inhalte am Programm erhöht sich.

---

460 BVerfGE **73**, 118, 157 ff.

461 BVerfGE **83**, 238, 327 f.

462 BVerfGE **74**, 297, 327.

3. Erforderlichkeit

Die Regelung ist auch erforderlich. Eine genau so geeignete, weniger belastende Regelung ist nicht ersichtlich. Es wird zwar eingewandt, die Förderung der regionalen Vielfalt könne auch durch Programmauflagen gewährleistet werden[463]. Solche Programmauflagen wären zur Förderung regionaler Inhalte aber weniger geeignet, denn zum einen wären in diesem Fall die Inhalte möglicherweise über den ganzen Tag verteilt und könnten deshalb nicht gleichermaßen gezielt vom Zuschauer aufgenommen werden wie Regionalfensterprogramme. Zum anderen würden sich Programmauflagen oder ein bundesweit empfangbarer Programmteil mit lediglich regionalen Inhalten mangels regionaler Auseinanderschaltung zeitlich nur jeweils relativ kurz mit der einzelnen Region befassen können.

4. Angemessenheit

Die zeitliche Belastung hält sich bei den Regionalfensterprogrammen nach der tatsächlichen Ausgestaltung in Grenzen. Der von der Verpflichtung betroffene Veranstalter muß für fünf mal 30 Minuten Sendezeit pro Woche das Regionalfensterprogramm veranstalten. Das sind knapp 1, 5 % der gesamten Wochensendezeit. Außerdem können die Regionalfensterprogramme von den Rundfunkveranstaltern in eigener Verantwortung gestaltet werden. Eine publizistische Einschränkung liegt lediglich dahingehend vor, daß die Veranstalter auf die jeweiligen regionalen Inhalte beschränkt sind. Schließlich betrifft die Verpflichtung nur die terrestrischen Frequenzen. Der einzelne Rundfunkveranstalter kann auf die Rundfunkverbreitung über die terrestrischen Frequenzen verzichten und muß dann auch keine Regionalfensterprogramme veranstalten. Angesichts der Bedeutung der regionalen Vielfalt ist die Regelung bezüglich der Regionalfensterprogramme angemessen.

---

[463] *Ossyra*, Konzentrationskontrolle über private Rundfunkveranstalter, S. 83.

IV. Gesamtergebnis zur Verfassungsmäßigkeit der Fensterprogramm-Obliegenheiten

Mit den Ergebnissen zur Verhältnismäßigkeit ist die in Kapitel 2 offengebliebene Frage der Verfassungsmäßigkeit beantwortet. Die derzeitigen Regelungen im Rundfunkstaatsvertrag zu Fensterprogrammauflagen sind durch Art. 5 Abs. 2 GG gedeckt. Sie erfüllen die Kriterien des allgemeinen Gesetzes im Sinne dieser Bestimmung[464], und sie sind in Abwägung der Ziele der Förderung von Vielfalt und der Verhinderung vorherrschender Meinungsmacht mit der Beeinträchtigung unternehmerischer und publizistischer Autonomie verhältnismäßig.

---

[464] Dazu oben Kapitel 2 I 1 c) cc).

Kapitel 10: Fazit

I. Würdigung der Fensterprogrammregelungen

1. Die Fensterprogramme nach § 31 RStV

Die Fensterprogrammregelungen nehmen eine nicht zu unterschätzende Rolle im Gefüge der Rundfunkordnung ein. Als Teil der „positiven Ordnung“[465] des Rundfunks sorgen auch sie dafür, daß der Rundfunk seine Funktion als „Medium und Faktor“[466] der öffentlichen Meinungsbildung erfüllen kann, um so durch die Sicherung der freien und individuellen Meinungsbildung den demokratischen Prozeß zu fördern[467].

Im Rahmen Antikonzentrationsregelungen kommt ihnen hierbei eine große Bedeutung zu. Es soll hier dahingestellt bleiben, inwieweit das Zuschaueranteilsmodell mit der Zuschaueranteilsschwelle von 30 % vorherrschende Meinungsmacht verhindert und die Meinungsvielfalt fördert[468]. In Anbetracht der Tatsache, daß der öffentlich-rechtliche Rundfunk einen Zuschaueranteil von ca. 40 % erreicht, bedeutet die 30% Zuschaueranteilsschwelle für den Bereich des privaten Rundfunks faktisch die Möglichkeit, daß zwei Unternehmen, nämlich auf der einen Seite die CLT-UFA S. A. und die Bertelsmann AG[469], auf der anderen Seite

---

[465] BVerfGE **57**, 295, 320.

[466] BVerfGE **12**, 205, 260.

[467] BVerfGE **57**, 295, 322f.

[468] *Clausen-Muradian*, Konzentrationskontrolle im privaten Rundfunk, ZUM 96, 934, 945; *Dörr*, Die KEK - ein taugliches Instrument zur Bekämpfung der Medienkonzentration ? Media Perspektiven 1998, S. 54, 55 f.; *Vesting*, Prozedurales Rundfunkrecht, S. 330 f.; *Stock*, Konzentrationskontrolle, in: Stock/Röper/Holznagel, Medienmarkt und Meinungsmacht, S. 31 f.

[469] Mit den Veranstaltern RTL, RTL II, Super RTL und VOX; siehe dazu Konzentrationsbericht der KEK, 1.1.2.1.1, (S. 96 ff.).

die KirchGruppe[470], den Privatfunkmarkt unter sich aufteilen[471].

Umso wichtiger ist die Rolle der Fensterprogramme bei dieser Ausgestaltung.[472] Hierdurch wird unabhängigen Veranstaltern die Chance gegeben, neben den zwei großen, den Markt dominierenden Unternehmen, ihren eigenen Beitrag zur Meinungsbildung zu leisten. Ob hierdurch alleine vorherrschende Meinungsmacht verhindert werden kann, ist zwar fraglich. Aber jedenfalls ist die Fensterprogrammregelung geeignet, vorherrschender Meinungsmacht entgegenzuwirken[473].

Im Detail ist die Umsetzung der Idee, durch Fensterprogramme unabhängige Veranstalter zu fördern und dadurch zur Verhinderung vorherrschender Meinungsmacht beizutragen jedoch in einigen Punkten zu kritisieren.

a) Dreiervorschlag des Unternehmens

Der von der Fensterprogrammverpflichtung betroffene Unternehmer hat das Recht, aus den zulassungsfähigen Fensterprogrammbewerbern einen Dreiervorschlag auszuwählen, aus dem die zuständige Landesmedienanstalt dann ihrerseits den Fensterprogrammveranstalter auswählt[474]. Diese Regelung gibt den betroffenen Unternehmen einen sehr weiten Einfluß auf die Auswahl des Fensterprogrammveranstalters. Bedenkt man aber, daß zumindest das Fensterprogramm nach § 26 Abs. 4 S. 1 Nr. 3 RStV vorherrschende Meinungsmacht verhindern, bzw. beseitigen soll, so erscheint diese Rücksichtnahme auf die betroffenen Unterneh-

---

470 Mit den Veranstaltern Premiere, SAT.1, ProSieben, Kabel 1, N24, DSF, K-toon/Junior, CLASSICA, Discovery und GoldStar TV; siehe hierzu Konzentrationsbericht der KEK, 1.1.2.1.2, (S. 103 ff.).

471 *Schlette*, Die Einrichtung eines Fensterprogramms, ZUM 1999, S. 802, 805; *Dörr*, Maßnahmen zur Vielfaltssicherung gelungen ?, Media Perspektiven 1996, S. 621, 626.

472 *Stock*, Konzentrationskontrolle, in: Stock/Röper/Holznagel, Medienmarkt und Meinungsmacht, S. 49 ff., spricht von „womöglich dem einzigen wirklich ins Gewicht fallenden Beitrag des neugefaßten Staatsvertrags zur Konzentrationskontrolle".

473 Siehe hierzu Kapitel 9 I 2.

474 Siehe hierzu Kapitel 6 II 5.

men nicht angemessen[475]. Vorherrschende Meinungsmacht ist von Verfassungs wegen unter allen Umständen zu verhindern. Der Dreiervorschlag führt aber möglicherweise dazu, daß nicht der zur Verhinderung vorherrschender Meinungsmacht am besten geeignete Bewerber als Fensterveranstalter ausgewählt wird, sondern ein Bewerber, der aufgrund von „Nähe" zum Hauptprogrammveranstalter oder aus sonstigen Gründen diesem besser gefällt. Hier ist eine Differenzierung zwischen dem Fenster bei vorherrschender Meinungsmacht und dem Fenster bei einem Zuschaueranteil von 10 % zu erwägen. Bei dem 10 %-Fenster, bei dem „lediglich" die Förderung der Meinungsvielfalt im Vordergrund steht, ist eine solche Rücksichtnahme auf die Veranstalterinteressen möglicherweise noch hinnehmbar. Das Fenster zur Verhinderung vorherrschender Meinungsmacht, also des konzentrationsrechtlichen Super-GAUs, sollte seine Funktion aber bestmöglich erfüllen können. Die Verhinderung vorherrschender Meinungsmacht hat höchste Priorität. Dem widerspricht der Dreiervorschlag bei der Auswahl der Bewerber.

b) Rolle der KEK

Auch die Rolle der KEK sollte angesichts der Bedeutung der Fensterprogramme überdacht werden. Sie ist nach § 36 Abs. 1 S. 1 RStV grundsätzlich zuständig für die abschließende Beurteilung von Fragestellungen der Sicherung der Meinungsvielfalt. Für die Fensterprogramme, die ein maßgebliches Instrument des Rundfunkstaatsvertrages zur Behebung vorherrschender Meinungsmacht darstellen, ist aber nach § 36 Abs. 2 RStV nicht die KEK, sondern das für die Zulassung zuständige Organ der Landesmedienanstalt zuständig. Hierin liegt eine Schwächung der KEK, auf vorherrschende Meinungsmacht wirksam Einfluß zu nehmen. Die KEK ist zur Sicherung der Meinungsvielfalt besser geeignet, als die jeweilige Landesmedienanstalt, denn bei der KEK steht aufgrund ihrer Zusammensetzung nicht zu befürchten, daß sie Standortpolitik betreiben könnte.

Das Benehmenserfordernis des § 36 Abs. 2 S. 2 RStV bezüglich der Auswahl und

---

[475] Vgl. auch *Clausen-Muradian*, Konzentrationskontrolle im privaten Rundfunk, ZUM 1996, S. 932, 946.

Zulassung der Fensterprogrammveranstalter[476] gibt der KEK kaum Einfluß auf das Verfahren. In der Praxis ist es diesbezüglich auch schon zu Meinungsverschiedenheiten zwischen der KEK und den jeweiligen Landesmedienanstalten gekommen[477].

2. Das Regionalfensterprogramm

Durch § 25 Abs. 4 RStV soll die Meinungsvielfalt für terrestrisch verbreitete Fernsehvollprogramme erhöht werden[478]. Die Regelung sorgt dafür, daß regionalen Programmteilen ein größeres Forum eröffnet wird. Auf diese Weise erhält der private bundesweite Rundfunk ein föderales Element. Ohne eine solche Verpflichtung zur Aufnahme regionaler Programmteile würde das regionale Element im bundesweiten privaten Rundfunk voraussichtlich nicht hinreichend berücksichtigt. Werbefinanzierter Rundfunk ist auf breite Akzeptanz beim Publikum und somit hohe Einschaltquoten angewiesen. Regionaler Rundfunk erfüllt eben wegen der Beschränkung auf eine Region flächenmäßig schon nicht diese Voraussetzungen. Die durch den regionalen Rundfunk verursachten Kosten werden in der Regel nicht durch dessen Einnahmen gedeckt[479]. Durch die Verknüpfung der von den privaten Veranstaltern "ungeliebten" Fenster mit den wegen der potentiell hohen Reichweite attraktiven terrestrischen Frequenzen wird der "Verpflichtung" aber etwas von ihrer Härte genommen. Der private Veranstalter ist zudem nicht gezwungen, sein Programm terrestrisch zu verbreiten, wenn er es dennoch tut, weiß er im voraus, was auf ihn zukommt.

Die Regelungen über die Anrechnung der Regionalfensterprogrammsendezeit verstärken den Schutz und die Förderung von regionalen Programminhalten noch. Sie stellen eine zusätzliche Motivation dar, regionale Fenster in das Programm aufzunehmen.

---

476 Siehe hierzu Kapitel 6 IV.

477 Siehe epd medien Nr. 85 vom 1. November 1997, S. 13 f.; siehe auch Jahresbericht der KEK 1997-1998, 2.5, S. 34 ff.

478 *Beucher/Leyendecker/v. Rosenberg*, Mediengesetze, § 25 Rn. 16.

479 *Wöste*, Regionales im Privatfernsehen: Medienpolitisch gut verankert ?, Media Perspektiven 1994, S. 595, 606.

II. Tatsächliche Umsetzung

Die Regelung des § 26 Abs. 5 RStV ist in der Zwischenzeit auch umgesetzt worden. Für die Veranstalter RTL Television und SAT.1 wurde für den Zeitraum vom 01.07.1996 bis 30.06.1997 ein Zuschaueranteil von deutlich über 10 % durch die KEK festgestellt. Aufgrund eines Beschlusses der KEK[480] wurden daraufhin von den jeweils zuständigen Landesmedienanstalten Fensterprogrammsendeplätze ausgeschrieben. Für die Fensterprogrammsendeplätze bei SAT.1 bewarben sich 20 Unternehmen[481] für die Sendeplätze bei RTL Television sogar 28 Unternehmen[482].

Die für den Veranstalter SAT.1 zuständige Landeszentrale für private Rundfunkveranstalter (LPR) Rheinland-Pfalz erteilte nach Durchführung des Verfahrens folgenden Fensterprogrammveranstaltern befristet die Zulassung[483]:

1. Sendezeitschiene:
sonntags, 08.00 Uhr - 09.00 Uhr, und montags, 22.45 Uhr - 23.30 Uhr, NEWS AND PICTURES Fernsehen GmbH, Mainz,

und

2. Sendezeitschiene:
sonntags, 23.00 Uhr - 23.30 Uhr, und montags, 23.30 Uhr bis dienstags, 00.15 Uhr, DCTP Entwicklungsgesellschaft für TV Programm mbH, Düsseldorf.

Für den Veranstalter RTL Television wurden für folgende Fensterprogramme von der zuständigen Niedersächsischen Landesmedienanstalt für privaten Rundfunk (NLM) die Zulassungen erteilt[484]:

---

[480] Siehe KEK Beschluß vom 14.07.1997, KEK 017/018, S. 1.

[481] Laut epd medien Nr. 70 vom 10. September 1997, S. 11.

[482] Laut epd medien Nr. 76/77 vom 1. Oktober 1997, S. 14 f.

[483] Nach Jahresbericht der KEK 1998 - 1999, 2.3.2, S. 57f.

[484] Nach epd medien Nr. 5 vom 24. Januar 1998, S. 17 f.

1. Sendezeitschiene:
montags, 01.00 Uhr - 01.30 Uhr, und montags, 23.15 Uhr - 23.45 Uhr, center tv production GmbH (Center TV)

und

2. Sendezeitschiene:
sonntags, 22.15 Uhr - 23.00 Uhr, montags, 00.00 Uhr - 00.15 Uhr, dienstags, 00.30 Uhr - 01.00 Uhr, mittwochs, 22.15 Uhr - bis 22.45 Uhr, DCTP Entwicklungsgesellschaft für TV Programm mbH, Düsseldorf.

Diese Fensterprogrammlizenzen bei dem Veranstalter RTL Television waren bis zum 29. September 1999 befristet, denn am 29. September 1999 lief auch die Zulassung des Hauptprogrammveranstalters RTL Television aus[485]. Die Fensterprogrammsendeplätze wurden von der zuständigen Niedersächsischen Landesmedienanstalt für privaten Rundfunk (NLM) im Mai 1999 erneut ausgeschrieben. Diesmal bewarben sich 10 Unternehmen auf diese Sendeplätze[486]. Ausgewählt wurden die beiden bisherigen Fensterprogrammveranstalter. Diese erhielten folgende Sendeplätze[487]:

1. Sendezeitschiene:

sonntags zwischen 22.15 und 23.30 Uhr (45 Minuten), montags zwischen 0.00 und 1.00 Uhr (15 Minuten), dienstags zwischen 0.30 und 1.30 Uhr (30 Minuten) und mittwochs zwischen 22.15 und 23.30 Uhr (30 Minuten), DCTP Entwicklungsgesellschaft für TV Programm mbH, Düsseldorf.

2. Sendezeitschiene:

sonntags zwischen 23.30 und 0.30 Uhr (30 Minuten) oder montags zwischen 0.30

---

485 Nach epd medien Nr. 41 vom 29 Mai 1999, S. 13 f.

486 Nach epd medien Nr. 53 vom 10. Juli 1999, S. 14.

487 Nach epd medien Nr. 77 vom 2. Oktober 1999, S. 15.

und 1.30 Uhr (30 Minuten) und montags zwischen 23.00 und 24.00 Uhr (30 Minuten), center tv production GmbH (Center TV).

Zusammenfassung in Thesen

Kapitel 1 Begriff und Entwicklung von Fensterprogrammen

1. Schon seit den Anfängen des privaten Rundfunks gibt es regionale Fensterprogramme, Die erste private Fernsehgesellschaft mbH sendete im Kabelpilotprojekt Ludwigshafen seit 1984 ein regionales Fensterprogramm.

2. In den nordrhein-westfälischen terrestrischen Frequenzen von Sat.1 und RTL sind von Beginn an bundesweite Fensterprogramme verankert.

3. Bei einem Fenster handelt es sich um einen von einem Restprogramm umrahmten, von diesem aber „auseinandergeschalteten“ Programmteil. Das Fenster ist vom Ballungsraumprogramm, vom Offenen Kanal und von Zulieferungen zu unterscheiden.

Kapitel 2 Der verfassungsrechtliche und europarechtliche Rahmen für die Beurteilung von Fensterprogrammen

1. Die Rundfunkfreiheit ist maßgeblich durch die Rechtsprechung des BVerfG geprägt. Hiernach ist der Rundfunk nicht nur für die individuelle sondern auch für die öffentliche Meinungsbildung wesentlich. Damit ist er für die demokratische Ordnung von großer Bedeutung. Deshalb muß der Staat für eine Rundfunkordnung sorgen, durch welche sichergestellt wird, daß im Rundfunk alle relevanten Meinungsrichtungen zu Wort kommen können und die für die freiheitliche Demokratie konstitutive Meinungsvielfalt zur Darstellung gelangt.

2. Teilweise wird in der Literatur auf diese Rechtsprechung aufbauend die Rundfunkfreiheit als eine lediglich *dienende* Freiheit angesehen, ohne individualrechtliche Gewährleistungen zu enthalten.

3. Die Literaturmeinung, die die Rundfunkfreiheit als Individualgrundrecht ansieht und dementsprechend eine Rundfunkveranstalterfreiheit anerkennt,

wird den Anforderungen der europäischen Rundfunkordnung und der erwerbswirtschaftlichen Bedeutung des Rundfunks eher gerecht, ohne hierbei die objektiv-rechtliche Komponente des Rundfunks außer acht lassen zu müssen.

4. Auf europäischer Ebene ist die Rundfunkfreiheit als Individualgrundrecht anerkannt.

5. Die Regelungen der vom BVerfG geforderten „positiven Ordnung" stellen bei individualrechtlicher Auslegung der Rundfunkfreiheit an den Schranken der Rundfunkfreiheit zu messende Eingriffe dar. Diesen Anforderungen werden die Rundfunkregelungen zum einen dadurch gerecht, daß sie sich als allgemeine Gesetze im Sinne von Art. 5 Abs. 2 GG verstehen lassen. Zum anderen lassen sich die objektiv-rechtlichen Anforderungen der Rundfunkfreiheit zugleich als immanente Schranke der Rundfunkfreiheit auffassen, die durch die Regelungen der Rundfunkordnung umgesetzt werden.

Kapitel 3 Grundstrukturen und rechtliche Rahmenbedingungen der Privatfunkordnung in den Ländern

1. Die rundfunkrechtlichen Rahmenbedingungen werden von den Ländern durch Staatsverträge geregelt. Für den hier interessierenden Bereich ist der Rundfunkstaatsvertrag, geändert durch den 5. Rundfunkänderungsstaatsvertrag, maßgeblich.

2. Die Landesmedienanstalten üben die Aufsicht über die privaten Rundfunkveranstalter aus. Die KEK und die KDLM dienen der zuständigen Landesmedienanstalt als deren Organe bei der Erfüllung von Maßnahmen im Zusammenhang mit der Sicherung der Meinungsvielfalt.

3. Der Rundfunkstaatsvertrag sieht teils präventive, teils repressive Instrumente zur Vielfaltssicherung vor. Maßgebend für die Vielfaltssicherung ist der Begriff der vorherrschenden Meinungsmacht. Vorherrschende Mei-

nungsmacht eines Unternehmens ist zu verhindern, bzw. abzubauen. Als Indiz für vorherrschende Meinungsmacht dient der Zuschaueranteil, den die einem Unternehmen zurechenbaren Veranstalter im Jahresdurchschnitt erreichen.

4. Wird vorherrschende Meinungsmacht durch externes Wachstum erreicht, dürfen diesem Unternehmen keine weiteren Zulassungen mehr erteilt werden. Bei internem Wachstum kommen entweder Maßnahmen in Betracht, die die Marktstellung des betroffenen Unternehmens verringern. Es können aber auch vielfaltssichernde Maßnahmen getroffen werden, nämlich zum einen die Einrichtung eines Programmbeirats, zum anderen die Einräumung von Sendezeit für unabhängige Dritte, die Fensterprogrammveranstalter.

Kapitel 4: Das Fensterprogramm bei 10 % Zuschaueranteil

1. Wenn ein Veranstalter mit einem Vollprogramm oder einem Informations-Spartenprogramm im Jahresdurchschnitt einen Zuschaueranteil von 10% erreicht, dann hat er gem. § 26 Abs. 5 RStV Sendezeit an unabhängige Dritte abzugeben.

2. Ein Vollprogramm ist ein Rundfunkprogramm mit vielfältigen Inhalten, in welchem Information, Bildung, Beratung und Unterhaltung einen wesentlichen Teil des Gesamtprogramms bilden. Ein Spartenprogramm mit dem Schwerpunkt Information ist ein Programm, dessen Inhalt sich im wesentlichen auf Informationssendungen, Nachrichten, etc. beschränkt.

3. Die Entscheidung, welcher Kategorie ein Programm zuzuordnen ist, trifft die zuständige Landesmedienanstalt im Rahmen der Zulassung. An diese Entscheidung ist die KEK bei Fragestellungen im Zusammenhang mit der Sicherung der Meinungsvielfalt nicht gebunden.

4. Dem Zuschaueranteil kommt eine ganz wesentliche Bedeutung bei der Vielfaltssicherung nach dem Rundfunkstaatsvertrag zu. Er gibt an, wieviel

Prozent der Haushalte, die ferngesehen haben, ein bestimmtes Programm eingeschaltet hatten. Im Innenverhältnis zwischen der KEK und den Landesmedienanstalten entscheidet die KEK, welchem Unternehmen der Auftrag zur Ermittlung des Zuschaueranteils erteilt wird. Übergangsweise sind die schon vorhandenen Daten über die Zuschaueranteile zu verwenden. Das Abstellen auf den Zuschaueranteil stellt angesichts der Bedeutung der präventiven Konzentrationskontrolle für die Verhinderung vorherrschender Meinungsmacht einen Kompromiß zwischen materieller Gerechtigkeit und Praktikabilität dar.

5. Zwischen der Feststellung des Zuschaueranteils von 10 % und der Einräumung von Sendezeit für unabhängige Dritte darf eine Frist von 6 Monaten nicht überschritten werden. In diesem Zeitraum findet eine Erörterung zwischen dem Hauptprogrammveranstalter und der zuständigen Landesmedienanstalt statt, das Fensterprogramm muß ausgeschrieben werden, die eingegangenen Anträge werden wieder erörtert, schließlich wird aus einem Dreiervorschlag des Hauptprogrammveranstalters der Fensterprogrammveranstalter von der zuständigen Landesmedienanstalt die ausgewählt und diesem wird eine eigene Zulassung erteilt. Für jeweils die Zeiträume, in denen der Fortgang des Verfahrens nicht in der Macht des Hauptveranstalters liegt, ist der Ablauf der 6 Monatsfrist gehemmt.

Kapitel 5: Das Fensterprogramm bei vorherrschender Meinungsmacht

1. Wenn ein Unternehmen mit allen ihm zurechenbaren Programmen vorherrschende Meinungsmacht erlangt hat, dann ist eine der Möglichkeiten, die die Landesmedienanstalt ergreifen kann, dem Unternehmen als vielfaltssichernde Maßnahme die Abgabe von Sendezeit an unabhängige Dritte vorzuschlagen.

2. Der Begriff der vorherrschenden Meinungsmacht ist ein Schlüsselbegriff bei der Konzentrationsbekämpfung. Der Rundfunkstaatsvertrag definiert diesen Begriff nicht, sondern er nennt auf dem Zuschaueranteil basierende Tatbestände, bei denen vorherrschende Meinungsmacht vermutet wird. Es

handelt sich bei diesen Vermutungen um gesetzliche Vermutungen, die durch den Beweis des Gegenteils widerlegt werden können. Andererseits kann auch dann, wenn keine der drei die Vermutungswirkung auslösenden Konstellationen gegeben ist, vorherrschende Meinungsmacht gegeben sein.

3. Nach der ersten Vermutungsregelung wird vorherrschende Meinungsmacht bei einem Zuschaueranteil von 30 % vermutet.

4. Die zweite Vermutungsregelung stellt bei einer geringfügigen Unterschreitung des Zuschaueranteils von 30 % auf die marktbeherrschende Stellung auf medienrelevanten, verwandten Märkten ab. Die „geringfügige Unterschreitung" ist hierbei kein absoluter Wert, sondern im Gesamtzusammenhang zu beurteilen. Als medienrelevante verwandte Märkte sind z. B. die Märkte für Werbung, Hörfunk, Presse, Rechte, Produktion sowie für technische und administrative Dienstleistungen heranzuziehen.

5. Schließlich wird vorherrschende Meinungsmacht auch dann vermutet, wenn ein Unternehmen den Zuschaueranteil von 30 % geringfügig unterschreitet und eine Gesamtbeurteilung der Aktivitäten des Unternehmens im Fernsehen und auf medienrelevanten vergleichbaren Märkten ergibt, daß der dadurch erzielte Meinungseinfluß dem eines Unternehmens mit einem Fernsehzuschaueranteil von 30 % entspricht. Diese Regelung ist in der Praxis nicht umzusetzen, denn es fehlt jeglicher Anhaltspunkt, wie viel Meinungseinfluß dem eines Unternehmens mit einem Fernsehzuschaueranteil von 30 % entspricht.

6. Vorherrschende Meinungsmacht kann durch den Nachweis der Steigerung von qualitativer Meinungsvielfalt widerlegt werden.

7. Das Fensterprogramm als Folge eines Zuschaueranteils von 10% hat keinen Einfluß auf die Bewertung der vorherrschenden Meinungsmacht, das 10% Fensterprogramm und das Fensterprogramm bei vorherrschender Meinungsmacht können nebeneinander einem Veranstalter auferlegt werden.

Kapitel 6: Das Verfahren zur Bestimmung des Fensterprogrammveranstalters

1. Die Landesmedienanstalten haben in einer Richtlinie, der sog. Drittsendezeitrichtlinie, festgelegt, wie der Fensterprogrammveranstalter zu bestimmen ist. Bei der Drittsendezeitrichtlinie handelt es sich um eine normkonkretisierende Verwaltungsvorschrift, an die auch die Gerichte gebunden sind.

2. Das Fensterprogramm wird von der zuständigen Landesmedienanstalt zur Erteilung einer Zulassung ausgeschrieben. Die zulassungsfähigen Anträge werden dann dem Hauptprogrammveranstalter mitgeteilt. Der Hauptprogrammveranstalter und die Landesmedienanstalt erörtern die Anträge, mit dem Ziel sich zu einigen. Wenn eine Einigung fehlschlägt und mehr als drei zulassungsfähige Anträge vorliegen, wählt die Landesmedienanstalt den Bewerber aus einem Dreiervorschlag des Hauptprogrammveranstalters aus. Bei weniger als drei zulassungsfähigen Anträgen sucht die Landesmedienanstalt den Bewerber direkt aus.

Kapitel 7: Die einfachen regionalen Fenster (§ 25 Abs. 4 RStV)

1. In bundesweit verbreiteten Fernsehvollprogrammen sollen dann regionale Fensterprogramme aufgenommen werden, wenn die Verbreitung der Programme terrestrisch erfolgt.

2. Das regionale Fensterprogramm kann auf die an unabhängige Dritte abzugebende Sendezeit angerechnet werden. Hierzu muß das Regionalfensterprogramm nicht rechtlich unabhängig vom Hauptprogramm sein.

3. Es sind in die Zulassung des Hauptprogrammveranstalters die Auflagen aufzunehmen, die die Sicherung der redaktionellen Unabhängigkeit des regionalen Fensters betreffen.

Kapitel 8: Der Zulassungsentzug bei mangelhafter Umsetzung bei Maßnahmen zur Sicherung der Meinungsvielfalt

1. Wenn ein Unternehmen vorherrschende Meinungsmacht erlangt hat und sich nicht mit der KEK auf eine vielfaltssichernde Maßnahme einigt oder eine solche Maßnahme nicht in angemessener Frist umsetzt, dann werden von so vielen dem Unternehmen zurechenbaren Veranstaltern die Zulassungen entzogen, bis vorherrschende Meinungsmacht nicht mehr gegeben ist. Einem Veranstalter wird auch dann die Zulassung entzogen, wenn er jahresdurchschnittlich einen Zuschaueranteil von mindestens 10 % erreicht und die zur Abgabe von Sendezeit an unabhängige Dritte erforderlichen Maßnahmen nicht innerhalb einer Frist von sechs Monaten trifft.

2. Für den Zulassungsentzug ist nicht die für das betroffene Unternehmen zuständige Landesmedienanstalt zuständig, sondern die Landesmedienanstalt, die für den betroffenen Veranstalter zuständig ist.

Kapitel 9: Verfassungsmäßigkeit der Fensterprogrammregelungen

1. Das Fensterprogramm bei vorherrschender Meinungsmacht beschränkt die Rundfunkfreiheit verfassungsgemäß. Es dient dem legitimen Ziel, vorherrschende Meinungsmacht zu bekämpfen. Dieses Ziel wird dadurch gefördert, daß mit dem Fensterprogramm ein neuer Veranstalter, also eine potentiell neue Meinungsrichtung auf dem Meinungsmarkt auftritt. Ein genau so geeignetes, weniger belastendes Mittel ist nicht ersichtlich. Das Fensterprogramm bei vorherrschender Meinungsmacht beschränkt die Rundfunkfreiheit nicht unangemessen.

2. Auch das Fensterprogramm bei 10% Zuschaueranteil dient einem legitimen Ziel. Durch dieses Fensterprogramm soll einem unabhängigen Veranstalter eine schon etablierte Plattform zur Verfügung gestellt werden um hierdurch die Meinungsvielfalt zu fördern. Die Förderung der Meinungsvielfalt ist ein legitimes Ziel. Zur Förderung dieses Ziels ist die Regelung dadurch, daß ein neuer Veranstalter auf dem Meinungsmarkt auftritt, geeignet. Eine

genau so geeignete, aber weniger belastende Maßnahme ist nicht ersichtlich. Insbesondere Programmauflagen sind nicht genau so geeignet. Angesichts der zeitlich nur geringen Belastung sind die Regelungen auch angemessen.

3. Das Regionalfensterprogramm dient dem legitimen Ziel der Förderung regionaler Vielfalt. Es ist geeignet, erforderlich und angesichts der ebenfalls nur geringen Belastung auch angemessen.

Kapitel 10: Fazit

1. Die Konzentration ist auf dem privaten Fernsehmarkt angesichts einer faktischen Aufteilung des Marktes zwischen zwei Anbietergruppen weit fortgeschritten. Die Fensterprogrammregelungen alleine können diesen Prozeß nicht verhindern. Sie sind aber nicht zu unterschätzen, denn sie bieten kleineren unabhängigen Veranstaltern die Möglichkeit, ihren eigenen Beitrag zur Meinungsbildung zu leisten.

2. Durch die Möglichkeit für den Hauptprogrammveranstalter, aus den möglichen Fensterprogrammveranstaltern einen Dreiervorschlag auszuwählen, wird die Fensterprogrammregelung in ihrer Wirksamkeit unnötig eingeschränkt.

3. Ein größerer Einfluß der KEK auf das Auswahlverfahren der Fensterprogrammveranstalter wäre angesichts der Standortunabhängigkeit der KEK wünschenswert.

4. Die Regionalfensterprogramme stellen einen zusätzlichen Beitrag zur Förderung der regionalen Vielfalt und damit zur Förderung der Vielfalt insgesamt dar.

Studien zum deutschen und europäischen Medienrecht

Herausgegeben von Dieter Dörr
mit Unterstützung der Dr. Feldbausch Stiftung

Band 1 Peter Charissé: Die Rundfunkveranstaltungsfreiheit und das Zulassungsregime der Rundfunk- und Mediengesetze. Eine verfassungs- und europarechtliche Untersuchung der subjektiv-rechtlichen Stellung privater Rundfunkveranstalter. 1999.

Band 2 Dieter Dörr: Umfang und Grenzen der Rechtsaufsicht über die Deutsche Welle. 2000.

Band 3 Claudia Braml: Das Teleshopping und die Rundfunkfreiheit. Eine verfassungs- und europarechtliche Untersuchung im Hinblick auf den Rundfunkstaatsvertrag, den Mediendienste-Staatsvertrag, das Teledienstegesetz und die EG-Fernsehrichtlinie. 2000.

Band 4 Dieter Dörr, unter Mitarbeit von Mark D. Cole: *Big Brother* und die Menschenwürde. Die Menschenwürde und die Programmfreiheit am Beispiel eines neuen Sendeformats. 2000.

Band 5 Martin Stock: Medienfreiheit in der EU-Grundrechtscharta: Art. 10 EMRK ergänzen und modernisieren! 2000.

Band 6 Wolfgang Lent: Rundfunk-, Medien-, Teledienste. Eine verfassungsrechtliche Untersuchung des Rundfunkbegriffs und der Gewährleistungsbereiche öffentlich-rechtlicher Rundfunkanstalten unter Berücksichtigung einfachrechtlicher Abgrenzungsfragen zwischen Rundfunkstaatsvertrag, Mediendienstestaatsvertrag und Teledienstegesetz. 2001.

Band 7 Torsten Schreier: Das Selbstverwaltungsrecht der öffentlich-rechtlichen Rundfunkanstalten. 2001.

Band 8 Dieter Dörr: Sport im Fernsehen. Die Funktionen des öffentlich-rechtlichen Rundfunks bei der Sportberichterstattung. 2000.

Band 9 Dieter Dörr (Hrsg.): www.otello.de. Klassik nur noch im Internet oder per pay? Symposium aus Anlass des 85. Geburtstages von Professor Dr. Heinz Hübner. 2000.

Band 10 Markus Nauheim: Die Rechtmäßigkeit des Must-Carry-Prinzips im Bereich des digitalisierten Kabelfernsehens in der Bundesrepublik Deutschland. Illustriert anhand des Vierten Rundfunkänderungsstaatsvertrages. 2001.

Band 11 Stefan Sporn: Die Ländermedienanstalt. Zur Zukunft der Aufsicht über den privaten Rundfunk in Deutschland und Europa. 2001.

Band 12 Christian Ebsen: Fensterprogramme im Privatrundfunk als Mittel zur Sicherung von Meinungsvielfalt. 2003.

Band 13 Dieter Dörr / Stephanie Schiedermair: Rundfunk und Datenschutz. Die Stellung des Datenschutzbeauftragten des Norddeutschen Rundfunks. Eine Untersuchung unter besonderer Berücksichtigung der verfassungsrechtlichen und europarechtlichen Vorgaben. 2002.

Kolibri 360 GmbH
Ferdinand-Jühlke-Straße 7
99095 Erfurt, Deutschland
produktsicherheit@kolibri360.de

Druck:
CPI Druckdienstleistungen GmbH
im Auftrag der
Kolibri 360 GmbH
Ferdinand-Jühlke-Str. 7
99095 Erfurt